20
25

ADRIANO
FERREIRA

INTRODUÇÃO AO **ESTUDO** DO DIREITO

Dados Internacionais de Catalogação na Publicação (CIP) de acordo com ISBD

F383i   Ferreira, Adriano
       Introdução ao estudo do direito / Adriano Ferreira. - Indaiatuba, SP : Editora Foco, 2025.

       280 p. ; 16cm x 23cm.

       Inclui bibliografia e índice.

       ISBN: 978-65-6120-481-1

       1. Direito. 2. Estudo do direito. I. Título.

2025-1262   CDD 340.1   CDU 340.11

Elaborado por Vagner Rodolfo da Silva - CRB-8/9410

Índices para Catálogo Sistemático:

1. Direito: Teoria geral do direito 340.1

2. Direito: Teoria geral do direito 340.11

ADRIANO
FERREIRA

INTRODUÇÃO AO **ESTUDO** DO **DIREITO**

2025 © Editora Foco

Autor: Adriano Ferreira
Diretor Acadêmico: Leonardo Pereira
Editor: Roberta Densa
Coordenadora Editorial: Paula Morishita
Revisora Sênior: Georgia Renata Dias
Capa Criação: Leonardo Hermano
Diagramação: Ladislau Lima e Aparecida Lima
Impressão miolo e capa: META BRASIL

DIREITOS AUTORAIS: É proibida a reprodução parcial ou total desta publicação, por qualquer forma ou meio, sem a prévia autorização da Editora FOCO, com exceção do teor das questões de concursos públicos que, por serem atos oficiais, não são protegidas como Direitos Autorais, na forma do Artigo 8º, IV, da Lei 9.610/1998. Referida vedação se estende às características gráficas da obra e sua editoração. A punição para a violação dos Direitos Autorais é crime previsto no Artigo 184 do Código Penal e as sanções civis às violações dos Direitos Autorais estão previstas nos Artigos 101 a 110 da Lei 9.610/1998. Os comentários das questões são de responsabilidade dos autores.

NOTAS DA EDITORA:

Atualizações e erratas: A presente obra é vendida como está, atualizada até a data do seu fechamento, informação que consta na página II do livro. Havendo a publicação de legislação de suma relevância, a editora, de forma discricionária, se empenhará em disponibilizar atualização futura.

Erratas: A Editora se compromete a disponibilizar no site www.editorafoco.com.br, na seção Atualizações, eventuais erratas por razões de erros técnicos ou de conteúdo. Solicitamos, outrossim, que o leitor faça a gentileza de colaborar com a perfeição da obra, comunicando eventual erro encontrado por meio de mensagem para contato@editorafoco.com.br. O acesso será disponibilizado durante a vigência da edição da obra.

Impresso no Brasil (4.2025) – Data de Fechamento (4.2025)

2025
Todos os direitos reservados à
Editora Foco Jurídico Ltda.
Rua Antonio Brunetti, 593 – Jd. Morada do Sol
CEP 13348-533 – Indaiatuba – SP

E-mail: contato@editorafoco.com.br
www.editorafoco.com.br

SUMÁRIO

1. O QUE É O DIREITO?.. 1

  1.1 Definição preliminar 1

  1.2 Deusas Gregas do Direito 2

  1.3 Deusa Romana e Etimologia 5

  1.4 Significados do Direito 7

      1.4.1 Direito Subjetivo 8

      1.4.2 Direito Objetivo 10

      1.4.3 Direito-Justiça 14

      1.4.4 Direito Poder Judiciário 15

      1.4.5 Direito como ciência 16

2. O DIREITO BUSCA REALIZAR O CERTO OU O JUSTO? 21

  2.1 O direito positivo 21

      2.1.1 Conceito de Direito Positivo 21

      2.1.2 Direito Positivo como Direito Estatal 23

      2.1.3 A Mutabilidade do Direito Positivo no Tempo e no Espaço.......... 26

      2.1.4 O Problema da Fundamentação do Direito Positivo 29

  2.2 Direito Natural 31

      2.2.1 Significado de Direito Natural 31

      2.2.2 Direito Natural como Critério para o Direito Positivo....... 33

      2.2.3 Imutabilidade do Direito Natural 35

      2.2.4 Importância Histórica do Direito Natural......................... 38

  2.3 Direito e Moral... 40

      2.3.1 Moral Social e Moral Religiosa como Fonte do Direito...... 40

2.3.2 Teoria do Mínimo Ético... 43

2.3.3 Teoria dos Círculos Secantes – Claude du Pasquier........................... 47

2.3.4 Separação do Direito e da Moral 50

2.4 Justiça 52

2.4.1 Justiça como Critério para Avaliar o Direito Positivo 52

2.4.2 Justiça como Critério Distributivo 54

2.4.3 Justiça como Critério de Equivalência.. 56

2.4.4 Justiça como Critério de Julgamentos.. 58

2.5 Ideologia... 61

2.5.1 Conceito de Ideologia 61

2.5.2 Direito como Ideologia 63

2.5.3 Direito como Instrumento de Dominação.. 65

2.5.4 Direito como Reflexo da Sociedade Capitalista................................ 67

2.5.5 Direito Precário... 70

3. DIREITO ESTATAL 73

3.1 Funções do Direito Estatal.. 73

3.1.1 Controle Social... 73

3.1.2 Transformação Social.. 85

3.1.3 Transformar para que a essência não mude.................................... 92

3.2 Sistema Judiciário e Operadores do Direito.................................... 95

3.2.1 Instâncias estatais de resolução de conflitos 95

3.2.2 Estrutura do Poder Judiciário 98

3.2.3 Operadores do Sistema Judiciário... 100

3.3 Normas Jurídicas 103

3.3.1 Norma Ética.. 103

3.3.2 Norma Jurídica... 105

3.3.3 Classificação das Normas Jurídicas... 107

3.3.4 Princípios do Direito.. 112

SUMÁRIO

4. ORDENAMENTO JURÍDICO: CONCEITO E FONTES 117

4.1 Conceito e formato do Ordenamento Jurídico 117

    4.1.1 Definição de Ordenamento Jurídico 117

    4.1.2. Formato Piramidal do Ordenamento Jurídico 119

    4.1.3. A Questão da Norma Fundamental 121

    4.1.4. Formato em Rede ou com Múltiplas Pirâmides 124

4.2. Fontes do Direito Estatal Brasileiro 128

    4.2.1 Conceitos 128

    4.2.2 Legislação 136

    4.2.3 Costume 148

    4.2.4 Jurisprudência 150

    4.2.5 Negócio Jurídico 153

    4.2.6 Outras fontes do Direito Estatal Brasileiro 155

    4.2.7 Balanço das fontes do direito no Brasil 158

4.3 Conhecimento do Direito 161

5. DINÂMICA DO ORDENAMENTO JURÍDICO 165

5.1 Validade, vigência, vigor e eficácia 165

    5.1.1 Validade da Norma Jurídica 165

    5.1.2 Vigência 168

    5.1.3 Vigor, retroatividade, ultratividade 175

    5.1.4 Eficácia 181

    5.1.5 Panorama: Validade, Vigência, Eficácia e Vigor 183

5.2 Perda da validade da norma jurídica 186

    5.2.1 Aspectos gerais 186

    5.2.2 Revogação 187

    5.2.3 Caducidade 191

    5.2.4 Revogação por Ineficácia 193

    5.2.5 Repristinação 195

INTRODUÇÃO AO ESTUDO DO DIREITO • ADRIANO FERREIRA

5.3 Conflito de normas jurídicas (Antinomia) 198

    5.3.1 Conceito e requisitos 198

    5.3.2 Tipos de Antinomia.. 200

    5.3.3 Critérios para Resolver Antinomias..................................... 204

    5.3.4 Antinomia Aparente, Antinomia de Segundo Grau e Antinomia Real 208

5.4 Lacuna jurídica 211

    5.4.1 Completude e lacunas 211

    5.4.2 Resolução do Problema da Lacuna.. 213

    5.4.3 Fundamentos para o Judiciário Preencher a Lacuna 214

    5.4.4 Classificação das Lacunas.. 218

    5.4.5 Analogia... 223

    5.4.6 Equidade 227

6. INTERPRETAÇÃO E APLICAÇÃO DO DIREITO..................................... 231

6.1 Interpretação do Direito 231

    6.1.1 Hermenêutica.. 231

    6.1.2 Quando Interpretar?... 233

    6.1.3 Há uma Interpretação Correta? 235

    6.1.4 Interpretação da Norma Jurídica.. 240

6.2 Métodos e tipos de interpretação 243

    6.2.1 Métodos de Interpretação.. 243

    6.2.2 Tipos de Interpretação Quanto ao Resultado 249

6.3 Aplicação do Direito... 252

    6.3.1 Aplicação da Norma Jurídica.. 252

    6.3.2 A Perspectiva Lógica 255

    6.3.3 A Perspectiva Axiológica... 258

    6.3.4 Casos Fáceis e Difíceis.. 261

ALGUMAS REFERÊNCIAS BIBLIOGRÁFICAS.. 265

1
O QUE É O DIREITO?

1.1 DEFINIÇÃO PRELIMINAR

Se procurarmos a palavra "direito" no dicionário Houaiss, encontraremos uma variedade de significados, o que já nos dá uma pista da complexidade desse conceito. Ele pode ser "o que é justo, correto, bom", ligando-se à ideia de justiça. Ou ainda, pode estar atrelado à noção de "poder", como "aquilo que é facultado a um indivíduo ou a um grupo de indivíduos por força das leis ou dos costumes", ou "prerrogativa legal".

O dicionário também define "direito" como "regra", "norma" ou "conjunto de regras", como em "conjunto de normas da vida em sociedade que buscam expressar e também alcançar um ideal de justiça" ou "conjunto de leis e normas jurídicas vigentes num país".

Para além desses significados, que já demonstram a riqueza do termo, o Houaiss ainda o define como a própria ciência que o estuda: "ciência que estuda as regras de convivência na sociedade humana".

Diante de tantas definições, como podemos então compreender o que é o Direito?

Podemos dizer que o Direito é um fenômeno social complexo que possui diversas facetas, interligadas e complementares. Ele envolve as relações sociais, as normas que as regem, a busca por justiça e o estudo dessa complexa teia de interações.

Em outras palavras, o Direito se manifesta nas relações entre as pessoas, que são reguladas por normas jurídicas, geralmente presentes no sistema estatal. Essas relações, idealmente orientadas por princípios de justiça e bem comum, atribuem poderes e deveres aos indivíduos. Assim, numa relação jurídica, uma pessoa tem ao menos um direito (poder) e a outra tem ao menos um dever (obrigação).

Vejamos um exemplo: Imagine a situação de um empréstimo entre amigos.

1. As normas jurídicas reconhecem o poder de um credor, sem abusos, cobrar a dívida do devedor; ou seja, o "direito" reconhece tal poder.

2. O credor possui o poder garantido pelas normas jurídicas de cobrar sua dívida, ou seu "direito de cobrar a dívida".

3. Esse poder é reconhecido pelas normas jurídicas por ser reputado justo e socialmente relevante.

4. Caso o devedor, uma vez cobrado, não pague sua dívida, o credor poderá buscar amparo no Poder Judiciário, que responsabilizará o devedor, obrigando-o ao pagamento. Ele vai "buscar seus direitos".

E para compreendermos melhor esse fenômeno, em todas as suas nuances, precisamos estudá-lo a fundo. É aí que entra a Ciência do Direito, que nos fornece as ferramentas para analisar, interpretar e aplicar o Direito em suas diversas manifestações.

Este livro de Introdução ao Estudo do Direito é o seu primeiro passo nessa jornada!

1.2 DEUSAS GREGAS DO DIREITO

Para aprofundar nossa compreensão sobre o Direito, é interessante explorar como as civilizações antigas personificavam conceitos jurídicos por meio de divindades. Na mitologia grega, várias deusas simbolizam aspectos fundamentais da justiça e da ordem social, oferecendo uma perspectiva rica sobre os princípios que ainda hoje norteiam o Direito.

Themis é a deusa grega que personifica a harmonia universal, as leis imutáveis e a ordem natural. Filha de Urano (Céu) e Gaia (Terra), ela representa a justiça divina e a ordem cósmica. Themis é frequentemente retratada como uma mulher serena, segurando uma balança e, às vezes, uma cornucópia, simbolizando a abundância que resulta da ordem justa.

Themis teve três filhas conhecidas como as **Horai**: Eunomia, Diké e Eirene. Cada uma delas personifica aspectos específicos da ordem e da justiça na sociedade humana.

Eunomia, cujo nome significa "boa ordem", é a deusa que representa a disciplina, a legislação e a estabilidade social. Ela simboliza a importância de leis justas e bem estruturadas para o funcionamento harmonioso da sociedade. Eunomia assegura que as regras sejam respeitadas e que a ordem prevaleça, evitando o caos e a desordem.

No contexto contemporâneo, podemos associar Eunomia aos princípios fundamentais estabelecidos nas constituições e legislações nacionais. No Brasil, ela corresponderia aos valores e normas previstos na Constituição Federal e nas leis que regulam a vida em sociedade.

Diké, também conhecida como Dice, é a deusa que personifica a justiça humana e os julgamentos. Ela é responsável por assegurar que a justiça seja aplicada corretamente nos assuntos cotidianos dos mortais. Diké é frequentemente representada com os olhos abertos, simbolizando a necessidade de observação cuidadosa e reflexão na aplicação da justiça – uma característica da visão especulativa grega sobre o direito.

Em sua iconografia, Diké carrega uma balança na mão esquerda, representando o equilíbrio (**íson**) e a equidade na avaliação dos casos. A balança simboliza a ponderação justa dos argumentos de todas as partes envolvidas. Na mão direita, ela empunha uma espada, indicando a força e a capacidade de impor decisões jurídicas, assegurando que a justiça seja efetivamente realizada.

Quando há violação da boa ordem representada por Eunomia, Diké entra em ação. Ela pondera sobre as questões apresentadas, decide com base na justiça e restabelece a ordem caso a caso. Se necessário, utiliza sua espada para impor as decisões, garantindo que a justiça prevaleça. Essa dinâmica pode ser comparada ao papel do Poder Judiciário, que interpreta e aplica as leis para resolver conflitos e restaurar a ordem social.

Eirene ou **Irene**, é a deusa que personifica a paz e a harmonia resultantes de uma sociedade justa e ordenada. Filha de Themis e irmã de Eunomia e Diké, Eirene simboliza o estado de tranquilidade que se alcança quando a justiça é efetivamente aplicada e a ordem é mantida. Ela é representada como uma jovem serena, frequentemente segurando um ramo de oliveira, símbolo universal da paz.

Após a intervenção de Diké para restaurar a justiça, Eirene ressurge, trazendo consigo a paz e a harmonia social. Sua presença indica que a sociedade retornou ao estado desejado de equilíbrio e convivência pacífica.

A relação entre Themis e suas filhas ilustra a dinâmica necessária para a manutenção da justiça e da ordem na sociedade:

1. Themis estabelece os princípios fundamentais da harmonia universal e das leis naturais.

2. Eunomia assegura que esses princípios sejam incorporados nas leis e normas que regem a sociedade, promovendo a boa ordem.

3. Diké intervém quando há desvios ou violações dessas normas, aplicando a justiça e restabelecendo a ordem.

4. Eirene emerge após a restauração da justiça, trazendo paz e estabilidade à comunidade.

Essa sequência reflete o ciclo contínuo de estabelecimento de normas, manutenção da ordem, correção de injustiças e retorno à harmonia social. No contexto brasileiro, podemos ver essa dinâmica na forma como as instituições legais e judiciais trabalham para manter a ordem constitucional, resolver conflitos e promover a paz social.

É importante notar que a paz trazida por Eirene nem sempre significa a resolução completa dos conflitos. Às vezes, pode corresponder apenas à neutralização temporária das disputas ou ao silenciamento das partes conflitantes. Isso levanta questões sobre a natureza da justiça aplicada e se ela atende plenamente aos ideais de equidade e bem comum.

Exemplo: Imagine uma situação em que uma comunidade enfrenta conflitos devido a uma lei recém-implementada que não foi bem recebida por todos. **Eunomia** representaria a implementação dessa lei visando a boa ordem. Porém, se a lei for injusta ou aplicada inadequadamente, surgirão conflitos que quebram a harmonia social.

Nesse ponto, **Diké** entraria em ação. Os cidadãos poderiam recorrer ao sistema judiciário para contestar a lei ou sua aplicação. Os tribunais, simbolizando Diké, avaliariam o caso, ponderando os argumentos e decidindo sobre a constitucionalidade da lei ou sobre a forma como está sendo aplicada.

Após a decisão judicial, seja alterando a lei, reinterpretando-a ou confirmando sua validade, a ordem seria restabelecida. **Eirene** traria a paz de volta à comunidade, embora essa paz possa ser relativa se as partes afetadas ainda não estiverem plenamente satisfeitas com o resultado.

Síntese

A alegoria das deusas gregas oferece uma compreensão profunda sobre os fundamentos do Direito e sua aplicação na sociedade. Elas simbolizam a necessidade de leis justas (Eunomia), a importância da justiça na resolução de conflitos (Diké) e o objetivo final de alcançar a paz e a harmonia social (Eirene), tudo isso fundamentado nos princípios universais de justiça representados por Themis.

Ao estudarmos essas figuras mitológicas, reconhecemos que os desafios enfrentados pelas sociedades antigas em relação à justiça e à ordem são, em essência, os mesmos que enfrentamos hoje. Isso reforça a relevância contínua do Direito como instrumento fundamental para promover a justiça, manter a ordem e assegurar a paz na convivência humana.

Deusa	Atributos	Símbolo no Contexto Brasileiro
Themis	Harmonia universal, leis imutáveis, ordem natural, justiça divina, ordem cósmica.	-
Eunomia	Boa ordem, disciplina, legislação, estabilidade social, leis justas.	Princípios e normas da Constituição Federal e leis que regulam a vida em sociedade.
Diké	Justiça humana, julgamentos, equidade, capacidade de impor decisões jurídicas, restaurar a ordem.	Poder Judiciário, que interpreta e aplica as leis para resolver conflitos e restaurar a ordem.
Eirene	Paz, harmonia resultante de uma sociedade justa e ordenada.	Estado de tranquilidade e convivência pacífica após a aplicação da justiça.

1.3 DEUSA ROMANA E ETIMOLOGIA

Devemos, agora, analisar a figura da Deusa **Justitia** na mitologia romana e entender como ela influenciou a terminologia jurídica nas línguas neolatinas.

Justitia é a personificação romana da justiça e da ordem legal. Inicialmente, ela era retratada segurando uma balança com as duas mãos, simbolizando a ponderação e o equilíbrio necessários para julgar com equidade. Posteriormente, passou a ser representada com uma espada em uma das mãos, indicando a autoridade e a capacidade de impor decisões. Além disso, Justitia possui os olhos vendados, o que simboliza a imparcialidade e a objetividade – ela não se deixa influenciar por aparências ou preconceitos.

A venda nos olhos de Justitia ressalta a importância da prudência para o jurista. Ao não ver as partes envolvidas, a deusa depende exclusivamente dos argumentos apresentados, exigindo cautela e reflexão antes de decidir. Isso reflete os princípios do contraditório e da ampla defesa, fundamentais para um julgamento justo. A prudência aqui é essencial, pois Justitia deve equilibrar os interesses em conflito sem se deixar levar por influências externas.

Quando o fiel da balança está em posição reta, ou seja, **rectum** em latim, indica que os pratos estão em perfeito equilíbrio. Esse estado simboliza que a decisão será justa e equilibrada. As palavras "rectum" e "directum" estão na raiz do termo **direito** nas línguas neolatinas: "direito" em português, "derecho" em espanhol, "diritto" em italiano e "droit" em francês. Em Roma, "rectum" era utilizado pelas camadas populares para designar o Direito, referindo-se ao que é reto, correto e alinhado com os princípios de justiça.

As decisões proferidas por Justitia eram chamadas de **justum**, ou seja, o justo. A palavra "justum" possivelmente deu origem ao termo **jus**, que era usado pelas camadas cultas em Roma com o sentido de Direito. "Jus" representava não apenas a decisão justa, mas também o conjunto de normas e princípios que regiam a sociedade romana.

Há debates sobre a verdadeira origem da palavra "jus". Enquanto alguns acreditam que deriva de "justum" (o que é justo), outros sugerem que pode ter origem em **jussum**, particípio passado do verbo **jubēre**, que significa mandar ou ordenar. Essa interessante dualidade nos leva a refletir sobre dois aspectos fundamentais do Direito: por um lado, o Direito como expressão do que é justo, moralmente correto e equitativo nas relações sociais; por outro, o Direito como um conjunto de normas impostas pela autoridade, que devem ser obedecidas independentemente da percepção individual de justiça. Essa ambiguidade evidencia a natureza complexa do Direito, que busca harmonizar o que é moralmente justo com o que é legalmente imposto.

A palavra "jus" originou diversos termos relacionados ao Direito, muitos dos quais permanecem em uso corrente. Exemplos incluem "jurídico" (relativo ao Direito ou às leis), "judicial" (pertencente ao poder judiciário ou aos tribunais), "judiciário" (o conjunto de órgãos responsáveis pela administração da justiça), "jurisconsulto" (especialista em Direito que oferece consultoria jurídica) e "jurisprudência" (conjunto de decisões e interpretações das leis feitas pelos tribunais). Esses termos refletem a influência duradoura do latim e da cultura romana na estruturação dos sistemas jurídicos modernos.

A representação de Justitia com os olhos vendados enfatiza a necessidade de imparcialidade no julgamento. Ao não ver as partes ou o conflito em si, a deusa depende exclusivamente das informações apresentadas por ambos os lados, reforçando a importância do devido processo legal. Isso exige do jurista uma postura prudente, garantindo que todas as partes tenham oportunidade de se manifestar, respeitando o contraditório e a ampla defesa.

Para ilustrar, imagine um caso em que duas partes disputam a propriedade de um terreno. Ambas apresentam suas alegações e evidências ao juiz, que, como Justitia, deve ouvir atentamente sem preconceitos. Com os "olhos vendados", o juiz não se deixa influenciar por fatores externos, como o status social ou a influência das partes, mas foca nos fatos e nas provas apresentadas. Ele pondera os argumentos, buscando o equilíbrio (**rectum**) entre as reivindicações de cada lado. Após análise cuidadosa, aplica o Direito (**jus**) para determinar a quem pertence o terreno, baseando-se nas leis e nos princípios de justiça. Se necessário, utiliza-se da autoridade (**espada**) para assegurar que a decisão seja cumprida.

A figura da Deusa Justitia e a etimologia dos termos jurídicos associados a ela oferecem uma visão enriquecedora sobre os fundamentos do Direito. Elas nos lembram que o Direito é, simultaneamente, uma busca pelo que é justo e uma imposição de normas necessárias à convivência social. Compreender essa dualidade é essencial para o estudo do Direito, revelando as bases sobre as quais se constrói a justiça em nossa sociedade.

Deusa Justitia	Personificação romana da justiça e da ordem legal.
Atributos	Balança (equilíbrio), espada (autoridade), olhos vendados (imparcialidade).
Olhos Vendados	Simboliza imparcialidade, objetividade e prudência; a justiça é cega para aparências e preconceitos, focando nos argumentos apresentados.
Balança (Rectum/Directum)	Representa o equilíbrio e a ponderação justa; origem dos termos "direito" (português), "derecho" (espanhol), "diritto" (italiano) e "droit" (francês); "rectum" indica o fiel da balança reto, o equilíbrio perfeito.
Espada	Simboliza a autoridade e a capacidade de impor decisões.
Justum (Jus)	"Justum" é a decisão justa, possivelmente originando "jus" (Direito para as camadas cultas); "jus" também pode derivar de "jussum" (mandar, ordenar).
Dualidade do Direito	1. Expressão do que é justo e equitativo; 2. Conjunto de normas impostas pela autoridade.
Termos Derivados de Jus	Jurídico, judicial, judiciário, jurisconsulto, jurisprudência.

1.4 SIGNIFICADOS DO DIREITO

A palavra "direito" possui uma rica polissemia, ou seja, apresenta múltiplos significados, que variam conforme o contexto em que é empregada. Para os estudantes e profissionais do Direito, essa multiplicidade de sentidos é essencial, afinal cada significado revela uma faceta diferente do fenômeno jurídico.

Dentre os diversos significados, há cinco que se destacam pela importância para a prática e o estudo do Direito. Eles serão desenvolvidos ao longo deste item:

1. Direito Subjetivo: o poder de agir de acordo com a norma jurídica, buscando a satisfação de seus interesses.

2. Direito Objetivo: o conjunto de normas jurídicas que regulam a vida em sociedade.

3. Direito-Justiça: a busca por justiça e equidade nas relações sociais.

4. Direito Judiciário: o conjunto de órgãos e instituições responsáveis pela aplicação da justiça.

5. Ciência do Direito: o estudo sistemático do Direito, abrangendo suas normas, princípios e teorias.

Cada um desses significados oferece uma perspectiva única e complementa o entendimento integral do Direito enquanto fenômeno social e normativo. Nos próximos tópicos, exploraremos cada um desses sentidos em detalhes.

1.4.1 Direito Subjetivo

O conceito de **direito subjetivo** se refere ao poder ou prerrogativa que pertence a um sujeito, seja ele individual ou coletivo, e é reconhecido pelas normas jurídicas. Esse poder é conferido pela sociedade e garantido pelo Estado, permitindo ao seu titular agir para a defesa ou realização de seus interesses legítimos.

Em termos práticos, o direito subjetivo é o poder que uma pessoa possui em relação a um determinado objeto ou situação, e que pode ser exigido ou defendido perante o sistema jurídico. Exemplos comuns incluem o direito de um comprador a receber o produto adquirido, o direito de um credor a cobrar uma dívida, ou o direito de um réu a defender-se em um processo judicial. Esses direitos são essenciais para a organização da vida em sociedade, uma vez que estabelecem as bases para o cumprimento de obrigações e o respeito aos interesses de cada indivíduo.

O direito subjetivo possui uma **estrutura** composta por diversos elementos que se inter-relacionam para formar o conceito completo de "direito" na perspectiva individual. Esses elementos são:

1. Sujeito de Direito (Titular do Poder)

- O sujeito de direito é a pessoa (individual ou coletiva) a quem pertence o direito subjetivo. É o titular que pode exigir o cumprimento de um dever ou defender-se contra interferências indevidas em seu poder. Por exemplo, em uma relação de compra e venda, o comprador é o sujeito de direito que possui o poder de exigir a entrega do produto adquirido.

2. Poder (Faculdade)

- O direito subjetivo se traduz em uma faculdade ou poder do titular, que permite a este agir conforme seu interesse, dentro dos limites da lei. Esse poder pode ser:

- **Pessoal**: No caso de direitos pessoais, o poder do titular consiste na faculdade de exigir que outra pessoa cumpra uma obrigação específica. Por exemplo, um credor tem o direito de cobrar uma dívida, impondo ao devedor o dever de pagá-la.

- **Real**: Em direitos reais, o poder do titular se traduz na faculdade de usar, fruir e dispor de um bem de sua propriedade. Por exemplo, o proprietário de um imóvel tem o direito de usufruir de sua propriedade, vendê-la ou alugá-la.

3. Objeto do Poder

- O objeto do poder representa o elemento sobre o qual recai o direito subjetivo. Ele varia conforme o tipo de direito subjetivo:

  - **Nos direitos reais,** o objeto do poder é uma coisa material, como um imóvel ou um veículo. O titular do direito pode usufruir do bem e defendê-lo contra interferências de terceiros.

  - **Nos direitos pessoais,** o objeto do poder é um interesse protegido por uma relação obrigacional entre pessoas, como a relação entre credor e devedor. Aqui, o titular do direito possui o interesse legítimo de ver cumprida a obrigação pelo outro.

4. Garantia Estatal (Proteção do Poder)

- Um dos aspectos mais importantes do direito subjetivo é a possibilidade de fazer valer esse poder por meio de um processo judicial. Caso o direito de uma pessoa seja desrespeitado, o titular pode recorrer ao sistema judiciário para obter a tutela do Estado, seja para exigir o cumprimento de uma obrigação, proteger um bem ou fazer cessar uma violação. Assim, a garantia estatal assegura ao titular do direito subjetivo a possibilidade de buscar a realização de seu direito mediante a aplicação da lei.

Podemos imaginar alguns exemplos ilustrando o direito subjetivo:

- Suponha que João emprestou uma quantia em dinheiro a Pedro, com a expectativa de que Pedro lhe devolva esse valor em uma data determinada. Nesse caso, João, como credor, possui o direito subjetivo de cobrar a dívida, enquanto Pedro, como devedor, tem o dever de realizar o pagamento. Esse poder de João é garantido pelo Estado: se Pedro se recusar a pagar, João pode acionar o Poder Judiciário para que Pedro seja obrigado a cumprir com a obrigação.

- Por outro lado, imagine Maria, que é proprietária de um imóvel. Seu direito subjetivo permite que ela utilize, usufrua e disponha de sua propriedade conforme desejar. Caso alguém tente invadir ou ocupar seu imóvel sem permissão, Maria pode recorrer ao sistema judiciário para proteger seu direito de propriedade.

O direito subjetivo é, portanto, um conceito central no estudo do Direito. Ele envolve a relação entre o poder de um indivíduo e os interesses que esse poder busca proteger, sempre sob o amparo da ordem jurídica. A estrutura do direito subjetivo – composta pelo sujeito de direito, poder, objeto e garantia estatal – permite que o sistema jurídico organize as relações sociais e assegure o cumprimento de direitos e obrigações entre as pessoas.

Elemento	Descrição	Exemplo
Conceito	Poder ou prerrogativa de um sujeito (individual ou coletivo) reconhecido pela norma jurídica, permitindo-lhe agir para defender ou realizar seus interesses legítimos.	Direito do comprador de receber o produto; direito do credor de cobrar uma dívida.
Sujeito de Direito	Titular do direito subjetivo; pessoa (física ou jurídica) que pode exigir o cumprimento de um dever ou defender-se contra interferências.	Credor em uma relação de dívida; comprador em uma compra e venda.
Poder (Faculdade)	Capacidade do titular de agir conforme seu interesse, dentro dos limites legais. Pode ser pessoal (exigir cumprimento de obrigação) ou real (usar, fruir e dispor de um bem).	Credor exigindo pagamento (pessoal); proprietário usando, alugando ou vendendo um imóvel (real).
Objeto do Poder	Elemento sobre o qual recai o direito subjetivo. Em direitos reais, é uma coisa material; em direitos pessoais, é um interesse protegido por uma relação obrigacional.	Imóvel ou veículo (direitos reais); cumprimento de uma obrigação, como o pagamento de uma dívida (direitos pessoais).
Garantia Estatal	Possibilidade de fazer valer o direito subjetivo por meio de processo judicial, obtendo a tutela do Estado para exigir o cumprimento de obrigações, proteger bens ou cessar violações.	Ação judicial para cobrança de dívida; ação judicial para reintegração de posse de imóvel invadido.
Exemplo (Empréstimo)	João (credor) empresta dinheiro a Pedro (devedor). João tem o direito subjetivo de cobrar a dívida, garantido pelo Estado. Se Pedro não pagar, João pode acionar o Judiciário.	João (credor) pode exigir judicialmente que Pedro (devedor) pague o valor emprestado.
Exemplo (Propriedade)	Maria, proprietária de um imóvel, tem o direito subjetivo de usar, fruir e dispor do bem. Se alguém invadir seu imóvel, Maria pode recorrer ao Judiciário para proteger seu direito.	Maria pode entrar com uma ação de reintegração de posse para retirar o invasor de seu imóvel.
Estrutura Resumida	Sujeito de Direito (titular) + Poder (faculdade) + Objeto (coisa ou interesse) + Garantia Estatal (proteção judicial).	Credor (sujeito) tem o poder de cobrar (faculdade) a dívida (objeto) com a garantia do Estado (proteção judicial).

1.4.2 Direito Objetivo

O **Direito Objetivo** refere-se ao conjunto de normas e regras que regulam a vida em sociedade, estabelecendo direitos e deveres para os indivíduos e organizações. Diferente do direito subjetivo, que representa o poder individual de uma pessoa em exigir algo, o direito objetivo consiste em leis e normas que objetivamente estabelecem o que é permitido, proibido ou obrigatório para todos os membros de uma comunidade.

Em outras palavras, o Direito Objetivo é o conjunto de regras que nos dizem o que podemos, devemos ou não devemos fazer em determinadas situações. Ele se manifesta em diversas áreas da vida social, como o Direito Civil, Penal, Trabalhista, Tributário etc.

Alguns exemplos de como o Direito Objetivo se expressa:

- O Direito Brasileiro proíbe o furto, estabelecendo penalidades para quem o pratica.
- O Direito permite o uso da propriedade, desde que respeitados os limites legais.
- O Direito obriga ao pagamento de impostos, que são essenciais para o funcionamento do Estado (Direito, nos exemplos, pode significar "legislação" ou seja, conjunto das normas jurídicas).

A expressão "Direito Objetivo" é frequentemente utilizada em contraposição ao "Direito Subjetivo", que, como vimos, se refere ao poder individual de agir de acordo com a norma jurídica. Enquanto o Direito Subjetivo representa a faculdade individual, o Direito Objetivo representa a norma que regula essa faculdade.

Assim, alguns dizem que são duas faces da mesma moeda: o Direito Objetivo reconhece o Direito Subjetivo: a lei (direito objetivo) reconhece poderes de os indivíduos fazerem, não fazerem ou exigirem alguma coisa (Direito Subjetivo). Já o Direito Subjetivo só existe porque é reconhecido pela lei (pelo Direito Objetivo).

A expressão "direito objetivo" é uma das acepções mais usuais da palavra direito. É essa base normativa que estrutura a ordem social, estabelecendo os limites da liberdade individual e as condições de convivência harmoniosa em sociedade. Ele define as regras do jogo social, promovendo a justiça, a segurança e a ordem.

No contexto do Direito Objetivo, os termos **norma** e **regra** desempenham um papel fundamental na organização e regulação da vida social. Ambas as palavras têm origens etimológicas que ajudam a entender seu significado e sua função como instrumentos de direção e controle do comportamento humano.

1. Regra

- A palavra "regra" vem do latim *regere*, que significa "dirigir", "guiar" ou "conduzir". Em sua essência, uma regra é um preceito que direciona e orienta comportamentos ou procedimentos, estabelecendo limites e parâmetros para as ações das pessoas.
- No sentido mais concreto, a ideia de "regra" pode ser comparada a uma régua ou uma barra usada para alinhar superfícies, como uma tala que endireita um osso quebrado. A função da regra é "regular" – estabelecer

padrões que as pessoas devem seguir para garantir uma convivência ordenada.

- No Direito, as regras especificam o que deve ou não ser feito, criando diretrizes claras para que as relações sociais ocorram de maneira harmônica e previsível.

2. Norma

- A palavra "norma" também vem do latim, derivando de *norma*, que significa "esquadro", "modelo" ou "padrão". O termo sugere um modelo que serve de guia para que comportamentos estejam dentro de um padrão aceito ou desejado pela sociedade.

- Em grego, o termo correspondente é *nomos*, que remete a "uso", "costume" ou "regra da cidade". No Direito, a norma representa o padrão de conduta que deve ser seguido, configurando aquilo que é "normal" ou aceitável dentro de um contexto social.

- As normas jurídicas estabelecem preceitos de conduta e são criadas com o objetivo de orientar e regular as ações das pessoas, servindo como uma referência para a organização social e para a aplicação das leis.

Ao final, embora as palavras "norma" e "regra" tenham origens distintas, elas são frequentemente usadas como sinônimos no contexto jurídico, ambas referindo-se aos preceitos que direcionam e regulam as condutas dentro de uma sociedade.

Direito Objetivo	Descrição	Exemplo
Definição	Conjunto de normas e regras que regulam a vida em sociedade, estabelecendo direitos e deveres para os indivíduos e organizações.	Código Civil, Código Penal, Consolidação das Leis do Trabalho (CLT).
Função	Estabelecer o que é permitido, proibido ou obrigatório para todos os membros de uma comunidade; estruturar a ordem social, promovendo justiça, segurança e ordem.	Proibir o furto e estabelecer penalidades; permitir o uso da propriedade dentro de limites legais; obrigar ao pagamento de impostos.
Relação com Direito Subjetivo	O Direito Objetivo (norma) reconhece e fundamenta o Direito Subjetivo (poder individual). São duas faces da mesma moeda: a norma (Direito Objetivo) possibilita o poder de fazer, não fazer ou exigir algo (Direito Subjetivo).	A lei (Direito Objetivo) que garante o direito de propriedade (Direito Subjetivo) permite ao proprietário usar, gozar e dispor do bem.
Norma	Deriva do latim "norma" (esquadro, modelo, padrão) e do grego "nomos" (uso, costume, regra da cidade). Representa o padrão de conduta aceitável ou desejado pela sociedade.	Norma que determina a velocidade máxima em uma via pública.

Direito Objetivo	Descrição	Exemplo
Regra	Deriva do latim "regere" (dirigir, guiar, conduzir). Preceito que direciona e orienta comportamentos, estabelecendo limites e parâmetros.	Regra que proíbe fumar em locais fechados.
Sinonímia	No contexto jurídico, "norma" e "regra" são frequentemente usadas como sinônimos, ambas se referindo aos preceitos que direcionam e regulam as condutas dentro de uma sociedade.	A norma/regra que exige o uso de cinto de segurança é obrigatória para todos os ocupantes do veículo.
Etimologia	"Norma": modelo, padrão. "Regra": régua, tala – instrumentos de medição e alinhamento.	A etimologia reflete a função de direcionar e padronizar comportamentos, garantindo que as relações sociais ocorram de maneira harmônica e previsível.

Norma Jurídica

A **norma jurídica** é um tipo específico de norma que regula o comportamento dos indivíduos e organiza a sociedade a partir de preceitos estabelecidos pelo Estado. Trata-se de um comando imposto pelo ordenamento jurídico, que define o que é permitido, proibido ou obrigatório, visando assegurar a ordem, a justiça e o bem comum na convivência social.

Diferente de outras normas sociais, como normas de etiqueta ou normas morais, a norma jurídica possui uma característica essencial: ela é **coercitiva**. Isso significa que, além de estabelecer um padrão de comportamento, a norma jurídica é respaldada pelo poder do Estado, que pode aplicar sanções aos indivíduos que a descumprirem. Essa coercitividade garante que a norma não seja apenas uma recomendação, mas sim uma obrigação com força para ser imposta e respeitada.

Em sua totalidade, a norma jurídica organiza comportamentos a partir de preceitos legais que são vinculantes e coercitivos, promovendo a segurança jurídica e a estabilidade nas relações sociais. Ela permite aos juristas identificar os direitos subjetivos e as obrigações de cada uma das partes envolvidas em um conflito, dando-lhes uma base para atuar de acordo com o que é exigido pela lei.

A norma jurídica é uma expressão do Direito Objetivo, representando o conjunto de regras que orientam a vida em sociedade. Cada norma jurídica se insere no ordenamento jurídico de um país, estabelecendo diretrizes que o sistema jurídico utiliza para organizar a sociedade e resolver conflitos. Dessa forma, as normas jurídicas fornecem a base para a interpretação e aplicação do Direito, permitindo que os juristas compreendam e protejam os direitos e deveres dos indivíduos de acordo com as expectativas da sociedade.

Norma Jurídica	Descrição	Exemplo
Definição	Comando imposto pelo ordenamento jurídico que define o que é permitido, proibido ou obrigatório, visando assegurar a ordem, a justiça e o bem comum.	Norma que proíbe o furto e estabelece pena para quem o pratica.
Coercitividade	Característica essencial da norma jurídica. O Estado pode aplicar sanções a quem descumprir a norma, garantindo sua força e respeito.	Multa, prisão ou outras penalidades aplicadas pelo Estado em caso de descumprimento da norma.
Estrutura	**Hipótese (Fato):** Situação que, se ocorrer, aciona a norma. **Elemento Vinculante (Dever-ser):** Define o que deve ser feito (obrigação, permissão ou proibição). **Consequência (Sanção):** Penalidade pelo descumprimento.	**Hipótese:** "Se alguém causar dano a outrem..." **Elemento Vinculante:** "... fica obrigado a repará-lo." **Consequência:** "O descumprimento gera a obrigação de indenizar, podendo o Estado ser acionado para garantir a reparação."
Função	Organizar comportamentos a partir de preceitos legais vinculantes e coercitivos, promovendo a segurança jurídica e a estabilidade nas relações sociais.	Permitir aos juristas identificar direitos e obrigações das partes em um conflito, fornecendo base para a atuação conforme a lei.
Relação com o Direito Objetivo	A norma jurídica é uma expressão do Direito Objetivo, sendo parte do conjunto de regras que orientam a vida em sociedade e compõem o ordenamento jurídico do país.	A norma que define os requisitos para a validade de um contrato faz parte do Direito Civil, que é um ramo do Direito Objetivo.

Trataremos das normas jurídicas novamente adiante.

1.4.3 Direito-Justiça

A palavra "direito" também pode ser utilizada como sinônimo de justiça, expressando a conformidade com o que é considerado correto, justo e equitativo. Nesse sentido, o direito representa um ideal a ser perseguido, um valor que orienta as ações humanas e as relações sociais.

Quando dizemos que algo "não é direito", estamos fazendo um juízo de valor, afirmando que aquela situação ou conduta é injusta, contrária aos princípios de equidade e aos valores que consideramos essenciais para uma sociedade justa.

Vejamos alguns exemplos:

- "Não é direito viver na miséria." Essa frase expressa a injustiça da pobreza extrema e a necessidade de garantir condições mínimas de dignidade a todas as pessoas.
- "Não é direito discriminar racialmente as pessoas." Essa afirmação condena a discriminação racial como uma prática injusta e contrária aos princípios de igualdade.

O Direito, como instrumento de justiça, busca garantir que as relações sociais sejam pautadas pela equidade, pelo respeito aos direitos humanos e pela promoção do bem comum. As normas jurídicas, nesse contexto, representam um critério valorativo para avaliar as condutas e as situações sociais, buscando corrigir as injustiças e promover uma sociedade mais justa e igualitária.

A Constituição Federal Brasileira, em seu artigo 5º, expressa esse ideal de justiça ao afirmar que "todos são iguais perante a lei, sem distinção de qualquer natureza", garantindo a inviolabilidade do direito à vida, à liberdade, à igualdade, à segurança e à propriedade.

O Direito-Justiça representa a busca por uma sociedade em que os direitos de todos sejam respeitados e as desigualdades sejam combatidas. É um ideal que guia a atuação dos profissionais do Direito e inspira a construção de um mundo mais justo e solidário.

1.4.4 Direito Poder Judiciário

Em algumas situações, a palavra "direito" é usada para se referir ao **Poder Judiciário** ou ao processo de reivindicar ou proteger direitos por meio da Justiça. Esse significado de "direito" está associado à ideia de buscar uma decisão judicial que assegure ou restabeleça os direitos de uma pessoa. Quando alguém diz "vou buscar o meu direito" ou "vá procurar seus direitos", essa pessoa está se referindo à possibilidade de recorrer ao sistema judiciário para defender ou reivindicar um direito que acredita possuir.

Esse uso da palavra direito expressa o papel fundamental do Judiciário como guardião e aplicador das normas jurídicas. Em uma sociedade organizada pelo Estado de Direito, o Poder Judiciário oferece uma via institucionalizada para a resolução de conflitos e para a reparação de direitos que foram violados. Esse sistema assegura que os cidadãos tenham um recurso a que recorrer quando se sentem injustiçados, permitindo-lhes buscar uma decisão judicial que aplique a lei de maneira justa e imparcial.

Exemplos do Direito como Poder Judiciário

1. A Busca pelo Pagamento de uma Dívida

- Imagine que Maria emprestou uma quantia em dinheiro a João, mas João não cumpriu o prazo acordado para o pagamento. Maria, ao sentir-se lesada, diz: "Vou buscar o meu direito". Nesse caso, ela está se referindo à possibilidade de recorrer ao Poder Judiciário para exigir que João pague a dívida. Ao procurar a Justiça, Maria pode pedir que o juiz analise a situação e aplique a lei, garantindo-lhe a proteção de seu direito de credora.

2. Reivindicação de Direitos Trabalhistas

- Em outra situação, Marcos, um trabalhador que foi demitido sem receber os valores devidos, decide procurar um advogado e afirma: "Vou atrás dos meus direitos". Aqui, "direitos" significa o recurso ao sistema judiciário trabalhista, que é responsável por garantir que ele receba as verbas rescisórias a que tem direito, como o pagamento das férias e do 13º salário. Ao recorrer ao Judiciário, Marcos busca uma decisão que assegure o cumprimento de seus direitos como trabalhador.

3. Proteção Contra Despejo Injusto

- Um inquilino, ao ser notificado para deixar o imóvel que alugou, apesar de estar em dia com o pagamento, pode afirmar: "Vou buscar o meu direito". Nesse caso, ele se refere à possibilidade de recorrer ao Judiciário para impedir um despejo que considera injusto. Ao acionar o Poder Judiciário, ele busca proteger seu direito de permanecer no imóvel, amparado pelas normas contratuais e pela legislação de locação.

O Poder Judiciário atua como a instância responsável por garantir que os direitos subjetivos sejam efetivamente respeitados e protegidos. Ele interpreta e aplica o Direito Objetivo – o conjunto de normas e regras – para resolver conflitos e assegurar que os direitos dos indivíduos não sejam violados. Dessa forma, o Judiciário é o mecanismo que transforma a norma em prática, garantindo que os cidadãos possam recorrer à Justiça sempre que acreditarem que seus direitos foram desrespeitados.

Quando alguém diz que vai "buscar o seu direito", está afirmando a confiança na Justiça como instituição que assegura e restabelece direitos. Essa expressão revela a função central do Poder Judiciário em um Estado Democrático de Direito: proteger o cidadão, oferecer um espaço para resolução de conflitos e assegurar a aplicação justa das normas jurídicas.

O uso da palavra "direito" como sinônimo de Judiciário reflete a confiança depositada na Justiça como última instância de proteção e garantia dos direitos fundamentais. A busca pelo "direito" no Judiciário é uma manifestação de cidadania e de exercício de uma garantia constitucional, fundamental para a manutenção de uma sociedade justa e organizada.

1.4.5   Direito como ciência

A palavra "direito" também é usada para se referir ao **conjunto de conhecimentos sistematizados sobre as normas jurídicas, os princípios de justiça e as relações sociais** – em outras palavras, o **Direito como ciência**. Esse significado do termo engloba o estudo aprofundado e organizado das normas, das instituições e dos conceitos fundamentais que orientam a convivência em sociedade.

No Brasil, o Direito é um curso de graduação com duração mínima de 5 anos, oferecido por inúmeras universidades e faculdades em todo o país. Durante esse período, os estudantes têm acesso a uma ampla gama de disciplinas que abordam desde a legislação até a interpretação e aplicação do Direito, preparando-os para atuar como advogados, juízes, promotores, defensores públicos, dentre outras funções. A formação acadêmica em Direito envolve tanto o aprendizado técnico-jurídico quanto o desenvolvimento de uma visão crítica sobre a função e os limites do Direito na sociedade.

Abordagens Científicas do Direito

O estudo do Direito pode ser conduzido de diferentes formas, conforme o objetivo e a perspectiva adotada pelo pesquisador ou estudante. Duas das principais abordagens são o **estudo dogmático** e o **estudo zetético**.

1. Estudo Dogmático

- A abordagem dogmática do Direito busca compreender e aplicar as normas jurídicas vigentes, orientando-se para a **resolução de conflitos e a aplicação prática do Direito**. Esse estudo concentra-se na interpretação e aplicação das leis, visando resolver questões concretas e oferecer segurança jurídica aos cidadãos. Os estudantes se debruçam sobre diferentes ramos do Direito, como Direito Civil, Penal, Constitucional, Administrativo, Trabalhista, Tributário, Internacional, entre outros.

- O estudo dogmático é essencial para a prática jurídica e ocupa grande parte da formação tradicional em Direito, ensinando os futuros profissionais a interpretar normas, argumentar juridicamente e aplicar as regras de forma coerente com o ordenamento jurídico. A dogmática jurídica fornece as ferramentas necessárias para o exercício das profissões jurídicas e para a garantia da ordem social, com foco na aplicação do Direito Objetivo.

2. Estudo Zetético

- A abordagem zetética, por outro lado, envolve uma análise mais crítica e reflexiva do Direito, incorporando disciplinas como **filosofia, sociologia e antropologia**. Essa perspectiva questiona a própria natureza e os fundamentos do Direito, indo além da simples aplicação das normas.

- O estudo zetético é essencial para desenvolver uma visão crítica sobre o papel do Direito na sociedade, permitindo uma compreensão mais profunda das influências culturais, políticas e econômicas sobre o sistema jurídico. Essa abordagem permite que os estudiosos do Direito analisem temas como justiça, poder, legitimidade e a evolução histórica das normas, promovendo uma visão ampla e contextualizada do Direito.

- A perspectiva zetética explora questões como: "O que é justiça?", "Qual o papel do Direito na promoção do bem comum?", "Quais são os limites do Direito?" Esse tipo de reflexão é fundamental para compreender o Direito como fenômeno social e cultural, com influências que vão muito além das normas escritas.

A Ciência do Direito abrange essas duas abordagens – o estudo dogmático e o zetético –, permitindo uma compreensão tanto técnica quanto crítica do Direito. A formação em Direito no Brasil é ampla, permitindo aos estudantes explorar as diversas facetas da disciplina, desde o estudo das leis até a reflexão sobre os princípios que orientam a sociedade. Esse conhecimento é essencial para que os futuros profissionais possam não apenas aplicar o Direito, mas também refletir sobre seu papel e sua evolução.

O Direito enquanto ciência, desse modo, oferece aos juristas as ferramentas necessárias para atuar em um sistema jurídico complexo e em constante transformação, promovendo tanto a ordem social quanto a justiça. Ao estudar o Direito como ciência, o aluno é capacitado para entender e questionar as normas, adaptar-se a novas demandas sociais e contribuir para a construção de uma sociedade mais justa e equitativa.

Característica	Estudo Dogmático	Estudo Zetético
Objetivo	Compreender e aplicar as normas jurídicas vigentes; resolver conflitos; garantir a aplicação prática do Direito e a segurança jurídica.	Analisar criticamente o Direito; questionar seus fundamentos, natureza e influências; refletir sobre justiça, poder, legitimidade e evolução histórica.
Foco	Interpretação e aplicação das leis; resolução de questões concretas.	Reflexão crítica sobre o Direito; compreensão do Direito como fenômeno social e cultural.
Método	Análise e interpretação de normas jurídicas; argumentação jurídica; aplicação de regras de forma coerente com o ordenamento jurídico.	Incorporação de disciplinas como filosofia, sociologia e antropologia; questionamento dos pressupostos do Direito.
Disciplinas	Direito Civil, Penal, Constitucional, Administrativo, Trabalhista, Tributário, Internacional, entre outros.	Filosofia do Direito, Sociologia do Direito, Antropologia Jurídica, História do Direito.
Contribuição	Fornece ferramentas para a prática jurídica; garante a ordem social e a aplicação do Direito Objetivo.	Desenvolve uma visão crítica do Direito; permite a compreensão das influências culturais, políticas e econômicas sobre o sistema jurídico.

Característica	Estudo Dogmático	Estudo Zetético
Perguntas-chave	Como aplicar a lei a este caso concreto? Qual a interpretação correta da norma?	O que é justiça? Qual o papel do Direito na promoção do bem comum? Quais os limites do Direito?
Formação Jurídica	Essencial para a prática jurídica; ocupa grande parte da formação tradicional em Direito.	Complementa a formação dogmática; permite uma compreensão mais profunda e contextualizada do Direito.
Profissionais	Advogados, juízes, promotores, defensores públicos etc. (foco na aplicação prática do Direito).	Acadêmicos, pesquisadores, filósofos do Direito (foco na reflexão crítica e teórica sobre o Direito).

2
O DIREITO BUSCA REALIZAR O CERTO OU O JUSTO?

2.1 O DIREITO POSITIVO

2.1.1 Conceito de Direito Positivo

O **Direito Positivo** é o conjunto de normas jurídicas que regula as relações e a convivência em sociedade, criado por meio de decisões voluntárias das autoridades legitimamente constituídas. Em essência, o Direito Positivo representa o **direito posto** – normas formalmente estabelecidas, formuladas e impostas por seres humanos para organizar a vida social, garantindo ordem, previsibilidade e segurança jurídica. Essas normas são explicitamente formuladas e sancionadas, em geral, pelos poderes do Estado, e têm força coercitiva, ou seja, podem ser impostas pela autoridade estatal.

O conceito de Direito Positivo tem raízes profundas na história da humanidade. Nos primórdios das sociedades humanas, a regulamentação das relações sociais se baseava em **costumes** e **tradições orais**, transmitidas de geração em geração e reforçadas por lideranças tribais ou figuras de autoridade, como anciãos e sacerdotes. Essas normas eram geralmente aceitas pela comunidade, mas não tinham o caráter formal e coercitivo que caracteriza o Direito Positivo contemporâneo.

Conforme as civilizações evoluíram e as sociedades se tornaram mais complexas, surgiu a necessidade de um sistema de normas mais estruturado e registrado. Esse movimento culminou nos primeiros **códigos escritos**, como o **Código de Hamurábi**, na Mesopotâmia. Inscrito em pedras, esse código estabelecia uma série de normas com base no princípio da retribuição proporcional ("olho por olho, dente por dente") e introduziu uma forma primitiva de Direito Positivo, na qual as leis eram claras, públicas e sancionadas pela autoridade real. Esse sistema servia para organizar e estabilizar as relações sociais, garantindo que as regras fossem conhecidas e aplicadas uniformemente.

O **Direito Romano** foi um marco fundamental na história do Direito Positivo. Na Roma Antiga, o direito deixou de depender exclusivamente dos costumes e passou a ser sistematicamente codificado, com normas que eram aplicadas por magistrados e que abrangiam diversas áreas da vida social, como o direito de propriedade, o direito de família e o direito contratual. A organização e a sofisticação do Direito Romano influenciaram profundamente o desenvolvimento dos sistemas jurídicos ocidentais, criando uma base duradoura para o Direito Positivo, caracterizada pela formalidade, pela publicidade e pela racionalidade jurídica.

Com o passar dos séculos, o conceito de Direito Positivo se consolidou, principalmente com o advento do **Estado Moderno** e a separação entre Igreja e Estado. No sistema laico e secular que emergiu na Europa após o Iluminismo, o Direito passou a ser visto como uma criação humana, desvinculada de fundamentos religiosos. Essa transição foi essencial para que o Direito Positivo se tornasse o principal mecanismo de regulação das relações sociais, estabelecendo normas com base na vontade coletiva e nas necessidades práticas da sociedade, em vez de depender da autoridade divina.

Atualmente, o Direito Positivo é associado ao **direito estatal**, instituído e mantido pelo Estado por meio de suas autoridades constituídas. Esse sistema é composto por normas que são criadas, aplicadas e interpretadas formalmente e que têm caráter vinculante para todos os membros da sociedade. No contexto contemporâneo, o Direito Positivo é essencialmente o resultado de um processo democrático e legislativo, sendo promulgado, executado e julgado por instituições públicas como o Legislativo, o Executivo e o Judiciário.

Essa estrutura reflete a ideia de que o Direito Positivo é um sistema de normas acordado pela coletividade e que, ao ser instituído de forma explícita e formal, permite que a sociedade tenha uma referência clara e objetiva para a resolução de conflitos e para a proteção de direitos. Dessa forma, o Direito Positivo constitui a base do ordenamento jurídico e da organização social, regulando desde relações interpessoais até questões de interesse público e promovendo a segurança jurídica e a estabilidade social.

O Direito Positivo não é apenas um conjunto de normas aleatórias, mas um sistema normativo cuidadosamente formulado, que busca responder às demandas e aos valores de cada época, refletindo o consenso social sobre o que é justo, razoável e necessário para a convivência em sociedade.

Direito Positivo	Descrição
Definição	Conjunto de normas jurídicas que regula as relações sociais, criado por autoridades legitimamente constituídas; direito posto, formalmente estabelecido e imposto por seres humanos.
Características	Formalmente estabelecido; coercitivo (força imposta pelo Estado); garante ordem, previsibilidade e segurança jurídica; promulgado, executado e julgado por instituições públicas (Legislativo, Executivo e Judiciário).
Evolução Histórica	**Sociedades Primitivas:** Costumes e tradições orais, reforçados por lideranças tribais. **Código de Hamurabi:** Primeiro código escrito, baseado na retribuição proporcional ("olho por olho"). **Direito Romano:** Codificação sistemática, aplicada por magistrados, influência duradoura nos sistemas jurídicos ocidentais. **Estado Moderno e Iluminismo:** Separação entre Igreja e Estado, direito como criação humana, baseado na vontade coletiva.
Direito Positivo Moderno	Associado ao direito estatal; sistema de normas formalmente criadas, aplicadas e interpretadas; resultado de processo democrático e legislativo; vinculante para todos.
Função	Organizar a vida social; fornecer uma referência clara e objetiva para a resolução de conflitos e proteção de direitos; regular relações interpessoais e questões de interesse público; promover segurança jurídica e estabilidade social.
Natureza	Sistema normativo formulado para responder às demandas e valores de cada época, refletindo o consenso social sobre o que é justo, razoável e necessário para a convivência em sociedade.

2.1.2 Direito Positivo como Direito Estatal

O **Direito Positivo** é, hoje, amplamente entendido como sinônimo de **Direito Estatal**, ou seja, um conjunto de normas jurídicas formulado, aplicado e interpretado pelo Estado e suas instituições. A centralização do poder normativo no Estado é uma característica essencial dos sistemas jurídicos modernos, nos quais o Estado detém a autoridade exclusiva para criar normas que regulam a vida em sociedade, impondo-as com o poder coercitivo necessário para garantir sua eficácia e cumprimento.

O Direito Estatal é elaborado pelos **Três Poderes** – Legislativo, Judiciário e Executivo –, cada um exercendo sua competência específica na criação e aplicação das normas:

1. Poder Legislativo: É o principal órgão responsável pela criação de normas gerais e abstratas, conhecidas como leis. O Legislativo representa a vontade popular e tem como função criar leis que atendam às necessidades e demandas da sociedade. Exemplo disso é o Código Civil, que regula relações de direito privado, como contratos e obrigações, e o Código Penal, que define crimes e estabelece punições.

2. Poder Judiciário: Embora não crie leis no sentido estrito, o Judiciário desempenha um papel fundamental no Direito Positivo, ao interpretar e aplicar as normas em casos concretos. Suas decisões – como sentenças e acórdãos – não só resolvem conflitos específicos, mas também geram precedentes que orientam a aplicação do Direito em situações futuras. Por exemplo, em uma decisão sobre direitos trabalhistas, o Judiciário aplica as normas previstas na legislação e pode estabelecer entendimentos interpretativos que influenciam casos semelhantes.

3. Poder Executivo: Além de executar e administrar as leis, o Executivo possui competência normativa para editar decretos e regulamentos que detalham e especificam a aplicação das leis criadas pelo Legislativo. Esses decretos são instrumentos essenciais para a implementação prática das normas e são especialmente úteis em áreas que exigem regulamentação técnica ou administrativa, como saúde pública e proteção ambiental.

Além dos Três Poderes, o Direito Positivo também permite que **indivíduos e entidades privadas** criem normas válidas entre si, desde que tenham capacidade jurídica reconhecida pelo Estado. Essas normas são estabelecidas por meio de contratos e negócios jurídicos, que criam obrigações e direitos específicos entre as partes envolvidas. Por exemplo, em um contrato de locação, o locador e o locatário estabelecem regras sobre o uso do imóvel, valor do aluguel, prazo do contrato, entre outros aspectos. Esses contratos, embora não sejam leis estatais, têm força normativa no sentido de obrigar as partes e podem ser exigidos judicialmente caso haja descumprimento.

Essa **capacidade normativa dos particulares** é uma expressão da autonomia privada reconhecida pelo Direito Positivo, que permite aos indivíduos organizar suas relações de acordo com suas vontades, desde que respeitem os limites estabelecidos pelo ordenamento jurídico estatal. Assim, o contrato de trabalho entre empregador e empregado, o contrato de compra e venda, e o contrato de prestação de serviços são exemplos de normas privadas que, embora derivadas da vontade das partes, integram o Direito Positivo, possuindo validade e podendo ser exigidos perante o sistema judiciário.

O Direito Positivo reflete a centralidade do Estado na criação e manutenção de normas que orientam a convivência social. Essa centralização busca garantir que as normas sejam **uniformes, públicas e coercitivas**, características essenciais para a previsibilidade e a segurança jurídica. Em um Estado Democrático de Direito, o Direito Positivo é resultado de um processo formal e transparente, no qual as normas são criadas, aplicadas e fiscalizadas por instituições que seguem regras e procedimentos estabelecidos.

Ao centralizar o poder normativo, o Direito Estatal permite que as normas reflitam o consenso social e promovam o bem comum, estabelecendo direitos e deveres que visam ao equilíbrio entre os interesses individuais e coletivos. Dessa forma, o Direito Positivo não é apenas um conjunto de regras isoladas, mas um sistema que organiza a estrutura da sociedade, define suas prioridades e assegura os direitos fundamentais dos cidadãos.

Essa concepção de Direito Positivo como Direito Estatal reforça a ideia de que as normas jurídicas não surgem de maneira aleatória ou baseada em vontades individuais, mas são o resultado de um processo institucionalizado que envolve a participação de autoridades públicas e, em um sistema democrático, representa a vontade coletiva.

Aspecto	Descrição	Exemplo
Direito Positivo = Direito Estatal	Conjunto de normas jurídicas formulado, aplicado e interpretado pelo Estado e suas instituições; centralização do poder normativo no Estado.	Leis criadas pelo Congresso Nacional, sentenças proferidas por juízes, decretos emitidos pelo Presidente.
Poder Legislativo	Cria normas gerais e abstratas (leis); representa a vontade popular.	Código Civil (regula relações de direito privado); Código Penal (define crimes e estabelece punições).
Poder Judiciário	Interpreta e aplica as normas em casos concretos; suas decisões (sentenças e acórdãos) geram precedentes que orientam a aplicação do Direito.	Decisão judicial sobre direitos trabalhistas, que aplica a CLT e pode estabelecer entendimentos interpretativos.
Poder Executivo	Executa e administra as leis; edita decretos e regulamentos que detalham a aplicação das leis.	Decretos que regulamentam leis ambientais, detalhando procedimentos de licenciamento e fiscalização.
Capacidade Normativa dos Particulares	Indivíduos e entidades privadas podem criar normas válidas entre si, desde que tenham capacidade jurídica reconhecida pelo Estado; exercida por meio de contratos e negócios jurídicos.	Contrato de locação (estabelece regras entre locador e locatário); contrato de trabalho (regula a relação entre empregador e empregado).
Objetivo da Centralização Estatal	Garantir que as normas sejam uniformes, públicas e coercitivas; assegurar previsibilidade e segurança jurídica.	Normas de trânsito aplicáveis em todo o território nacional, garantindo uniformidade e previsibilidade.
Fundamento do Direito Estatal	Em um Estado Democrático de Direito, o Direito Positivo é resultado de um processo formal e transparente, representando a vontade coletiva; normas são criadas, aplicadas e fiscalizadas por instituições que seguem regras e procedimentos estabelecidos.	Leis aprovadas pelo Congresso Nacional após debates e votações, refletindo a vontade da maioria representada no Parlamento.

Aspecto	Descrição	Exemplo
Função Social do Direito Estatal	Refletir o consenso social e promover o bem comum, estabelecendo direitos e deveres que visam ao equilíbrio entre os interesses individuais e coletivos; organizar a estrutura da sociedade, definir prioridades e assegurar direitos fundamentais dos cidadãos.	Leis que garantem o direito à saúde, à educação e à moradia, buscando o bem-estar social e a redução das desigualdades.

2.1.3 A Mutabilidade do Direito Positivo no Tempo e no Espaço

Uma característica fundamental do **Direito Positivo** é a sua **mutabilidade**. Isso significa que as normas jurídicas não são imutáveis; pelo contrário, elas podem ser alteradas, adaptadas ou revogadas para acompanhar as transformações da sociedade, refletindo novas demandas, valores e realidades. Essa capacidade de adaptação do Direito Positivo o torna um sistema dinâmico, que pode responder a mudanças no tempo e no espaço, garantindo que o ordenamento jurídico se mantenha relevante e adequado às necessidades de cada contexto.

Mutabilidade no Tempo

A mutabilidade no tempo refere-se à capacidade do Direito Positivo de evoluir à medida que a sociedade se transforma. Normas jurídicas criadas em um dado momento histórico podem, com o tempo, tornar-se inadequadas ou obsoletas, exigindo revisão ou revogação. Um exemplo clássico é o caso das normas que permitiam a escravidão. No passado, o sistema jurídico de muitos países permitia e regulava a escravidão; porém, com a mudança de valores e a compreensão dos direitos humanos, essas normas foram abolidas e substituídas por leis que proíbem e combatem práticas discriminatórias.

Outro exemplo é a legislação sobre **direitos trabalhistas**. Durante a Revolução Industrial, as condições de trabalho eram extremamente precárias, e a jornada de trabalho podia ultrapassar 12 horas diárias. Com o tempo e a pressão dos movimentos trabalhistas, o Direito Positivo evoluiu para garantir melhores condições de trabalho, criando normas que limitam a jornada, asseguram salários mínimos e garantem direitos como férias e licença-maternidade.

Mutabilidade no Espaço

A mutabilidade no espaço refere-se à variação do Direito Positivo entre diferentes jurisdições geográficas. Normas que são válidas em um país podem ser completamente diferentes das normas de outro país, refletindo as particularidades culturais, econômicas e políticas de cada sociedade. Além disso, em países com estrutura federativa, como o Brasil, o Direito Positivo também pode variar internamente, conforme as competências legislativas de cada ente federado (União, estados, Distrito Federal e municípios).

Por exemplo, no Brasil, questões como a regulamentação do ICMS (Imposto sobre Circulação de Mercadorias e Serviços) variam de estado para estado, cada unidade federativa possui competência para legislar sobre esse tributo. Já em relação a questões ambientais, normas municipais podem restringir o uso de determinadas áreas dentro de suas localidades, com o objetivo de proteger ecossistemas regionais. Essas variações no espaço demonstram como o Direito Positivo se adapta às especificidades de cada local, oferecendo soluções que atendem melhor à realidade de cada região.

Outro exemplo de mutabilidade espacial pode ser observado na legislação sobre a **posse e porte de armas**. Enquanto em alguns países, como os Estados Unidos, o porte de armas é amplamente permitido, em outros, como o Japão, ele é severamente restrito. Essa variação reflete diferentes compreensões culturais e sociais sobre segurança pública e direitos individuais.

Aspectos Positivos e Negativos da Mutabilidade do Direito Positivo

A mutabilidade do Direito Positivo apresenta tanto aspectos positivos quanto negativos, e é importante considerar ambos para entender os desafios e as vantagens dessa característica.

1. Aspectos Positivos:

- **Atualização e Relevância**: A possibilidade de alterar e adaptar as normas jurídicas permite que o Direito Positivo permaneça sempre relevante, acompanhando as transformações sociais, econômicas, culturais e tecnológicas. Por exemplo, a criação de leis sobre crimes cibernéticos é uma resposta à evolução da tecnologia e à necessidade de proteger os cidadãos contra novas formas de violação.

- **Atendimento às Necessidades Sociais**: A mutabilidade permite que o Direito Positivo responda às demandas da sociedade e, com isso, promova mudanças que busquem maior justiça social. A criação de normas que garantem direitos às minorias, como o reconhecimento do casamento entre pessoas do mesmo sexo, é um exemplo de como a adaptação das normas pode contribuir para uma sociedade mais inclusiva e equitativa.

- **Flexibilidade para Diferentes Contextos**: A variação espacial do Direito Positivo permite que as normas sejam ajustadas para melhor atender às características de cada local. Isso é especialmente útil em países com grande diversidade cultural e geográfica, como o Brasil, onde as regulamentações podem ser moldadas para refletir as particularidades regionais.

2. Aspectos Negativos:

- **Insegurança Jurídica**: A constante mudança das normas pode gerar insegurança jurídica, especialmente quando as alterações são frequentes ou imprevisíveis. Isso pode dificultar a compreensão e o cumprimento das leis por parte dos cidadãos e empresas, que precisam se adaptar rapidamente a um ambiente regulatório em constante evolução.

- **Injustiças Temporárias**: Normas desatualizadas que não foram ainda modificadas podem gerar situações de injustiça até que sejam revisadas. Por exemplo, leis que discriminavam minorias raciais, étnicas ou de gênero eram formalmente válidas até serem alteradas ou abolidas, criando injustiças durante o período em que estavam vigentes.

- **Desafios à Coesão Nacional**: A variação das normas entre diferentes regiões de um mesmo país pode gerar desigualdades, especialmente quando certas regiões possuem regulamentações mais favoráveis que outras. No Brasil, a autonomia dos estados e municípios para legislar sobre determinados temas pode resultar em uma falta de uniformidade que impacta a coesão do sistema jurídico como um todo.

A mutabilidade do Direito Positivo é uma característica essencial que permite ao ordenamento jurídico acompanhar as mudanças e adaptar-se às demandas do presente. No entanto, ela também exige um equilíbrio cuidadoso entre atualização e estabilidade, de modo a garantir que a segurança jurídica e a justiça sejam preservadas ao longo do tempo.

Mutabilidade do Direito Positivo	Capacidade de as normas jurídicas serem alteradas, adaptadas ou revogadas para acompanhar as transformações da sociedade, refletindo novas demandas, valores e realidades.	Exemplos
Mutabilidade no Tempo	Evolução do Direito Positivo à medida que a sociedade se transforma; normas podem se tornar inadequadas ou obsoletas.	**Antes:** Leis permitiam a escravidão. **Depois:** Abolição da escravidão e leis contra a discriminação. **Antes:** Jornada de trabalho de mais de 12 horas. **Depois:** Limitação da jornada, salário mínimo, férias, licença-maternidade.
Mutabilidade no Espaço	Variação do Direito Positivo entre diferentes jurisdições geográficas, refletindo particularidades culturais, econômicas e políticas; em países federativos, variação interna conforme competências legislativas de cada ente federado.	**Brasil:** Regulamentação do ICMS varia entre estados; normas municipais sobre uso de áreas para proteção ambiental. **Internacional:** Posse e porte de armas (EUA: amplamente permitido; Japão: severamente restrito).

Aspectos Positivos	**Atualização e Relevância:** Permite que o Direito acompanhe as transformações sociais, econômicas, culturais e tecnológicas. **Atendimento às Necessidades Sociais:** Responde às demandas da sociedade, promovendo mudanças para maior justiça social. **Flexibilidade para Diferentes Contextos:** Permite ajustes conforme características de cada local.	**Atualização:** Leis sobre crimes cibernéticos. **Necessidades Sociais:** Reconhecimento do casamento entre pessoas do mesmo sexo. **Flexibilidade:** Regulamentações que refletem particularidades regionais.
Aspectos Negativos	**Insegurança Jurídica:** Mudanças frequentes ou imprevisíveis dificultam a compreensão e o cumprimento das leis. **Injustiças Temporárias:** Normas desatualizadas podem gerar injustiças até serem revisadas. **Desafios à Coesão Nacional:** Variação de normas entre regiões pode gerar desigualdades e falta de uniformidade.	**Insegurança:** Constante alteração em leis tributárias. **Injustiças:** Leis discriminatórias antes de serem alteradas. **Desafios:** Diferentes regulamentações estaduais sobre um mesmo tema, gerando complexidade.

2.1.4 O Problema da Fundamentação do Direito Positivo

A partir do momento em que o **Direito Positivo** é entendido como uma criação humana, desvinculada de uma ordem divina ou de valores absolutos, surge a questão de sua **fundamentação ou justificação**. Como assegurar que normas criadas por seres humanos sejam justas e legítimas? Esse problema é especialmente relevante no contexto moderno, onde o Direito é laico e independente de fundamentos religiosos, baseando-se apenas nas decisões e no consenso humanos.

Historicamente, o Direito era frequentemente justificado pela religião ou pela tradição, sendo visto como um reflexo da vontade divina ou da ordem natural. Sob essa perspectiva, o questionamento da justiça das normas jurídicas era minimizado, elas eram consideradas sagradas e infalíveis. No entanto, com a laicização do Direito e a separação entre Igreja e Estado, o Direito passou a ser produto exclusivo das decisões humanas. Isso, por sua vez, trouxe consigo a possibilidade de que as normas estabelecidas possam ser injustas ou inadequadas, já que os seres humanos, ao contrário dos deuses, são falíveis e suscetíveis a erros, preconceitos e interesses pessoais.

Um exemplo clássico dessa problemática é encontrado na tragédia **Antígona**, de Sófocles. Na peça, o rei Creonte decreta que Polinices, um dos filhos de Édipo, não deve ser enterrado, pois ele teria traído a cidade de Tebas. Para Creonte, essa decisão é uma manifestação legítima do Direito Positivo, uma ordem que deve ser obedecida porque ele, como autoridade, tem o poder de impô-la. No entanto, Antígona, irmã de Polinices, desobedece à ordem e o enterra, argumentando que a lei dos deuses – que determina que todos devem receber um sepultamento digno

– é superior à decisão de Creonte. O conflito entre Antígona e Creonte ilustra o problema da fundamentação do Direito Positivo: ao ser uma criação humana, a norma pode não corresponder ao que é considerado justo ou moralmente correto por outros valores superiores.

Outro exemplo histórico importante é o caso das **leis de segregação racial nos Estados Unidos**, conhecidas como leis Jim Crow, que vigoraram até meados do século XX. Essas leis, estabelecidas pelo Estado, impunham uma segregação racial sistemática, negando direitos e limitando o acesso de pessoas negras a diversos espaços e serviços públicos. Embora fossem formalmente válidas e respeitassem os processos legislativos da época, essas normas são hoje consideradas profundamente injustas, porque violavam a dignidade humana e os princípios de igualdade. A existência dessas leis levanta a questão de como justificar normas criadas pelos humanos, quando essas normas, na prática, resultam em discriminação e sofrimento.

O problema da fundamentação do Direito Positivo é que ele depende da capacidade humana de definir e impor normas que promovam o bem comum e a justiça. No entanto, os legisladores, juízes e demais autoridades responsáveis pela criação e aplicação do Direito são limitados por suas próprias percepções, valores e interesses. Isso significa que as normas podem refletir preconceitos, desigualdades e privilégios, resultando em leis que, mesmo sendo formalmente válidas, são moralmente contestáveis.

Essa questão se torna ainda mais complexa no ambiente multicultural e pluralista dos Estados modernos, onde diferentes grupos possuem valores e percepções diversas sobre o que é justo. Em um contexto assim, a tentativa de fundamentar o Direito Positivo apenas na vontade humana gera dificuldades, nem sempre o consenso sobre o que é justo ou correto é alcançado. Isso pode resultar em normas que, mesmo sendo obedecidas pela força da lei, não são reconhecidas como legítimas ou justas por parte da sociedade.

O problema da fundamentação do Direito Positivo nos lembra que, ao ser uma construção humana, o Direito está sujeito a falhas e deve ser constantemente questionado e revisado para que se mantenha próximo dos ideais de justiça e igualdade. A possibilidade de criar normas injustas revela a necessidade de uma reflexão ética contínua no Direito, para que ele seja mais do que um conjunto de regras coercitivas, e também uma ferramenta que contribua para uma convivência social digna e justa.

Aspecto	Descrição	Exemplos
Fundamentação do Direito Positivo	Questionamento sobre como assegurar que normas criadas por seres humanos sejam justas e legítimas, especialmente em um contexto laico e desvinculado de fundamentos religiosos ou valores absolutos.	-
Origem Histórica do Problema	**Antigamente:** Direito justificado pela religião ou tradição (vontade divina, ordem natural). **Modernidade:** Laicização do Direito e separação entre Igreja e Estado; Direito como produto de decisões humanas (falíveis, sujeitas a erros e preconceitos).	**Antigamente:** Normas consideradas sagradas e infalíveis. **Modernidade:** Normas baseadas em decisões e consensos humanos.
Antígona (Sófocles)	Ilustra o conflito entre a lei dos deuses (enterrar os mortos) e a lei humana (decreto de Creonte proibindo o sepultamento de Polinices). **Problema:** A norma humana (Direito Positivo) pode não corresponder ao que é considerado justo ou moral.	Antígona desobedece a Creonte e enterra Polinices, priorizando a lei divina.
Desafios da Fundamentação	**Limitações Humanas:** Legisladores e juízes são limitados por suas percepções, valores e interesses. **Risco de Injustiça:** Normas podem refletir preconceitos, desigualdades e privilégios, resultando em leis moralmente contestáveis. **Multiculturalismo e Pluralismo:** Dificuldade de consenso sobre o que é justo em sociedades com valores diversos.	Normas que, mesmo válidas formalmente, podem ser percebidas como ilegítimas ou injustas por parte da sociedade.

2.2 DIREITO NATURAL

2.2.1 Significado de Direito Natural

O **Direito Natural** é um conceito que se contrapõe ao Direito Positivo, refere-se a um conjunto de normas e princípios considerados inerentes à natureza humana ou ao próprio cosmos, e que, portanto, seriam anteriores e superiores a qualquer lei criada pelo ser humano. Diferente do Direito Positivo, que é criado pelas autoridades humanas e varia ao longo do tempo e do espaço, o Direito Natural é visto como universal, imutável e independente da vontade dos legisladores. Ele representa a ideia de que há princípios de justiça que derivam diretamente da própria natureza das coisas ou da essência do ser humano.

O Direito Natural pode ser compreendido em dois sentidos principais:

1. Direito Natural como Direito Objetivo: Neste sentido, o Direito Natural é entendido como um **conjunto de regras universais** que derivam da natureza e que são válidas para todos os indivíduos. Essas regras seriam intrínsecas à estrutura do mundo e da convivência humana e determinariam o que é justo e correto em qualquer sociedade. Esse conceito abarca princípios como a proteção à vida e à liberdade, que são vistos como direitos naturais, pois sua validade é reconhecida independentemente de qualquer norma positiva.

2. Direito Natural como Direito Subjetivo: Neste sentido, o Direito Natural se refere ao **poder que um indivíduo possui em virtude da sua própria natureza**. Em outras palavras, é o direito inerente a cada pessoa por ser humana, o que implica, por exemplo, o direito de defender sua própria vida e de buscar a liberdade. Essa perspectiva reforça a ideia de que cada pessoa tem direitos que lhe pertencem "naturalmente", sem depender da concessão do Estado ou de qualquer outra autoridade.

A ideia de Direito Natural assume que certos direitos são universais e inalienáveis, existindo independentemente das normas escritas e criadas pelos seres humanos. Essa concepção de Direito foi central para o desenvolvimento de várias teorias jurídicas e políticas, sobretudo no Ocidente, e serviu como base para a crítica de sistemas legais considerados injustos ao longo da história.

O **artigo 5º da Constituição Brasileira**, ao afirmar que todos são iguais perante a lei, reflete esse princípio natural de igualdade, que transcende as normas positivas e representa um ideal universal. Esse artigo é inspirado em valores de Direito Natural, que buscam estabelecer a igualdade e a dignidade humana como pilares inquestionáveis.

O Direito Natural é uma concepção de justiça que transcende as leis humanas, defendendo a existência de normas universais e eternas, válidas em qualquer lugar e época, e que se aplicam a todos os indivíduos pelo simples fato de serem humanos.

Direito Natural	Descrição	Exemplo
Definição	Conjunto de normas e princípios inerentes à natureza humana ou ao cosmos, anteriores e superiores às leis criadas pelo ser humano (Direito Positivo); universal, imutável e independente da vontade dos legisladores. Anterior ao Direito Positivo.	Princípios de justiça que derivam da natureza das coisas ou da essência do ser humano.

	Regras universais que derivam da natureza, válidas para todos; intrínsecas à estrutura do mundo e da convivência humana; determinam o que é justo e correto em qualquer sociedade.	Proteção à vida e à liberdade como direitos naturais, válidos independentemente de norma positiva.
Direito Natural Objetivo	Regras universais que derivam da natureza, válidas para todos; intrínsecas à estrutura do mundo e da convivência humana; determinam o que é justo e correto em qualquer sociedade.	Proteção à vida e à liberdade como direitos naturais, válidos independentemente de norma positiva.
Direito Natural Subjetivo	Poder que um indivíduo possui em virtude da sua própria natureza; direito inerente a cada pessoa por ser humana.	Direito de defender a própria vida e de buscar a liberdade.
Influência Histórica	Base para crítica de sistemas legais injustos; central para o desenvolvimento de teorias jurídicas e políticas no Ocidente.	-

2.2.2 Direito Natural como Critério para o Direito Positivo

À medida que o conceito de **Direito Positivo** se consolidou como um sistema de normas humanas e laicas, os primeiros filósofos do Direito passaram a questionar como garantir que essas normas fossem justas e promovessem o bem comum. Foi nesse contexto que a ideia de **Direito Natural** emergiu como um fundamento de justiça superior ao Direito Positivo, servindo como um critério para avaliar a legitimidade das leis criadas pelos seres humanos. O Direito Natural passou a ser concebido como um conjunto de normas universais e imutáveis, que deveria orientar e limitar as decisões dos legisladores, garantindo que o Direito Positivo fosse justo e moralmente aceitável.

Há três concepções principais de Direito Natural que desempenham esse papel de critério de justiça para o Direito Positivo:

1. Direito Natural Cosmológico: Nesta concepção, o Direito Natural é visto como uma ordem que deriva das leis do próprio cosmos, ou seja, das regras que regem o universo e a natureza. Os filósofos que defendem essa visão acreditam que as normas humanas devem estar em harmonia com as leis naturais que organizam o mundo, porque essas leis são uma manifestação de uma ordem universal e racional. Nesse sentido, as normas jurídicas devem respeitar as leis da natureza para serem consideradas justas e legítimas. Esse pensamento pode ser observado nas filosofias da Grécia Antiga, como na obra de Heráclito, que associava o Direito Natural ao "Logos", a razão universal que governa tudo.

2. Direito Natural Divino: Sob essa perspectiva, o Direito Natural é visto como uma criação divina, uma manifestação da vontade de Deus que orienta a humanidade. As normas jurídicas humanas devem ser inspiradas ou subordinadas aos preceitos divinos. O Direito Positivo só é considerado legítimo se estiver em conformidade com o Direito Natural, entendido como a expressão da justiça divina. Essa concepção era comum durante a Idade Média, quando a Igreja Católica e os teólogos defendiam que o Direito Natural, dado por Deus, era a base sobre a qual o Direito Positivo deveria se estruturar. Um exemplo desse pensamento é encontrado em São Tomás de Aquino, que afirmava que a lei humana deve ser uma aplicação da lei eterna de Deus.

3. Direito Natural Racional: Nessa visão, o Direito Natural é identificado com a razão universal, ou seja, com os princípios de justiça que a própria razão humana é capaz de reconhecer. De acordo com essa concepção, os seres humanos, por meio de sua capacidade racional, podem identificar certos princípios e valores que transcendem as normas positivas e orientam o comportamento justo e moral. Nesse sentido, o Direito Natural racional atua como um guia para a criação das normas jurídicas, estabelecendo um padrão ético que deve ser seguido pelo Direito Positivo. Esse modelo foi amplamente defendido por filósofos do Iluminismo, como John Locke e Immanuel Kant, que acreditavam que a razão era capaz de revelar direitos naturais inalienáveis, como a liberdade e a igualdade.

Independentemente da concepção adotada, todas essas visões compartilham a ideia de que o **Direito Natural é hierarquicamente superior ao Direito Positivo**. Em outras palavras, o Direito Natural estabelece um padrão de justiça ao qual o Direito Positivo deve se submeter. Dessa forma, uma norma positiva só será considerada justa ou boa se respeitar os princípios do Direito Natural. Caso contrário, essa norma seria injusta e, portanto, ilegítima, mesmo que formalmente válida.

Ao longo da história, o Direito Natural tem sido invocado como critério de justiça em momentos decisivos, quando as normas do Direito Positivo são questionadas ou contestadas. Por exemplo, durante o período da segregação racial nos Estados Unidos, defensores dos direitos civis argumentavam que as leis de segregação eram contrárias aos princípios naturais de igualdade e dignidade humana. Esses argumentos apoiavam-se na concepção de um Direito Natural que exigia o tratamento igualitário para todos os seres humanos, independente de sua origem racial.

O Direito Natural atua como um parâmetro para o Direito Positivo, oferecendo uma base ética e universal que visa assegurar que as normas criadas pelos humanos sejam justas e respeitem a dignidade humana. Ele fornece um critério transcendente que permite aos juristas e legisladores avaliar a validade moral das leis, ajudando a guiar a construção de um sistema jurídico que promova a justiça e o bem comum.

Concepção	Fundamento	Origem	Filósofos/Períodos Associados	Papel como Critério de Justiça
Direito Natural Cosmológico	Leis do cosmos; regras que regem o universo e a natureza.	Ordem universal e racional do cosmos.	Grécia Antiga	As normas humanas devem estar em harmonia com as leis naturais que organizam o mundo para serem justas e legítimas.
Direito Natural Divino	Vontade de Deus; preceitos divinos.	Criação divina; revelação.	Idade Média	O Direito Positivo só é legítimo se estiver em conformidade com os preceitos divinos, que são a expressão da justiça divina.
Direito Natural Racional	Razão universal; princípios de justiça que a razão humana pode reconhecer.	Capacidade racional dos seres humanos.	Iluminismo	A razão humana identifica princípios e valores que transcendem as normas positivas e orientam o comportamento justo e moral.

2.2.3 Imutabilidade do Direito Natural

Uma característica essencial do **Direito Natural** é a sua **imutabilidade**, ou seja, a ideia de que ele permanece o mesmo ao longo do tempo e do espaço. Ao contrário do Direito Positivo, que é flexível e pode ser alterado para se adequar às mudanças culturais, políticas e sociais de cada época e lugar, o Direito Natural é considerado universal e eterno. Ele representa um conjunto de princípios e valores que são constantes e não estão sujeitos às variações da vontade humana ou às particularidades das diversas sociedades.

Imutabilidade no Tempo

O Direito Natural é entendido como **eterno**, o que significa que suas normas e princípios são válidos e aplicáveis em qualquer época, independentemente das mudanças que ocorrem na sociedade. Essa perspectiva sustenta que valores fundamentais, como a dignidade humana, a liberdade e a justiça, são inerentes à natureza humana e, portanto, são perpétuos. Esses princípios não estão condicionados pelo avanço da ciência, pela evolução da moralidade ou pelas transformações econômicas; ao contrário, eles transcendem essas mudanças e permanecem aplicáveis em todas as eras.

Por exemplo, o direito à vida é considerado uma norma do Direito Natural que existe desde o início da humanidade e continua a ser defendido como um valor absoluto, independentemente da época. Mesmo em sociedades antigas ou autoritárias, onde o Direito Positivo podia permitir práticas como a escravidão ou a pena de morte para crimes menores, o Direito Natural sustentaria que todos os seres humanos possuem, por sua própria natureza, o direito intrínseco à vida.

Imutabilidade no Espaço

Além de ser eterno, o Direito Natural é visto como **universal**, aplicando-se igualmente a todas as pessoas e sociedades, independentemente de sua localização geográfica ou cultura. Isso significa que os princípios de justiça que derivam do Direito Natural são válidos para todos os seres humanos, em qualquer parte do mundo, sendo derivados da própria natureza humana ou das leis do cosmos, conforme a perspectiva adotada.

A ideia de universalidade implica que normas como a proibição da tortura, o direito à liberdade e a igualdade entre as pessoas são princípios que deveriam ser respeitados em todas as sociedades, ainda que o Direito Positivo de alguns países não os contemple. Essa visão confere ao Direito Natural um caráter superior, estabelece que existe um padrão ético e jurídico que transcende as particularidades culturais e as leis locais.

Implicações da Imutabilidade do Direito Natural

A imutabilidade do Direito Natural tem implicações importantes, tanto positivas quanto negativas:

1. Aspectos Positivos:

- **Fundamento Ético Universal**: A imutabilidade do Direito Natural oferece um padrão ético universal que pode ser utilizado como referência para avaliar a justiça de qualquer sistema legal. Esse padrão fornece uma base comum para a defesa dos direitos humanos e permite que injustiças locais sejam criticadas com base em princípios universais, como a igualdade e a dignidade.

- **Segurança Moral e Consistência Ética**: Ao ser imutável, o Direito Natural proporciona uma segurança moral e uma consistência ética que são independentes das mudanças na legislação ou das flutuações culturais. Ele oferece uma orientação constante sobre o que é justo e correto, independentemente das influências temporais ou espaciais, permitindo que as sociedades defendam valores essenciais mesmo em tempos de crise.

2. Aspectos Negativos:

- **Rigidez e Conservadorismo**: A imutabilidade do Direito Natural pode gerar uma visão conservadora, pois dificulta a adaptação de seus princípios a novas realidades sociais. Normas que foram aceitas como naturais em determinados períodos históricos, como a subordinação da mulher ao homem, podem ser defendidas sob a justificativa de que fazem parte do Direito Natural, dificultando o avanço de valores mais igualitários.

- **Dificuldade de Aplicação Prática:** Por serem considerados eternos e universais, os princípios do Direito Natural muitas vezes são vagos e abstratos, o que dificulta sua aplicação prática em casos específicos. A defesa de um direito universal à igualdade, por exemplo, pode esbarrar em diversas interpretações sobre o que significa igualdade em contextos concretos, como na distribuição de riqueza ou na atribuição de direitos políticos.

- **Subjetivismo:** Como não há uma única fonte formal que defina o conteúdo do Direito Natural, ele pode ser interpretado de maneiras variadas, conforme as crenças e os valores de cada jurista ou filósofo. Isso pode resultar em divergências sobre quais princípios fazem parte do Direito Natural, gerando uma multiplicidade de interpretações sobre temas como propriedade privada, liberdade de expressão e direitos individuais.

Em suma, a imutabilidade do Direito Natural garante que seus princípios de justiça sejam considerados eternos e universais, independentes das variações culturais e das mudanças legislativas. Contudo, essa característica também apresenta desafios, especialmente na adaptação às realidades concretas e na resolução de conflitos sociais modernos. A imutabilidade faz do Direito Natural uma referência ética sólida e constante, mas que também carrega limitações quanto à flexibilidade e à aplicabilidade em contextos específicos.

Aspecto	Descrição	Exemplos
Imutabilidade do Direito Natural	Princípios e valores constantes, não sujeitos às variações da vontade humana ou às particularidades das diversas sociedades; universal e eterno, em contraposição ao Direito Positivo, que é flexível e adaptável.	-
Imutabilidade no Tempo	Eterno; normas e princípios válidos e aplicáveis em qualquer época, independentemente das mudanças sociais.	Direito à vida como norma eterna, independente de mudanças na ciência, moralidade ou economia.
Imutabilidade no Espaço	Universal; aplica-se a todas as pessoas e sociedades, independentemente de localização geográfica ou cultura; princípios de justiça válidos para todos os seres humanos.	Proibição da tortura, direito à liberdade e igualdade como princípios universais.

	Fundamento Ético Universal: Oferece um padrão ético universal para avaliar a justiça de qualquer sistema legal. Segurança Moral e Consistência Ética: Proporciona orientação constante sobre o que é justo, independente de flutuações culturais ou mudanças legislativas.	Fundamento Ético: Base comum para defesa dos direitos humanos. Segurança Moral: Defesa de valores essenciais em tempos de crise, como a dignidade humana.
Aspectos Positivos da Imutabilidade		
Aspectos Negativos da Imutabilidade	Rigidez e Conservadorismo: Dificulta a adaptação a novas realidades sociais. Dificuldade de Aplicação Prática: Princípios vagos e abstratos. Subjetivismo: Interpretações variadas conforme crenças e valores individuais.	Rigidez: Dificuldade em mudar normas consideradas "naturais" mas ultrapassadas, como a subordinação da mulher. Aplicação Prática: Divergências sobre o que significa "igualdade" em casos concretos. Subjetivismo: Diferentes interpretações sobre o que é propriedade privada ou liberdade de expressão.

2.2.4 Importância Histórica do Direito Natural

O conceito de **Direito Natural** foi crucial em vários momentos da história, especialmente em períodos de revolução e mudanças estruturais. A ideia de que existem direitos intrínsecos à natureza humana – universais e inalienáveis – serviu de base para críticas ao Direito Positivo e para a promoção de uma ordem social mais justa. Esse princípio inspirou declarações de direitos fundamentais e movimentos que buscavam garantir liberdade, igualdade e dignidade a todos, independentemente das leis vigentes.

O Direito Natural nas Grandes Revoluções

1. Revolução Gloriosa (1688) e o Bill of Rights: Na Inglaterra, a Revolução Gloriosa de 1688 foi um marco na limitação do poder monárquico e na defesa dos direitos dos cidadãos. Esse evento culminou com a criação do **Bill of Rights** em 1689, um documento fundamental que estabeleceu o papel do parlamento e os direitos dos indivíduos em relação ao rei. O Bill of Rights afirmava, entre outros pontos, que o monarca não poderia suspender leis sem o consentimento do parlamento e protegia direitos como a liberdade de expressão no parlamento e o direito a petição. Inspirado em princípios do Direito Natural, o Bill of Rights introduziu o conceito de que o poder político deve respeitar os direitos naturais dos indivíduos, tornando-se uma referência para movimentos subsequentes de afirmação dos direitos civis e políticos.

2. Independência dos Estados Unidos (1776): A **Declaração de Independência** dos Estados Unidos é um exemplo clássico de influência do Direito Natural. A declaração defende que "todos os homens são criados iguais" e dotados de "direitos inalienáveis", incluindo o direito à vida, à liberdade e à busca da felicidade. Esses direitos são considerados naturais e superiores ao poder da coroa britânica, justificando a independência das colônias americanas. A declaração refletiu os ideais iluministas e influenciou profundamente o pensamento jurídico e político ocidental, promovendo a ideia de que o governo deve proteger os direitos naturais dos cidadãos.

3. Revolução Francesa (1789) e a Declaração dos Direitos do Homem e do Cidadão: Durante a Revolução Francesa, o Direito Natural foi a base para a elaboração da **Declaração dos Direitos do Homem e do Cidadão**, que estabeleceu os direitos fundamentais dos cidadãos franceses. A declaração afirmava, no seu artigo 1º, que "os homens nascem e são livres e iguais em direitos" e que as distinções sociais só devem fundamentar-se na utilidade comum. Inspirada pelos ideais de liberdade, igualdade e fraternidade, a declaração foi uma resposta ao antigo regime absolutista e lançou as bases para um sistema jurídico mais igualitário. Ao defender os direitos naturais, a declaração transformou-se em um símbolo universal de direitos humanos.

4. Declaração Universal dos Direitos Humanos (1948): Após as atrocidades da Segunda Guerra Mundial, a criação da **Declaração Universal dos Direitos Humanos** pela ONU foi um esforço global para reafirmar o valor intrínseco de cada ser humano, independentemente de sua nacionalidade ou cultura. No artigo 1º, a declaração proclama que "todos os seres humanos nascem livres e iguais em dignidade e em direitos". A declaração incorpora princípios do Direito Natural, como o direito à vida, à liberdade e à segurança, reconhecendo que esses direitos são universais e imutáveis. Ela se tornou uma referência ética e jurídica para a proteção dos direitos humanos em todo o mundo.

Evento	Documento	Influência do Direito Natural
Revolução Gloriosa (Inglaterra, 1688)	Bill of Rights (1689)	Limitou o poder monárquico; afirmou direitos dos cidadãos (liberdade de expressão no parlamento, direito a petição); estabeleceu o papel do parlamento; inspirou a ideia de que o poder político deve respeitar os direitos naturais.
Independência dos Estados Unidos (1776)	Declaração de Independência (1776)	Defendeu que "todos os homens são criados iguais" e dotados de "direitos inalienáveis" (vida, liberdade, busca da felicidade); justificou a independência com base em direitos naturais superiores ao poder da coroa britânica.

Revolução Francesa (1789)	Declaração dos Direitos do Homem e do Cidadão (1789)	Afirmou que "os homens nascem e são livres e iguais em direitos"; estabeleceu direitos fundamentais com base nos ideais de liberdade, igualdade e fraternidade; resposta ao absolutismo; símbolo universal de direitos humanos.
Pós-Segunda Guerra Mundial	Declaração Universal dos Direitos Humanos (ONU, 1948)	Reafirmou o valor intrínseco de cada ser humano; proclamou que "todos os seres humanos nascem livres e iguais em dignidade e em direitos"; incorporou princípios do Direito Natural (vida, liberdade, segurança).

O Direito Natural como Ferramenta de Crítica e Transformação

Ao longo da história, o Direito Natural funcionou como um padrão ético universal contra o qual o Direito Positivo foi constantemente avaliado e questionado. Em tempos de opressão e injustiça, ele serviu como um recurso moral para criticar leis consideradas abusivas ou discriminatórias, legitimando movimentos de resistência e incentivando reformas estruturais.

Em momentos de crise, o apelo ao Direito Natural foi decisivo para a formulação de novas normas que buscavam refletir valores universais de justiça e igualdade. Contudo, fora desses períodos de transformação, o Direito Natural é raramente utilizado na resolução de casos individuais ou na elaboração de jurisprudência cotidiana, sendo mais relevante como um ideal filosófico e moral do que como um sistema jurídico prático.

Em resumo, a importância histórica do Direito Natural está na sua capacidade de fornecer uma base ética para a crítica e a renovação do Direito Positivo. Ele serviu como fundamento para a criação de documentos que consagraram direitos fundamentais, influenciou revoluções e permanece uma referência para a defesa dos direitos humanos e da dignidade humana. Mesmo com suas limitações práticas, o Direito Natural continua a inspirar a busca por uma justiça que transcenda as fronteiras legais e culturais, reforçando a ideia de que o Direito deve sempre promover o que é justo e correto.

2.3 DIREITO E MORAL

2.3.1 Moral Social e Moral Religiosa como Fonte do Direito

Com as críticas ao **Direito Natural** e a crescente percepção de que a natureza pode não fornecer normas morais universais ou imutáveis, surge a pergunta: de onde viriam as normas fundamentais que devem orientar o comportamento humano e a organização social? Duas respostas frequentes para essa questão são a **moral social** e a **moral religiosa**. Esses sistemas de valores têm exercido uma influência significativa sobre o Direito ao longo da história, servindo como bases de legitimidade e orientações para a criação de normas jurídicas.

Moral Social – Costumes e Tradições

A moral social se refere ao conjunto de valores, costumes e padrões de comportamento que se consolidam ao longo do tempo em uma determinada comunidade. Essas normas morais sociais são resultado da experiência coletiva e refletem o que uma sociedade considera bom, justo e adequado em termos de comportamento e convivência. Em outras palavras, a moral social é um produto histórico e cultural que orienta os indivíduos em suas ações e relacionamentos, promovendo a coesão social.

O costume é uma das principais expressões da moral social. Ele é formado por práticas reiteradas que, com o tempo, adquirem força obrigatória. Muitas vezes, esses costumes acabam sendo incorporados ao Direito, tornando-se normas jurídicas formais. Por exemplo, práticas como o respeito à propriedade privada e a preservação da vida humana são costumes que se desenvolveram em várias sociedades e acabaram influenciando diretamente o Direito.

A moral social, desse modo, oferece um conjunto de padrões que orienta o Direito na criação de normas. Em sociedades democráticas, o Direito costuma refletir, em maior ou menor grau, os valores e os costumes prevalentes, adequando-se à moral social vigente. No entanto, essa relação não é absoluta, e existem momentos em que o Direito precisa questionar ou até contrariar a moral social, especialmente em contextos de reforma e avanço social, como nas leis que proíbem a discriminação racial e de gênero.

Exemplo: Em várias culturas tradicionais, o casamento é um valor moral essencial e é visto como a base da estrutura familiar. Esse costume influenciou o Direito ao longo da história, dando origem a normas jurídicas que regulam o casamento, a família e a herança. Em muitos países, no entanto, o Direito evoluiu para incorporar formas alternativas de organização familiar, refletindo mudanças nos valores morais sociais.

Moral Religiosa

A moral religiosa também desempenha um papel importante como fonte de normas para o Direito, especialmente em sociedades onde a religião exerce grande influência sobre a vida pública e privada. A moral religiosa é constituída por preceitos éticos e regras de conduta que se originam nas crenças e ensinamentos das religiões. Esses preceitos são geralmente considerados sagrados e são aceitos pelos fiéis como comandos de origem divina, o que lhes confere uma autoridade superior.

No decorrer da história, várias sociedades integraram diretamente as normas religiosas ao seu sistema jurídico. Por exemplo, o Direito islâmico, ou Sharia, é baseado em grande parte no Alcorão e nos ensinamentos do profeta Maomé. Esse sistema jurídico-religioso orienta não apenas a vida espiritual dos muçulmanos, mas também as normas que regem o casamento, o comércio, a justiça criminal e outras áreas da vida social.

Mesmo em sociedades laicas, a moral religiosa frequentemente influencia o Direito. Em muitos países, normas jurídicas que refletem valores religiosos foram mantidas, apesar da separação entre Igreja e Estado. Um exemplo comum é a proibição do homicídio, que está presente em diversos sistemas jurídicos e também é um valor moral compartilhado por várias religiões. Embora a proibição do homicídio seja justificada por razões jurídicas e éticas independentes da religião, ela encontra ressonância nos preceitos religiosos, como o mandamento "Não matarás" da tradição judaico-cristã.

No entanto, a influência da moral religiosa no Direito nem sempre é uniforme ou consensual. Em sociedades pluralistas, diferentes religiões podem ter valores morais distintos, o que gera desafios para a criação de um sistema jurídico que seja justo e aplicável a todos os cidadãos, independentemente de suas crenças religiosas.

Exemplo: A moral religiosa proíbe, em várias tradições, a eutanásia, considerando-a uma violação do direito à vida, visto como sagrado. Em países com forte influência religiosa, essa visão pode se refletir no Direito, proibindo a prática da eutanásia. Em outros países, contudo, onde o Direito se afasta da moral religiosa, a eutanásia pode ser permitida em circunstâncias específicas, baseando-se em conceitos de autonomia e dignidade humana.

Críticas e Limitações

Embora a moral social e a moral religiosa sejam fontes significativas de inspiração para o Direito, ambas apresentam limitações e desafios. No caso da moral social, o problema da relatividade cultural se torna evidente: costumes e valores variam entre sociedades e ao longo do tempo, o que pode levar a conflitos e inconsistências no Direito. Um valor moral amplamente aceito em uma cultura pode ser considerado inaceitável em outra, o que dificulta a formulação de um sistema jurídico universal.

A moral religiosa, por sua vez, enfrenta o desafio de coexistir com uma sociedade pluralista, onde pessoas de diferentes crenças e até sem religião devem conviver sob um mesmo sistema jurídico. O uso exclusivo da moral religiosa como fundamento para o Direito pode levar à exclusão ou opressão de minorias religiosas e não religiosas.

Aspecto	Moral Social	Moral Religiosa
Definição	Conjunto de valores, costumes e padrões de comportamento consolidados ao longo do tempo em uma comunidade; produto histórico e cultural que orienta os indivíduos em suas ações e relacionamentos.	Preceitos éticos e regras de conduta que se originam nas crenças e ensinamentos de religiões; considerados sagrados e aceitos pelos fiéis como comandos de origem divina.
Origem	Experiência coletiva; costumes e tradições.	Crenças religiosas; textos sagrados; ensinamentos de líderes religiosos.
Influência no Direito	O Direito frequentemente reflete os valores e costumes prevalentes na sociedade; os costumes podem ser incorporados ao Direito.	Influencia o Direito, especialmente em sociedades com forte influência religiosa; normas jurídicas podem refletir valores religiosos, mesmo em sociedades laicas.
Exemplos	Casamento como base da estrutura familiar; respeito à propriedade privada; preservação da vida.	Direito Islâmico (Sharia) baseado no Alcorão; proibição do homicídio em várias religiões ("Não matarás"); leis sobre eutanásia influenciadas por valores religiosos sobre a sacralidade da vida.
Limitações	Relatividade cultural: valores variam entre sociedades e ao longo do tempo, gerando conflitos e inconsistências.	Dificuldade de coexistência com a pluralidade de crenças em sociedades laicas; risco de exclusão ou opressão de minorias religiosas ou não religiosas.
Críticas	Pode levar à perpetuação de práticas ultrapassadas ou discriminatórias se não houver um mecanismo de revisão e adaptação às mudanças sociais.	Pode ser usada para justificar leis que ferem os direitos humanos ou que não respeitam a diversidade de crenças; pode gerar conflitos entre a lei e a liberdade de consciência.

2.3.2 Teoria do Mínimo Ético

A **Teoria do Mínimo Ético**, formulada pelo jurista alemão **Georg Jellinek** (1851-1911), busca definir a relação entre o Direito e a Moral a partir da ideia de que o Direito representa o mínimo de moralidade necessário para a sobrevivência e a coesão de uma sociedade. Segundo essa teoria, embora a Moral e o Direito possuam suas próprias esferas, o Direito contém aquelas regras morais que são essenciais para que a vida em sociedade possa se manter de maneira organizada e funcional.

Conceitos Fundamentais da Teoria do Mínimo Ético

1. O Direito como Mínimo de Moralidade: Para Jellinek, o Direito consiste no conjunto de normas morais mínimas que são indispensáveis para a sobrevivência e o funcionamento da sociedade. Essas normas morais, ao serem incorporadas pelo Direito, tornam-se obrigatórias e coercitivas, podendo ser impostas pelo poder do Estado. O Direito assume o papel de garantir que as regras mais fundamentais da moralidade, aquelas cuja violação colocaria em risco a ordem social, sejam cumpridas.

Exemplo: O homicídio é amplamente considerado imoral e sua proibição é essencial para a preservação da vida em sociedade. Assim, o Direito transforma essa norma moral em uma norma jurídica, proibindo o homicídio e estabelecendo sanções para quem a violar.

2. Diferença de Cumprimento entre Moral e Direito: Segundo Jellinek, a Moral é cumprida de forma espontânea pelos indivíduos, sendo uma manifestação interna de consciência. No entanto, como os seres humanos nem sempre seguem as normas morais espontaneamente, é necessário que algumas dessas normas sejam reforçadas pela coerção do Estado, tornando-se normas jurídicas. Dessa forma, o Direito atua como um instrumento de garantia para as normas morais fundamentais, assegurando que elas serão cumpridas mesmo que os indivíduos não as respeitem voluntariamente. Exemplo: A honestidade é um valor moral importante, mas nem todos o seguem espontaneamente. Para garantir que pessoas não cometam fraudes, o Direito incorpora essa norma moral ao tipificar como crime ações fraudulentas, estabelecendo punições para quem as praticar.

3. Critério de Seleção das Normas Morais mais Importantes: Nem todas as normas morais são essenciais para a manutenção da sociedade. Apenas aquelas cuja violação colocaria em risco a harmonia social são incorporadas ao Direito. O Direito seleciona as normas morais mais importantes e as torna jurídicas, enquanto as demais permanecem na esfera da moralidade privada e não recebem sanções jurídicas. Exemplo: Embora seja moralmente valorizado respeitar os mais velhos, o descumprimento dessa norma moral não é considerado um risco para a sobrevivência da sociedade e, portanto, não é transformado em norma jurídica. No entanto, o respeito à vida, ao patrimônio e à liberdade dos indivíduos são considerados fundamentais e, por isso, transformados em normas jurídicas.

Conceito	Descrição	Exemplo
Direito como Mínimo de Moralidade	O Direito representa o mínimo de moralidade necessário para a sobrevivência e a coesão social; conjunto de normas morais mínimas indispensáveis, incorporadas pelo Direito e tornadas obrigatórias e coercitivas.	Proibição do homicídio: norma moral essencial para a preservação da vida em sociedade, transformada em norma jurídica com sanções.
Diferença de Cumprimento	**Moral:** Cumprimento espontâneo, manifestação interna da consciência. **Direito:** Normas morais fundamentais reforçadas pela coerção do Estado para garantir seu cumprimento, mesmo que não haja adesão voluntária.	Honestidade: valor moral importante, mas nem sempre seguido espontaneamente. O Direito tipifica a fraude como crime para garantir a honestidade em transações comerciais.

Critério de Seleção	Nem todas as normas morais são incorporadas ao Direito; apenas aquelas essenciais para a manutenção da sociedade, cuja violação colocaria em risco a harmonia social.	Respeito aos mais velhos: valor moral, mas não essencial para a sobrevivência da sociedade, não é norma jurídica. Respeito à vida: fundamental, logo, é norma jurídica.
Função do Direito na Teoria do Mínimo Ético	Garantir que as regras morais mais fundamentais sejam cumpridas, assegurando a ordem social.	O Direito atua como um instrumento para assegurar o cumprimento de normas morais essenciais, como a proteção à vida, à propriedade e à liberdade.

A Relação entre Direito e Moral na Teoria do Mínimo Ético

De acordo com a Teoria do Mínimo Ético, a moral abrange um campo mais amplo do que o Direito. Enquanto a Moral trata de todos os aspectos do comportamento ético dos indivíduos, o Direito se limita àquelas normas mínimas que são essenciais para a ordem social. Nesse sentido, **o Direito está contido pela Moral**, é apenas uma parcela dessa moralidade que foi juridicamente incorporada.

Direito < Moral

Essa concepção leva Jellinek a afirmar que, na Teoria do Mínimo Ético, toda norma jurídica possui um conteúdo moral, sendo derivada de valores fundamentais para a sociedade. Desse modo, o Direito sempre refletiria, em alguma medida, os valores morais compartilhados por uma comunidade.

Críticas à Teoria do Mínimo Ético

Embora a Teoria do Mínimo Ético tenha influenciado o pensamento jurídico, ela não está isenta de críticas. Algumas das principais são:

1. Existência de Normas Jurídicas Amorais (ou Técnicas): Nem todas as normas jurídicas têm um conteúdo moral evidente. Muitas normas jurídicas são meramente técnicas, servindo para regular procedimentos ou detalhes administrativos que não envolvem juízos morais. Por exemplo, normas que estabelecem o prazo para apresentação de uma petição judicial ou os requisitos formais para a inscrição em um concurso público não possuem necessariamente uma dimensão moral.

2. Possibilidade de Normas Jurídicas Imorais: Existem normas jurídicas que podem ser consideradas imorais, ainda que sejam válidas no âmbito do Direito Positivo. Regimes totalitários, por exemplo, instituíram normas que permitiam práticas de tortura, discriminação racial e perseguição política, violando princípios morais fundamentais. Nesse sentido, a teoria é criticada por não contemplar a possibilidade de normas jurídicas que se distanciam dos valores éticos.

3. Relatividade da Moral

3. Relatividade da Moral: A moral é um sistema de valores que varia entre culturas e épocas. O que é considerado moralmente correto em uma sociedade pode não o ser em outra, o que coloca em questão a universalidade dos princípios morais subjacentes ao Direito. A proibição do consumo de álcool, por exemplo, é uma norma jurídica em alguns países e baseada em valores morais específicos, mas não é aplicável em outras culturas.

Crítica	Descrição	Exemplo
Existência de Normas Jurídicas Amorais (ou Técnicas)	Nem todas as normas jurídicas possuem um conteúdo moral evidente; muitas são meramente técnicas, regulando procedimentos ou detalhes administrativos sem envolver juízos morais.	Norma que estabelece prazo para apresentação de petição judicial; requisitos formais para inscrição em concurso público.
Possibilidade de Normas Jurídicas Imorais	Normas jurídicas podem ser consideradas imorais, ainda que válidas no âmbito do Direito Positivo; regimes totalitários podem instituir normas que violam princípios morais fundamentais.	Leis de segregação racial; normas que permitem tortura ou perseguição política.
Relatividade da Moral	A moral varia entre culturas e épocas, colocando em questão a universalidade dos princípios morais que, segundo a teoria, fundamentariam o Direito; o que é moralmente correto em uma sociedade pode não ser em outra.	Proibição do consumo de álcool: norma jurídica em alguns países, baseada em valores morais específicos, mas não universalmente aceita; variação de normas sobre casamento e família.

Exemplos de Aplicação e Limitações da Teoria do Mínimo Ético

Um exemplo da aplicação da Teoria do Mínimo Ético é a legislação contra o furto. O furto é moralmente condenado na maioria das sociedades, implica uma violação do direito de propriedade e da confiança social. Ao ser incorporada como norma jurídica, a proibição do furto reforça uma norma moral fundamental para a harmonia social. No entanto, questões como a regulamentação de atividades comerciais ou a definição de zonas urbanas e rurais no planejamento urbano não carregam o mesmo conteúdo moral e refletem a limitação dessa teoria em explicar todas as normas jurídicas.

Em resumo, a Teoria do Mínimo Ético de Jellinek oferece uma visão interessante sobre a relação entre Direito e Moral, defendendo que o Direito contém as normas morais indispensáveis para a coesão social. No entanto, essa teoria enfrenta limitações, uma vez que nem todas as normas jurídicas são moralmente fundamentadas, e algumas podem até contradizer princípios éticos. A teoria destaca-se como uma proposta que enfatiza a interseção entre Direito e Moral, mas não é capaz de explicar toda a complexidade da criação e aplicação das normas jurídicas.

2.3.3 Teoria dos Círculos Secantes – Claude du Pasquier

A **Teoria dos Círculos Secantes**, proposta pelo jurista suíço **Claude du Pasquier**, oferece uma perspectiva diferente sobre a relação entre Direito e Moral. Ao contrário da **Teoria do Mínimo Ético** de Georg Jellinek, que sugere que o Direito corresponde ao mínimo necessário de normas morais, Pasquier argumenta que o Direito e a Moral são esferas independentes, mas que se sobrepõem em algumas áreas. Dessa forma, o Direito não estaria totalmente contido na Moral, mas possuiria interseções com ela, sem que uma esfera esgote a outra.

Conceitos Fundamentais da Teoria dos Círculos Secantes

1. Interseção entre Direito e Moral: Segundo Pasquier, existem normas que pertencem tanto ao campo do Direito quanto ao da Moral. Essas normas coincidem, pois satisfazem tanto as exigências jurídicas quanto os valores morais. Por exemplo, a norma que proíbe o homicídio é tanto uma norma moral quanto uma norma jurídica. A sociedade condena moralmente o ato de tirar a vida de outra pessoa, e o Direito transforma essa condenação moral em uma proibição legal, com sanções penais para os infratores.

2. Normas Exclusivas da Moral: A teoria de Pasquier reconhece que há normas que são estritamente morais e não possuem uma correspondência no Direito. Essas normas orientam o comportamento individual e refletem os valores éticos da sociedade, mas não são impostas pelo Estado nem estão sujeitas a sanções jurídicas. Por exemplo, a virtude da generosidade é amplamente valorizada pela moral, mas o Direito não exige que uma pessoa seja generosa. A decisão de ajudar financeiramente alguém em dificuldade, por exemplo, é uma escolha moral, mas não é obrigatória do ponto de vista jurídico.

3. Normas Exclusivas do Direito: Por outro lado, também existem normas que são exclusivamente jurídicas, sem qualquer fundamento moral. Essas normas, frequentemente chamadas de normas técnicas, são criadas para regular aspectos específicos da convivência social e do funcionamento do Estado, mas não estão ligadas a valores morais. Por exemplo, a obrigação de pagar impostos em determinada data é uma norma jurídica que visa a organização do sistema tributário, mas não possui uma carga moral intrínseca.

Conceito	Descrição	Exemplo
Interseção entre Direito e Moral	Normas que pertencem simultaneamente ao campo do Direito e ao da Moral; satisfazem exigências jurídicas e valores morais; normas morais essenciais que são positivadas, ganhando coatividade.	Proibição do homicídio (condenado moralmente e juridicamente).
Normas Exclusivas da Moral	Normas estritamente morais, sem correspondência no Direito; orientam o comportamento individual com base em valores éticos, mas não são impostas pelo Estado nem sujeitas a sanções jurídicas.	Generosidade (valorizada moralmente, mas não exigida juridicamente).
Normas Exclusivas do Direito (Técnicas)	Normas jurídicas sem fundamento moral; regulam aspectos específicos da convivência social e do funcionamento do Estado, mas não estão ligadas a valores morais; normas instrumentais para a organização e funcionamento do sistema jurídico e da administração pública.	Obrigação de pagar impostos em determinada data (norma técnica para organização do sistema tributário, sem carga moral intrínseca).

Objetivo do Direito na Teoria dos Círculos Secantes

Claude du Pasquier defendia que, idealmente, o Direito deveria buscar alinhar-se ao máximo possível com a Moral, ou seja, deveria procurar coincidir com os valores éticos da sociedade. No entanto, ele reconhecia a complexidade e a relatividade da moralidade, que pode variar significativamente entre culturas e épocas. A busca por uma maior moralidade no Direito deve ser realizada com cautela, levando em consideração a diversidade de perspectivas éticas e as necessidades práticas de cada sociedade.

Exemplo de Interseção entre Direito e Moral: A proibição da tortura é um exemplo de uma norma que pertence tanto à Moral quanto ao Direito. Moralmente, a tortura é condenada pela maioria das culturas e religiões como um ato cruel e desumano. No campo jurídico, essa condenação moral é formalizada através de tratados internacionais e leis nacionais que proíbem e penalizam a prática da tortura.

Exemplo de Norma Exclusiva da Moral: A prática da honestidade em relacionamentos pessoais, como a lealdade entre amigos ou cônjuges, é um valor moral importante, mas não é regulamentada pelo Direito. Embora a sociedade valorize a honestidade, o Direito não impõe sanções para pessoas que mentem em contextos privados, a menos que essa mentira cause prejuízos ou envolva fraude legalmente relevante.

Exemplo de Norma Exclusiva do Direito: A obrigação de licenciar um veículo para circulação em vias públicas é uma norma jurídica que visa a segurança e a organização do trânsito. Embora essa norma não possua uma dimensão moral, ela é essencial para a regulamentação de um sistema de transporte seguro e eficiente.

Críticas e Limitações da Teoria dos Círculos Secantes

A Teoria dos Círculos Secantes, embora apresente uma visão abrangente da relação entre Direito e Moral, também enfrenta algumas críticas e limitações:

1. Relatividade da Moral: Uma das principais críticas à teoria de Pasquier é que a moralidade é relativa e varia entre sociedades e ao longo do tempo. O que é moralmente aceitável em uma cultura pode ser considerado inaceitável em outra, o que dificulta a formulação de um Direito universalmente moral. Essa relatividade levanta a questão de até que ponto o Direito pode ou deve se alinhar com a Moral, especialmente em sociedades pluralistas e multiculturais.

2. Normas Jurídicas sem Justificativa Moral: A teoria de Pasquier não aborda de maneira detalhada as normas jurídicas que podem ser vistas como imorais ou injustas. Em regimes autoritários, por exemplo, o Direito pode impor normas que violam princípios morais fundamentais, como a dignidade humana e a igualdade. Nesse sentido, a teoria não oferece uma solução para conflitos entre Direito e Moral em casos onde o Direito é utilizado para legitimar a opressão.

3. Dificuldade em Determinar o "Máximo de Moralidade" no Direito: Pasquier propõe que o Direito deve buscar tornar-se o máximo possível moral, mas essa ideia é difícil de ser aplicada na prática. Como determinar quais normas morais devem ser incorporadas ao Direito? Em uma sociedade onde coexistem diferentes sistemas morais, a tentativa de maximizar a moralidade do Direito pode gerar conflitos e controvérsias.

Crítica	Descrição
Relatividade da Moral	A moral varia entre sociedades e ao longo do tempo. Dificuldade em formular um Direito universalmente moral, especialmente em sociedades pluralistas e multiculturais.
Normas Jurídicas sem Justificativa Moral (ou Imorais)	A teoria não aborda normas jurídicas vistas como imorais ou injustas. Regimes autoritários podem usar o Direito para legitimar a opressão, violando princípios morais fundamentais (dignidade humana, igualdade).
Dificuldade em Determinar o "Máximo de Moralidade"	Conceito vago e de difícil aplicação prática. Como determinar quais normas morais devem ser incorporadas ao Direito? A tentativa de maximizar a moralidade do Direito pode gerar conflitos em sociedades com diferentes sistemas morais.

Contribuições da Teoria dos Círculos Secantes

Apesar das críticas, a Teoria dos Círculos Secantes de Claude du Pasquier oferece uma compreensão equilibrada e realista da relação entre Direito e Moral. Ao reconhecer que há normas que coincidem entre as duas esferas e outras que são exclusivas de cada campo, Pasquier evita uma visão simplista da interação entre Direito e Moral. Sua proposta de que o Direito deve buscar o máximo possível de moralidade, dentro dos limites da diversidade e da relatividade cultural, é um convite para que o sistema jurídico seja sensível aos valores éticos da sociedade, mas sem ignorar a necessidade de autonomia e flexibilidade do Direito.

Em resumo, a Teoria dos Círculos Secantes contribui para a compreensão de que o Direito e a Moral são esferas interligadas, mas não coincidentes. Embora o Direito possa buscar refletir os valores morais da sociedade, ele deve manter uma certa independência para lidar com as necessidades específicas e práticas da organização social.

2.3.4 Separação do Direito e da Moral

A separação entre Direito e Moral tem raízes históricas e filosóficas importantes, com diferentes correntes de pensamento sustentando essa distinção ao longo do tempo. Uma das visões mais influentes é a de **Christian Thomasius** (1655-1728), que propôs uma diferenciação baseada nos conceitos de normas externas e internas. Posteriormente, essa separação foi aprofundada e reestruturada pelo **positivismo jurídico**, especialmente na obra de **Hans Kelsen**, que concebe o Direito como um sistema autônomo, independente de considerações morais.

Thomasius: Direito como Norma Externa e Moral como Norma Interna

Christian Thomasius foi um dos primeiros pensadores a estabelecer a separação entre Direito e Moral, considerando-os esferas distintas, com funções e naturezas próprias. Segundo ele, o **Direito** seria uma norma de caráter **externo**, preocupada com o comportamento observável das pessoas e aplicável mediante sanções impostas pela autoridade estatal. Em contraste, a **Moral** seria uma norma **interna**, que se dirige à consciência e aos valores pessoais de cada indivíduo, orientando sua conduta de forma voluntária, sem coerção.

Para Thomasius, essa distinção é essencial para preservar a liberdade individual, permite que o Estado regule apenas os aspectos da conduta que afetam diretamente a ordem social, deixando as questões de consciência e virtude moral a cargo de cada pessoa. Em outras palavras, o Direito seria uma norma que exige o cumprimento de comportamentos, enquanto a Moral se preocupa com a intenção e a virtude do indivíduo.

Exemplo: Segundo Thomasius, uma pessoa que paga suas dívidas apenas por receio das consequências jurídicas está cumprindo uma norma do Direito, independentemente de sua motivação moral. No entanto, a mesma pessoa poderia agir moralmente ao decidir pagar a dívida por acreditar que essa é uma atitude justa, mesmo que não houvesse sanção jurídica.

O Positivismo Jurídico e a Autonomia do Direito

O positivismo jurídico é uma corrente que radicaliza a separação entre Direito e Moral, propondo que o Direito deve ser analisado e compreendido de forma autônoma, sem referência a valores morais. Um dos maiores expoentes dessa visão é **Hans Kelsen** (1881-1973), que, em sua **Teoria Pura do Direito**, busca isolar o Direito de qualquer influência moral, política ou social.

Para Kelsen, o Direito é um sistema normativo independente, cujas normas são válidas por sua conformidade com normas superiores e pelo respeito à estrutura do ordenamento jurídico. A validade de uma norma jurídica, segundo o positivismo, não depende de seu conteúdo moral, mas da sua conformidade com o processo legal de criação das normas. Uma norma jurídica é considerada válida se for criada de acordo com o procedimento legislativo, independentemente de ser considerada justa ou moral.

Exemplo: Uma lei que estabelece normas de trânsito é válida do ponto de vista positivista se foi criada conforme o processo legislativo, sem que sua justiça ou moralidade sejam questionadas. No positivismo, importa apenas a conformidade formal da norma com o ordenamento jurídico, sem qualquer avaliação ética.

Consequências e Críticas à Separação Rígida entre Direito e Moral

A separação entre Direito e Moral, tanto na visão de Thomasius quanto no positivismo jurídico de Kelsen, traz vantagens e limitações. De um lado, essa distinção permite ao Direito operar com objetividade e previsibilidade, aplicando normas universais sem a influência de juízos morais subjetivos. Isso é essencial para garantir a segurança jurídica e evitar que o Direito seja interpretado de maneira arbitrária.

No entanto, essa separação também enfrenta críticas. Uma das principais críticas é que um sistema jurídico que ignora completamente a Moral pode legitimar normas que, embora válidas, são eticamente questionáveis. Por exemplo, em regimes autoritários, leis formalmente válidas foram usadas para justificar perseguições e violações de direitos humanos, expondo a limitação de um Direito desvinculado de considerações morais.

Outro problema é que a distinção entre normas externas e internas pode ser difícil de aplicar na prática, já que muitos comportamentos têm tanto uma dimensão jurídica quanto moral. Além disso, a sociedade muitas vezes espera que o Direito promova valores éticos, o que torna artificial a completa separação entre as duas esferas.

Aspecto	Christian Thomasius (1655-1728)	Hans Kelsen (Positivismo Jurídico) (1881-1973)
Concepção de Direito	Norma externa; regula o comportamento observável; aplicável mediante sanções estatais.	Sistema normativo independente; normas válidas por conformidade com normas superiores e respeito à estrutura do ordenamento jurídico.
Concepção de Moral	Norma interna; dirige-se à consciência e aos valores pessoais; orienta a conduta de forma voluntária, sem coerção.	Não abordada em sua teoria; o Direito é analisado de forma autônoma, sem referência a valores morais.
Objetivo da Separação	Preservar a liberdade individual; o Estado regula apenas aspectos da conduta que afetam a ordem social, deixando questões de consciência e virtude moral a cargo de cada pessoa.	Isolar o Direito de influências morais, políticas ou sociais; garantir objetividade e previsibilidade na aplicação do Direito.
Exemplo	Pagar dívidas por receio das consequências jurídicas (Direito) vs. pagar dívidas por acreditar ser justo (Moral).	Lei de trânsito válida se criada conforme o processo legislativo, independentemente de sua justiça ou moralidade; importa a conformidade formal com o ordenamento jurídico.
Vantagens da Separação	Objetividade e previsibilidade do Direito; aplicação de normas universais sem influência de juízos morais subjetivos; segurança jurídica.	
Críticas à Separação	Pode legitimar normas eticamente questionáveis; regimes autoritários podem usar leis formalmente válidas para justificar perseguições e violações de direitos humanos; difícil aplicação prática da distinção.	
	Um sistema jurídico que ignora a Moral pode legitimar normas que, embora válidas, são eticamente questionáveis.	
Consequências da Separação	O Direito opera com objetividade e previsibilidade, sem influência de juízos morais subjetivos; essencial para a segurança jurídica e para evitar arbitrariedades na interpretação do Direito.	
	O Direito deve ser analisado e compreendido de forma autônoma, sem referência a valores morais; a validade da norma jurídica não depende de seu conteúdo moral.	

2.4 JUSTIÇA

2.4.1 Justiça como Critério para Avaliar o Direito Positivo

A ideia de **Justiça** como critério para medir, criticar e aperfeiçoar o direito positivo representa uma busca contínua por uma ordem jurídica que não apenas regule as relações sociais, mas que também promova um ideal de equilíbrio e equidade. Nesse sentido, a Justiça é concebida como um valor superior, um parâmetro pelo qual o Direito deve ser avaliado e aprimorado, a fim de garantir que as normas jurídicas não apenas existam, mas que também sejam justas.

A Definição de Justiça como Equilíbrio

A Justiça, nesse contexto, é muitas vezes simbolizada pela balança, um dos ícones mais antigos e significativos do Direito. A balança representa a **isonomia**, ou seja, o tratamento igualitário das partes, bem como o equilíbrio entre os interesses. A Justiça, então, é definida como a regra que visa manter os "pratos da balança" em equilíbrio, assegurando que os direitos e deveres sejam distribuídos de maneira justa.

Este conceito de equilíbrio é essencial para a função do Direito como regulador das relações sociais. O Direito deve, idealmente, promover uma igualdade formal entre os cidadãos, garantindo que todos tenham os mesmos direitos e obrigações perante a lei. Quando o Direito se afasta desse ideal, permitindo privilégios injustificados ou discriminações indevidas, ele se torna vulnerável à crítica e ao questionamento ético. A Justiça, nesse caso, surge como o critério corretivo, que aponta para a necessidade de restabelecer o equilíbrio.

Exemplo: Uma norma que discrimina determinados grupos, ao tratá-los de forma desigual sem justificativa razoável, é considerada injusta, pois quebra o equilíbrio e a isonomia. Nesse caso, a Justiça serve como critério para criticar e corrigir a norma, buscando restaurar a igualdade entre os indivíduos.

Justiça como Crítica e Aperfeiçoamento do Direito Positivo

A Justiça funciona como uma medida valorativa pela qual o Direito Positivo pode ser questionado e reformado. Se uma norma é percebida como injusta, ela se torna passível de revisão e, eventualmente, de mudança, para que o sistema jurídico se aproxime mais do ideal de Justiça. Esse processo de crítica e aperfeiçoamento é fundamental para que o Direito Positivo continue sendo um instrumento legítimo de regulação social e um meio eficaz de promover a paz e o bem-estar coletivo.

A busca pela Justiça, assim, impulsiona o desenvolvimento das leis e das instituições jurídicas, motivando a criação de mecanismos de controle e revisão, como tribunais e cortes de apelação, que existem justamente para corrigir eventuais desvios e garantir que o Direito se mantenha alinhado com os princípios de equidade e equilíbrio.

Aspecto	Descrição	Exemplo
Justiça como Critério	Valor superior e parâmetro pelo qual o Direito Positivo deve ser avaliado e aprimorado; busca contínua por uma ordem jurídica que promova equilíbrio e equidade.	-
Definição de Justiça como Equilíbrio	Simbolizada pela balança; representa isonomia (tratamento igualitário) e equilíbrio entre interesses; regra que visa manter os "pratos da balança" em equilíbrio, assegurando distribuição justa de direitos e deveres.	Uma norma que trata grupos de forma desigual, sem justificativa razoável, é considerada injusta por quebrar o equilíbrio e a isonomia.
Justiça como Crítica ao Direito Positivo	Quando o Direito se afasta do ideal de equilíbrio, permitindo privilégios injustificados ou discriminações indevidas, a Justiça serve como critério corretivo, apontando para a necessidade de restabelecer a igualdade.	Crítica a leis que permitem a discriminação racial, defendendo sua reforma para garantir igualdade de tratamento.
Justiça como Aperfeiçoamento do Direito Positivo	A Justiça funciona como medida valorativa pela qual o Direito Positivo pode ser questionado e reformado; normas percebidas como injustas são revisadas e alteradas para se aproximar do ideal de Justiça.	Revisão e alteração de leis trabalhistas para garantir condições mais justas e equitativas de trabalho, como a regulamentação do salário mínimo e a limitação da jornada.

2.4.2 Justiça como Critério Distributivo

A Justiça como critério distributivo se fundamenta no princípio de **dar a cada um o que é seu**. Esse princípio, que remonta a Aristóteles, sugere que a Justiça consiste na distribuição de bens, direitos e deveres de forma que atenda às necessidades e méritos das pessoas. Nesse sentido, a Justiça distributiva não busca a igualdade pura e simples, mas sim uma **equidade**, na qual cada indivíduo recebe de acordo com suas circunstâncias específicas e sua contribuição para a sociedade.

Distribuição Conforme a Necessidade

Um dos critérios fundamentais da Justiça distributiva é a **necessidade**. Esse critério defende que, em uma sociedade justa, as pessoas devem ter suas necessidades básicas satisfeitas, independentemente de sua posição social ou econômica. Desse modo, leis e políticas públicas devem garantir condições mínimas de dignidade para todos, priorizando aqueles que se encontram em situação de vulnerabilidade.

Exemplo: A criação de políticas de assistência social que fornecem alimentação, saúde e educação básica para pessoas em situação de pobreza se justifica com base no critério da necessidade. Essas políticas buscam corrigir desigualdades e promover a inclusão social, garantindo que todos tenham acesso a uma vida digna.

Distribuição Conforme o Mérito

Além da necessidade, a Justiça distributiva considera o **mérito** como outro critério essencial. O mérito é entendido como a recompensa pelo esforço, pelo trabalho ou pela contribuição que um indivíduo oferece à sociedade. Nesse sentido, a distribuição justa dos bens ou das recompensas deve levar em conta a capacidade e a dedicação de cada pessoa, recompensando aqueles que se destacam por suas realizações e contribuições.

Exemplo: Em uma empresa, os funcionários que apresentam um desempenho superior, que contribuem significativamente para o sucesso da organização ou que desenvolvem novas habilidades podem receber promoções ou aumentos salariais. Essa prática se baseia no critério de mérito, incentivando o esforço individual e o aprimoramento profissional.

Definir Necessidades e Méritos na Lei

Para que a Justiça distributiva seja efetiva, é necessário que a legislação defina de maneira clara quais necessidades devem ser atendidas e quais méritos devem ser recompensados. Esse processo de definição é complexo, envolve valores culturais, sociais e econômicos que podem variar ao longo do tempo. A Justiça distributiva, então, não é uma aplicação automática de regras, mas exige constante reflexão e adaptação para que as leis reflitam o conceito de Justiça na sociedade.

Exemplo: No contexto das políticas de saúde pública, as leis podem estabelecer critérios de prioridade para o acesso a tratamentos médicos de acordo com a gravidade das condições dos pacientes (necessidade) e também podem prever incentivos para os profissionais da saúde que atendem áreas carentes (mérito). Esses critérios ajudam a organizar os recursos limitados de forma que maximize o bem-estar social e atenda ao ideal de Justiça distributiva.

Desafios da Justiça Distributiva

A aplicação da Justiça distributiva enfrenta desafios: os conceitos de necessidade e mérito podem ser subjetivos e variáveis. Diferentes grupos sociais e visões políticas podem ter concepções distintas sobre o que constitui uma necessidade essencial ou um mérito merecedor de recompensa. Esse embate é natural em sociedades democráticas, onde a definição de Justiça distributiva resulta de debates e negociações.

Além disso, a Justiça distributiva exige um equilíbrio delicado entre a satisfação das necessidades e o reconhecimento do mérito, evitando tanto o assistencialismo exagerado quanto a meritocracia desmedida. O objetivo é que todos tenham condições básicas para viver com dignidade, mas que também sejam incentivados a contribuir com a sociedade, sendo reconhecidos por seus esforços e talentos.

A Justiça como critério distributivo é um valor essencial para a criação de leis e políticas que promovam a equidade e o bem comum. Ao distribuir recursos e oportunidades com base nas necessidades e méritos dos indivíduos, a sociedade busca construir uma ordem social mais justa, onde cada um recebe de acordo com sua condição e contribuição. Essa visão de Justiça inspira o Direito Positivo a não apenas regular a convivência social, mas a também promover um modelo de sociedade que valorize a dignidade humana e o esforço individual.

Aspecto	Descrição	Exemplos
Justiça como Critério Distributivo	Fundamenta-se no princípio de dar a cada um o que é seu; distribuição de bens, direitos e deveres de forma equitativa, atendendo às necessidades e méritos das pessoas.	-
Distribuição Conforme a Necessidade	Critério que defende que as pessoas devem ter suas necessidades básicas satisfeitas, independentemente de sua posição social ou econômica; prioriza aqueles em situação de vulnerabilidade.	Políticas de assistência social (alimentação, saúde, educação básica para pessoas em situação de pobreza); prioridade no acesso a tratamentos médicos de acordo com a gravidade das condições dos pacientes.
Distribuição Conforme o Mérito	Critério que recompensa o esforço, o trabalho ou a contribuição que um indivíduo oferece à sociedade; a distribuição deve levar em conta a capacidade e a dedicação de cada pessoa.	Promoções ou aumentos salariais por desempenho superior; incentivos para profissionais da saúde que atendem áreas carentes.
Definição de Necessidades e Méritos na Lei	Processo complexo que envolve valores culturais, sociais e econômicos; exige constante reflexão e adaptação para que as leis reflitam o conceito de Justiça na sociedade.	Leis que definem critérios para estabelecer a meritocracia, bem como programas para satisfazer as necessidades humanas.
Desafios da Justiça Distributiva	Conceitos de necessidade e mérito podem ser subjetivos e variáveis; diferentes grupos sociais podem ter concepções distintas; exige equilíbrio entre satisfação das necessidades e reconhecimento do mérito, evitando assistencialismo ou meritocracia desmedida.	Debates sobre a abrangência de programas sociais (quem deve ser beneficiado?) e sobre critérios de promoção em empresas (qual a importância relativa do desempenho, da experiência e de outras qualificações?).

2.4.3 Justiça como Critério de Equivalência

A Justiça como critério de **equivalência** refere-se à ideia de que, para que as relações sociais sejam justas, os valores envolvidos em uma troca ou compensação devem ser equivalentes. Esse conceito é especialmente importante em contextos contratuais e no direito penal, onde o objetivo é garantir que os intercâmbios e as sanções sejam proporcionais, mantendo a coerência e o equilíbrio nas relações.

Equivalência em Contratos e Relações Privadas

Nas relações contratuais, a Justiça de equivalência exige que as partes envolvidas troquem bens ou serviços de igual valor. Esse princípio busca impedir que uma das partes seja excessivamente favorecida em detrimento da outra, promovendo a lealdade e a transparência nas transações. Em contratos, a Justiça de equivalência está presente na exigência de que os preços e os bens ou serviços oferecidos correspondam, em valor e qualidade, ao que é recebido em troca.

Exemplo: Em uma compra e venda, se um indivíduo vende um imóvel, espera-se que o preço pago seja equivalente ao valor real do imóvel. Se o preço for muito inferior ao valor de mercado, isso pode ser considerado uma injustiça, prejudicando o vendedor. Da mesma forma, se uma parte contratar um serviço, é justo que o serviço prestado seja equivalente ao valor pago, tanto em termos de qualidade quanto de quantidade.

Equivalência entre Delitos e Penas

O critério de equivalência também é fundamental no direito penal, onde a punição por um delito deve ser proporcional à gravidade da infração cometida. Esse princípio busca garantir que a sanção imposta seja justa, de modo que o infrator seja penalizado de maneira adequada, mas sem excessos. A ideia é que, assim como a Justiça distributiva busca a proporcionalidade nas recompensas, a Justiça de equivalência procura a proporcionalidade nas punições.

Exemplo: Se uma pessoa comete um crime menor, como um furto de pequeno valor, a pena deve ser proporcional à ofensa, evitando-se sanções excessivamente severas, como uma pena de prisão prolongada. Por outro lado, crimes graves, como homicídio, requerem penas mais rigorosas para que a Justiça de equivalência seja respeitada, a gravidade do crime exige uma resposta punitiva à altura.

Importância e Desafios

A aplicação da Justiça de equivalência é essencial para a manutenção da confiança nas instituições jurídicas e econômicas. Quando as relações contratuais e as punições criminais são justas e proporcionais, a sociedade se sente mais segura e respeitada em suas interações e no cumprimento das leis. Esse equilíbrio reforça a ordem social e a confiança no sistema jurídico, uma vez que os cidadãos percebem que os valores trocados e as sanções impostas seguem uma lógica de proporcionalidade.

Apesar de sua importância, a aplicação da Justiça de equivalência pode ser desafiadora. A determinação do valor "equivalente" pode ser subjetiva e variar de acordo com as circunstâncias culturais, econômicas e sociais. Além disso, nem todos os valores podem ser facilmente mensuráveis, especialmente em casos de danos emocionais ou psicológicos, onde a compensação financeira pode não restabelecer totalmente o equilíbrio entre as partes.

A Justiça como critério de equivalência é uma regra fundamental para o equilíbrio nas relações de troca e nas sanções penais. Ela promove uma sociedade mais justa ao assegurar que os valores envolvidos nas relações sejam proporcionais e que o Direito funcione como um meio para garantir a harmonia social. Ao mesmo tempo, a Justiça de equivalência exige um constante esforço interpretativo para aplicar o conceito de forma justa e adequada, considerando as particularidades de cada caso.

Aspecto	Descrição	Exemplos
Justiça como Critério de Equivalência	Ideia de que, para que as relações sociais sejam justas, os valores envolvidos em uma troca ou compensação devem ser equivalentes; busca proporcionalidade e equilíbrio nas relações.	-
Equivalência em Contratos	Exige que as partes envolvidas troquem bens ou serviços de igual valor; busca impedir favorecimento excessivo de uma parte em detrimento da outra; promove lealdade e transparência nas transações.	Em uma compra e venda, o preço pago deve ser equivalente ao valor real do imóvel; em um contrato de prestação de serviços, o serviço prestado deve ser equivalente ao valor pago, em termos de qualidade e quantidade.
Equivalência entre Delitos e Penas	No direito penal, a punição por um delito deve ser proporcional à gravidade da infração cometida; a sanção imposta deve ser justa, penalizando o infrator de maneira adequada, mas sem excessos.	Furto de pequeno valor deve ter pena proporcional, evitando-se prisão prolongada; crimes graves, como homicídio, exigem penas mais rigorosas.
Desafios	Determinação do valor "equivalente" pode ser subjetiva e variar de acordo com circunstâncias culturais, econômicas e sociais; nem todos os valores são facilmente mensuráveis, especialmente em casos de danos emocionais ou psicológicos.	Dificuldade em quantificar danos morais em uma indenização; diferentes percepções sobre o que constitui um "preço justo" em uma transação comercial.

2.4.4 Justiça como Critério de Julgamentos

A Justiça como critério de julgamentos baseia-se na ideia de que o papel central do julgamento jurídico é restabelecer o equilíbrio entre as partes em conflito, buscando resolver o desequilíbrio gerado por uma situação de litígio. Em um sistema jurídico justo, o julgamento é visto como um meio para corrigir a desarmonia e reconstituir um estado de equilíbrio, promovendo a paz social.

O Conflito e o Desequilíbrio

O conflito jurídico surge quando uma parte entende que seus direitos foram violados ou que uma obrigação não foi cumprida por outra parte. Esse conflito cria uma situação de desequilíbrio, em que uma parte se vê prejudicada e, consequentemente, insatisfeita com a situação. O processo judicial é, então, acionado para tentar resolver essa situação e restaurar o equilíbrio.

Exemplo: Em um caso de dano causado por negligência, a vítima do dano se vê em desvantagem em relação ao causador do prejuízo. A justiça requer que essa pessoa seja compensada para que o equilíbrio seja restabelecido. Portanto, o julgamento busca corrigir o dano causado, impondo uma compensação justa para a vítima.

O Papel do Juiz e a Proporcionalidade

Ao julgar, o juiz deve adotar a Justiça como critério orientador, aplicando as normas jurídicas de forma equilibrada e proporcional ao caso concreto. A proporcionalidade é um princípio essencial no direito, garantindo que a decisão não seja excessiva nem insuficiente em relação ao que se busca resolver.

O critério de proporcionalidade se manifesta em várias áreas do direito. No direito civil, por exemplo, o juiz busca estabelecer uma compensação justa que seja proporcional ao prejuízo sofrido pela parte lesada. No direito penal, a proporcionalidade aparece na adequação da pena ao delito cometido, evitando que a sanção seja mais severa ou branda do que o justo.

Exemplo: Se uma pessoa causa um pequeno dano material a outra, a compensação estabelecida pelo juiz deve ser adequada ao valor do dano. A reparação de um prejuízo financeiro de pequena monta, por exemplo, não deve exigir uma compensação exagerada, mas sim proporcional ao valor do bem danificado.

A Justiça como Medida de Equilíbrio nos Julgamentos

Nos julgamentos, a Justiça opera como uma medida de equilíbrio, assegurando que o desfecho da disputa seja adequado e imparcial. A decisão judicial, idealmente, deve restabelecer a paz entre as partes e promover a conformidade com o que é considerado justo, tanto pela sociedade quanto pelo próprio sistema jurídico. Nesse sentido, a Justiça serve de balizador para que os julgamentos atendam aos ideais de equidade e harmonia social.

A função da Justiça no julgamento é também evitar excessos e arbitrariedades. Por isso, a decisão judicial não deve apenas corrigir o desequilíbrio, mas também respeitar o contexto e as particularidades de cada caso, de forma que a solução seja justa para todos os envolvidos.

Justiça e Segurança Jurídica

A aplicação da Justiça nos julgamentos também contribui para a segurança jurídica, um princípio que garante a previsibilidade e a confiança nas decisões judiciais. Quando as partes sabem que o sistema judicial busca o equilíbrio e a proporcionalidade em suas decisões, a confiança nas instituições é fortalecida. Essa segurança jurídica assegura que os cidadãos possam recorrer ao Judiciário com a expectativa de que receberão uma resposta justa e equilibrada.

Em suma, a Justiça como critério de julgamentos busca restabelecer o equilíbrio entre as partes em conflito, baseando-se nos princípios de proporcionalidade e equidade. O julgamento visa corrigir o desequilíbrio gerado pelo litígio e promover uma solução justa e satisfatória. O critério de Justiça em julgamentos não só resolve a disputa de forma justa, mas também reafirma a confiança no sistema jurídico e contribui para a harmonia social.

Aspecto	Descrição	Exemplo
Justiça como Critério de Julgamentos	Ideia de que o papel central do julgamento jurídico é restabelecer o equilíbrio entre as partes em conflito, resolvendo o desequilíbrio gerado por uma situação de litígio; busca corrigir a desarmonia e reconstituir um estado de equilíbrio, promovendo a paz social.	-
Conflito e Desequilíbrio	O conflito jurídico surge quando uma parte entende que seus direitos foram violados ou que uma obrigação não foi cumprida, criando uma situação de desequilíbrio e insatisfação.	Em um caso de dano por negligência, a vítima se vê em desvantagem em relação ao causador do prejuízo.
Papel do Juiz	Adotar a Justiça como critério orientador, aplicando as normas jurídicas de forma equilibrada e proporcional ao caso concreto; deve evitar excessos e arbitrariedades.	Juiz estabelece compensação justa e proporcional ao prejuízo sofrido pela parte lesada em um caso de dano material.
Proporcionalidade	Princípio essencial no direito, garantindo que a decisão não seja excessiva nem insuficiente em relação ao que se busca resolver; manifesta-se no direito civil (compensação justa) e no direito penal (adequação da pena ao delito).	Pequeno dano material deve ter compensação proporcional ao valor do bem danificado; a pena para um furto simples deve ser proporcionalmente menor que a pena para um homicídio, por exemplo.
Justiça como Medida de Equilíbrio	Assegura que o desfecho da disputa seja adequado e imparcial; a decisão judicial deve restabelecer a paz entre as partes e promover a conformidade com o que é considerado justo.	Decisão judicial que restabelece o equilíbrio entre as partes, promovendo uma solução justa e satisfatória para o conflito.

Justiça e Segurança Jurídica	A aplicação da Justiça nos julgamentos contribui para a previsibilidade e a confiança nas decisões judiciais; fortalece a confiança nas instituições e assegura que os cidadãos possam recorrer ao Judiciário com a expectativa de uma resposta justa.	-

2.5 IDEOLOGIA

2.5.1 Conceito de Ideologia

A ideologia pode ser entendida como uma espécie de "falsa consciência" da realidade, ou seja, uma visão distorcida que impede o indivíduo de compreender o mundo em sua complexidade e contradições reais. Esse conceito se desenvolve em duas vertentes principais: a ideologia como um fenômeno involuntário e a ideologia como um fenômeno intencional.

Ideologia Involuntária

Na primeira perspectiva, a ideologia ocorre de maneira inconsciente ou involuntária. Indivíduos ou grupos podem adotar certas visões de mundo que lhes parecem naturais e verdadeiras, sem perceber que essas percepções são limitadas ou parciais. Essa ignorância, muitas vezes, resulta de fatores como o ambiente cultural, a educação e as tradições sociais, que moldam a forma como cada pessoa entende a realidade. Nesse sentido, a ideologia não seria intencional, mas sim um reflexo das limitações e dos condicionamentos sociais aos quais o indivíduo está exposto.

Exemplo: Uma pessoa pode crescer em um ambiente que valoriza a competitividade como o principal meio de alcançar o sucesso, sem questionar se essa visão exclui ou ignora outras formas de colaboração e solidariedade. Essa perspectiva competitiva torna-se, então, uma visão de mundo ideológica, que bloqueia a percepção de outros valores e realidades.

Ideologia como Instrumento de Manipulação

A segunda vertente do conceito de ideologia refere-se à produção intencional de visões distorcidas da realidade, geralmente por grupos que buscam manter sua posição de poder e privilégio. Nesse caso, a ideologia é utilizada de maneira consciente para manipular a percepção de outras pessoas, promovendo uma visão de mundo que favorece certos interesses, enquanto oculta ou distorce as condições reais. Através dessa estratégia, um grupo dominante pode impedir que outros grupos percebam as injustiças ou as desigualdades sociais, dificultando a formação de uma consciência crítica.

Exemplo: Um governo que exalta um discurso de "ordem e progresso" para justificar políticas de repressão e controle social pode estar utilizando a ideologia para evitar que a população perceba a opressão e as limitações impostas aos seus direitos e liberdades. Dessa forma, a ideologia serve para mascarar os verdadeiros interesses por trás dessas políticas, impedindo que a sociedade questione ou resista a elas.

Aspecto	Ideologia Involuntária	Ideologia como Instrumento de Manipulação
Definição	Visão de mundo distorcida, adotada de forma inconsciente ou involuntária, que impede o indivíduo de compreender a realidade em sua complexidade e contradições reais.	Produção intencional de visões distorcidas da realidade por grupos que buscam manter sua posição de poder e privilégio; uso consciente da ideologia para manipular a percepção de outras pessoas.
Origem	Fatores como ambiente cultural, educação e tradições sociais, que moldam a percepção da realidade.	Ação deliberada de grupos dominantes para favorecer seus interesses e ocultar ou distorcer as condições reais.
Intencionalidade	Não intencional; reflexo das limitações e condicionamentos sociais.	Intencional; estratégia para manter o poder e impedir a formação de uma consciência crítica.
Consequências	Indivíduos ou grupos adotam visões de mundo limitadas ou parciais, sem perceber que essas percepções são distorcidas.	Dificulta a percepção de injustiças e desigualdades sociais; impede que outros grupos percebam as condições reais e questionem o poder estabelecido.
Exemplo	Crença de que a competitividade é o único meio de alcançar o sucesso, sem questionar se essa visão exclui a colaboração e a solidariedade.	Governo que exalta um discurso de "ordem e progresso" para justificar políticas repressivas, evitando que a população perceba a opressão e a limitação de direitos; discurso que oculta os verdadeiros interesses por trás das políticas.
Função da Ideologia (nesta vertente)	Reforçar uma visão de mundo que parece natural e verdadeira, mas que, na realidade, é limitada e moldada por fatores sociais, não sendo, um reflexo fiel da realidade em sua complexidade.	Manter o poder e privilégio de um grupo dominante, manipulando a percepção da realidade e impedindo a contestação do status quo.

A Ideologia e o Direito

Compreender o conceito de ideologia é fundamental para analisar o direito sob uma perspectiva crítica. A ideia de que o direito pode ser ideológico – seja involuntariamente, devido às limitações culturais e sociais, seja de forma intencional, como instrumento de manutenção do poder – abre caminho para questionar o papel das normas jurídicas e os interesses que elas representam. Se o direito for visto como uma construção ideológica, ele pode deixar de ser considerado neutro ou universal, passando a ser interpretado como um conjunto de normas que refletem visões parciais da realidade, muitas vezes distantes da justiça e da igualdade efetivas.

O conceito de ideologia fornece uma ferramenta para entender o direito de forma crítica, permitindo questionar até que ponto ele contribui para a construção de uma sociedade justa ou se, ao contrário, serve para reforçar desigualdades e impedir uma compreensão mais ampla e profunda da realidade social.

2.5.2 Direito como Ideologia

A ideia de que o direito pode ser considerado uma ideologia levanta questões importantes sobre a forma como ele influencia a percepção da realidade e orienta o comportamento social. Quando afirmamos que o direito é ideológico, estamos sugerindo que ele cumpre duas funções inter-relacionadas: primeiro, o direito age como uma forma de ver o mundo que limita a compreensão das contradições reais da sociedade; segundo, os valores defendidos pelo direito, embora idealizados como universais, são de difícil efetivação plena e não alcançam toda a população de forma igualitária.

Direito como Visão de Mundo Limitada

Em primeiro lugar, o direito oferece uma visão de mundo que pode obscurecer as desigualdades e contradições sociais. Por meio de suas normas e princípios, o direito constrói uma representação da realidade que muitas vezes não reflete a complexidade das relações sociais e econômicas. Ele organiza as relações sociais em categorias jurídicas específicas, como "contrato", "propriedade", "responsabilidade", entre outras, que parecem objetivas e imparciais, mas que na verdade ocultam as desigualdades de poder e recursos entre os indivíduos e grupos sociais.

Por exemplo, a ideia de "igualdade perante a lei" é um dos pilares fundamentais do direito, mas, na prática, essa igualdade formal pode esconder desigualdades estruturais. Duas pessoas podem estar formalmente sujeitas às mesmas regras contratuais, mas uma delas, sendo economicamente mais forte, possui maior capacidade de impor suas condições no contrato. Assim, o direito cria uma aparência de neutralidade e igualdade que, em muitos casos, não se verifica na realidade social.

Direito como Princípios Idealizados e Dificilmente Realizados

A segunda dimensão da ideologia no direito está relacionada aos valores que ele consagra e propaga. Princípios como liberdade, justiça e igualdade são formalmente adotados pelo direito e elevados à condição de ideais universais. No entanto, esses valores dificilmente podem ser plenamente realizados em todas as esferas da sociedade. Isso ocorre porque, na prática, as condições materiais e sociais para a concretização desses ideais não estão igualmente distribuídas.

Por exemplo, a Constituição brasileira afirma que todos têm direito à moradia, à saúde e à educação, mas sabemos que, na realidade, uma parcela significativa da população não tem acesso adequado a esses direitos. O direito consagra esses valores como fundamentais, mas as estruturas econômicas e sociais frequentemente impedem sua plena efetivação. Desse modo, o direito pode ser visto como uma ideologia na medida em que promete direitos universais que, na prática, permanecem inacessíveis para grande parte da população.

A Contradição Ideológica do Direito

Essa contradição entre os princípios proclamados pelo direito e sua implementação real faz com que o direito funcione como um mecanismo de legitimação das desigualdades. Ao mesmo tempo que promove a ideia de uma sociedade justa e igualitária, ele não oferece os meios para que esses valores sejam plenamente realizados para todos. Em outras palavras, o direito mantém a "falsa consciência" de que todos são igualmente protegidos e beneficiados, enquanto, na prática, muitos são excluídos.

Considerar o direito como uma ideologia significa reconhecer que ele constrói uma visão de mundo que nem sempre corresponde à realidade material das relações sociais. Ele consagra princípios de justiça, igualdade e liberdade que, na prática, não se aplicam de forma equitativa a toda a população. Dessa forma, o direito não apenas regula a vida em sociedade, mas também participa da construção de uma visão idealizada que muitas vezes impede uma compreensão crítica das verdadeiras desigualdades existentes.

Aspecto	Descrição	Exemplo
Direito como Visão de Mundo Limitada	O Direito constrói uma representação da realidade que nem sempre reflete a complexidade das relações sociais e econômicas; organiza as relações em categorias jurídicas (contrato, propriedade, responsabilidade) que parecem objetivas e imparciais, mas podem ocultar desigualdades de poder e recursos.	A ideia de "igualdade perante a lei" pode esconder desigualdades estruturais; duas pessoas sujeitas às mesmas regras contratuais, mas uma economicamente mais forte, pode impor suas condições no contrato.
Direito como Princípios Idealizados	O Direito consagra e propaga valores como liberdade, justiça e igualdade, elevando-os à condição de ideais universais; no entanto, esses valores dificilmente são plenamente realizados, pois as condições materiais e sociais para sua concretização não estão igualmente distribuídas.	A Constituição brasileira afirma que todos têm direito à moradia, saúde e educação, mas uma parcela significativa da população não tem acesso adequado a esses direitos; o Direito promete direitos universais que, na prática, são inacessíveis para muitos.

Contradição Ideológica do Direito	O Direito promove a ideia de uma sociedade justa e igualitária, mas não oferece os meios para que esses valores sejam plenamente realizados para todos; mantém a "falsa consciência" de que todos são igualmente protegidos e beneficiados, enquanto muitos são excluídos.	O Direito cria uma aparência de neutralidade e igualdade que, em muitos casos, não se verifica na realidade social, legitimando as desigualdades.
Função Ideológica do Direito	Construir uma visão de mundo que nem sempre corresponde à realidade material das relações sociais; consagrar princípios de justiça, igualdade e liberdade que, na prática, não se aplicam de forma equitativa a toda a população; regular a vida em sociedade e construir uma visão idealizada.	O Direito organiza as relações sociais em categorias que parecem objetivas, mas que na verdade ocultam as desigualdades de poder, dificultando uma compreensão crítica das verdadeiras desigualdades existentes.

2.5.3 Direito como Instrumento de Dominação

O conceito de direito como um instrumento de dominação representa uma visão crítica que interpreta as normas jurídicas não apenas como regras para a organização da vida social, mas como mecanismos utilizados pela classe dominante para manter seu poder e perpetuar a desigualdade. Segundo essa perspectiva, o direito serve aos interesses de quem detém o controle econômico e político, impedindo a redistribuição justa dos bens e das oportunidades na sociedade.

O Papel do Estado na Estrutura de Dominação

O direito, por estar vinculado ao Estado, assume um papel central na manutenção das estruturas de poder. O Estado, controlado em grande parte pelos interesses das classes mais abastadas, utiliza o direito para impor normas que preservam e legitimam a distribuição desigual de riqueza e poder. Normas que regulam a propriedade privada, por exemplo, garantem que aqueles que possuem maior capital e recursos continuem a acumular riqueza, enquanto os que não possuem meios de produção são obrigados a vender sua força de trabalho para sobreviver. Nesse sentido, o direito funciona como um mecanismo que protege a posição econômica dos mais ricos e limita a ascensão social dos mais pobres.

Normas Jurídicas e Coerção

Para assegurar a obediência a essa estrutura, o direito incorpora um sistema coercitivo: ele impõe sanções para aqueles que violam as normas. As normas jurídicas, ao serem acompanhadas de sanções como multas, prisão e outras formas de punição, mantêm os indivíduos em conformidade com o que foi estabelecido pela classe dominante. Esse sistema de coerção não só impede a resistência aberta à ordem estabelecida, mas também contribui para a internalização das normas, fazendo com que a maioria da população aceite a desigualdade como algo natural ou inevitável.

Exemplo: Leis Trabalhistas e Contratos de Trabalho

Um exemplo claro do direito como instrumento de dominação é a legislação trabalhista em sociedades capitalistas. Embora as leis trabalhistas, à primeira vista, pareçam proteger os direitos dos trabalhadores, na prática, elas frequentemente são moldadas para manter a estrutura de trabalho assalariado que beneficia os empregadores. Contratos de trabalho são juridicamente estabelecidos como acordos entre partes livres e iguais; no entanto, a realidade econômica coloca o empregador em posição de vantagem, já que o trabalhador geralmente depende desse contrato para sua subsistência. O direito reforça a hierarquia existente entre capital e trabalho, legitimando uma relação de dominação.

Direito Penal e Controle Social

Outro exemplo está no direito penal, que atua como uma ferramenta de controle social, criminalizando determinadas condutas que, em grande parte, são mais comuns em comunidades menos favorecidas. O direito penal, muitas vezes, é aplicado com maior rigor contra as classes mais pobres, enquanto certos crimes de colarinho branco, frequentemente praticados por membros da elite, recebem penas mais brandas ou são tratados com maior tolerância. Dessa forma, o direito penal contribui para a perpetuação da marginalização dos mais pobres e protege os interesses das classes superiores.

A Dominação como Ideologia Legitimada

Ao legitimar a estrutura de classes e impedir transformações que reduziriam a desigualdade, o direito atua como uma ideologia que reforça a falsa percepção de uma sociedade justa e meritocrática. Ele cria a ilusão de que todos são igualmente sujeitos às normas e possuem oportunidades iguais para ascender socialmente, enquanto, na realidade, as leis e a aplicação dessas leis favorecem os interesses da classe dominante.

Ao ser instrumentalizado pelo Estado, o direito se torna um sistema de dominação que protege os interesses da elite e limita a capacidade de mudança social. Dessa forma, ele mantém o status quo e dificulta a criação de uma sociedade mais justa e equitativa.

Aspecto	Descrição	Exemplos
Direito como Instrumento de Dominação	Visão crítica que interpreta as normas jurídicas como mecanismos utilizados pela classe dominante para manter seu poder e perpetuar a desigualdade; o Direito serve aos interesses de quem detém o controle econômico e político, impedindo a redistribuição justa de bens e oportunidades.	-

Papel do Estado	O Estado, controlado pelos interesses das classes mais abastadas, utiliza o Direito para impor normas que preservam e legitimam a distribuição desigual de riqueza e poder.	Normas que regulam a propriedade privada, protegendo a acumulação de riqueza pelos que possuem capital e recursos, enquanto os que não possuem são obrigados a vender sua força de trabalho.
Normas Jurídicas e Coerção	O Direito impõe sanções (multas, prisão etc.) para aqueles que violam as normas; o sistema coercitivo mantém os indivíduos em conformidade com o estabelecido pela classe dominante, impedindo a resistência aberta e contribuindo para a internalização da desigualdade.	-
Exemplo: Leis Trabalhistas	Leis trabalhistas podem ser moldadas para manter a estrutura de trabalho assalariado que beneficia os empregadores; contratos de trabalho, juridicamente tidos como acordos entre partes livres e iguais, frequentemente refletem a vantagem econômica do empregador.	Contratos de trabalho que, apesar da aparência de igualdade formal, colocam o empregador em posição de vantagem, já que o trabalhador depende do contrato para sua subsistência.
Exemplo: Direito Penal	Atua como ferramenta de controle social, criminalizando condutas mais comuns em comunidades menos favorecidas; aplicação mais rigorosa contra classes mais pobres, enquanto crimes de colarinho branco recebem penas mais brandas ou são tratados com maior tolerância.	Maior incidência de prisões por crimes patrimoniais entre a população de baixa renda, enquanto crimes financeiros praticados por pessoas de alta renda muitas vezes resultam em penas alternativas ou multas.
Dominação como Ideologia Legitimada	O Direito legitima a estrutura de classes e impede transformações que reduziriam a desigualdade; reforça a falsa percepção de uma sociedade justa e meritocrática, criando a ilusão de igualdade de oportunidades enquanto, na realidade, favorece os interesses da classe dominante.	O Direito cria a ilusão de igualdade perante a lei, enquanto as leis e sua aplicação favorecem os interesses da classe dominante, mantendo o status quo e dificultando a criação de uma sociedade mais justa e equitativa.

2.5.4 Direito como Reflexo da Sociedade Capitalista

A análise do direito como reflexo da sociedade capitalista parte do entendimento de que o direito é moldado pelas relações econômicas e pela estrutura social dominantes. No caso do capitalismo, o direito reflete a lógica das trocas mercantis, a centralidade da propriedade privada e a prevalência dos contratos como forma de regular as relações entre os indivíduos. Dessa forma, o direito não é apenas um conjunto de normas autônomas e neutras; ele reflete e reforça os valores e as práticas essenciais ao sistema capitalista.

O Papel das Trocas Mercantis e dos Contratos

A sociedade capitalista é caracterizada pela universalização das trocas mercantis, ou seja, a maior parte das relações sociais é mediada por contratos e transações econômicas. Nesse contexto, o direito desempenha um papel fundamental ao legitimar e garantir essas trocas. Normas contratuais, por exemplo, asseguram que os acordos firmados entre indivíduos ou empresas sejam cumpridos, criando previsibilidade e estabilidade nas transações econômicas. Esse enfoque no contrato reflete a ideologia capitalista de que os indivíduos são livres e iguais na hora de negociar, ignorando, porém, as desigualdades estruturais que permeiam essas relações e que, frequentemente, colocam uma das partes em desvantagem.

A Construção do Sujeito de Direito como Indivíduo Autônomo

Outra característica central do direito capitalista é a construção do conceito de sujeito de direito como um indivíduo autônomo e portador de direitos subjetivos. Esse conceito é fundamental para o funcionamento do sistema capitalista, pressupõe que todos os indivíduos são, teoricamente, iguais e capazes de agir de acordo com sua própria vontade, seja no mercado de trabalho, nas relações de consumo ou em outros aspectos da vida social. No entanto, essa visão ignora as desigualdades econômicas e sociais que limitam a autonomia real da maioria das pessoas, apresentando a igualdade formal no direito como uma verdade universal, sem levar em conta as desigualdades materiais.

Propriedade Privada e Proteção Legal

No capitalismo, a propriedade privada é um dos pilares fundamentais, e o direito desempenha um papel essencial na sua proteção. As leis de propriedade garantem que os bens e os recursos estejam nas mãos de indivíduos ou empresas, legitimando a concentração de riqueza e recursos em uma pequena parcela da população. Essa proteção legal da propriedade reflete e reforça a desigualdade estrutural da sociedade capitalista, onde o acesso aos meios de produção e à riqueza é altamente concentrado. Dessa forma, o direito se torna um mecanismo que legitima a acumulação privada de recursos e a exclusão dos que não possuem capital.

O Direito e a Ideologia Individualista

A estrutura jurídica capitalista também promove uma visão ideológica individualista. Ao focar no indivíduo como o principal sujeito de direitos e deveres, o direito capitalista favorece uma perspectiva em que a realização pessoal e o sucesso individual são priorizados em detrimento do bem comum ou das necessidades coletivas. Isso cria um ambiente em que os valores coletivos, como solidariedade e responsabilidade social, são secundarizados, enquanto os valores individuais, como a busca pelo lucro e pela acumulação, são incentivados e protegidos.

Críticas e Limitações

A análise do direito como reflexo da sociedade capitalista revela suas limitações e suas contradições internas. O direito, ao reforçar as estruturas capitalistas e legitimar as desigualdades, enfrenta críticas por ser um sistema que mantém a ordem social existente, impedindo transformações profundas. Críticos desse modelo apontam que o direito capitalista, ao se focar na proteção da propriedade privada e dos contratos, perpetua a exclusão social e as desigualdades, sem oferecer soluções que enfrentem diretamente esses problemas.

Ao funcionar como um reflexo da sociedade capitalista, o direito não só espelha os valores e as práticas do sistema econômico, como também contribui para mantê-los. Essa perspectiva nos leva a questionar até que ponto o direito pode ser realmente neutro ou imparcial, uma vez que, ao refletir a ideologia capitalista, ele inevitavelmente reproduz as desigualdades e limitações desse sistema.

Aspecto	Descrição	Exemplos
Direito como Reflexo da Sociedade Capitalista	O Direito é moldado pelas relações econômicas e pela estrutura social dominantes; no capitalismo, reflete a lógica das trocas mercantis, a centralidade da propriedade privada e a prevalência dos contratos.	-
Trocas Mercantis e Contratos	A sociedade capitalista é caracterizada pela universalização das trocas mercantis; o Direito legitima e garante essas trocas por meio de normas contratuais, assegurando previsibilidade e estabilidade nas transações econômicas, refletindo a ideologia capitalista de indivíduos livres e iguais para negociar.	Normas que garantem o cumprimento de contratos de compra e venda, de locação, de prestação de serviços etc., dando segurança jurídica às transações.
Sujeito de Direito como Indivíduo Autônomo	O Direito capitalista constrói o conceito de sujeito de direito como um indivíduo autônomo e portador de direitos subjetivos, pressupondo que todos são iguais e capazes de agir de acordo com sua vontade; ignora desigualdades econômicas e sociais que limitam a autonomia real.	A ideia de que todos são iguais perante a lei e podem contratar livremente, sem considerar as diferenças de poder econômico e social entre as partes.
Propriedade Privada e Proteção Legal	A propriedade privada é um pilar do capitalismo; o Direito garante a proteção legal da propriedade, legitimando a concentração de riqueza e recursos em uma pequena parcela da população, reforçando a desigualdade estrutural.	Leis que protegem a propriedade privada, como as que punem a invasão de propriedade ou o roubo, e que garantem a herança, perpetuando a concentração de riqueza.

Direito e Ideologia Individualista	A estrutura jurídica capitalista promove uma visão individualista, focando no indivíduo como principal sujeito de direitos e deveres, favorecendo a realização pessoal e o sucesso individual em detrimento do bem comum e de valores coletivos como solidariedade e responsabilidade social.	Normas que incentivam a competição e o lucro individual, como as que regulam a livre iniciativa e a concorrência, em detrimento de políticas de bem-estar social e cooperação.
Críticas e Limitações	O Direito, ao reforçar as estruturas capitalistas e legitimar as desigualdades, mantém a ordem social existente e impede transformações profundas; perpetua a exclusão social e as desigualdades, sem oferecer soluções que enfrentem diretamente esses problemas; reflete e reforça a ideologia capitalista, reproduzindo suas limitações.	-

2.5.5 Direito Precário

Na sociedade contemporânea, o direito enfrenta um novo cenário de precariedade à medida que o capitalismo se transforma pela tecnologia e pela digitalização. Esse fenômeno gera uma nova forma de mobilização da força de trabalho, que não se limita mais ao modelo clássico de contratos de compra e venda de trabalho. Com o surgimento de plataformas digitais e da chamada "economia de gig", o direito moderno, que foi moldado para mediar relações contratuais tradicionais, encontra dificuldades para regular essas novas dinâmicas laborais e sociais.

A Precarização das Relações Jurídicas e de Trabalho

No modelo de trabalho digital e fragmentado, o vínculo formal entre empregador e trabalhador é substituído por uma série de relações temporárias, muitas vezes informais, nas quais o trabalhador é classificado como "autônomo" ou "colaborador". Esse tipo de relação escapa ao controle tradicional do direito do trabalho, dificultando a aplicação de normas protetivas e de direitos trabalhistas básicos. Nesse contexto, o direito se torna cada vez mais incapaz de exercer seu papel de proteção social, expondo os trabalhadores à vulnerabilidade e à insegurança.

Esse modelo também desafia a capacidade do direito de garantir a segurança e a estabilidade jurídica, uma vez que as relações de trabalho são cada vez mais desregulamentadas e fluidas, desfazendo os marcos legais que antes protegiam o trabalhador. Como resultado, a função ideológica do direito, que era ocultar e suavizar as desigualdades estruturais do capitalismo, começa a ser questionada, pois ele já não consegue manter a aparência de equidade ou segurança para todos os cidadãos.

A Obsolescência do Direito como Instrumento Central de Controle

A digitalização das relações econômicas e a ascensão da automação sugerem que o papel do direito, como era concebido no capitalismo industrial, pode estar se tornando obsoleto. O controle social e a coordenação econômica estão agora cada vez mais mediados por algoritmos e plataformas digitais, que operam de maneira autônoma e muitas vezes fora do alcance das normas jurídicas tradicionais. Essa mudança questiona o papel central do direito na organização da sociedade e na mediação de conflitos.

No lugar do direito tradicional, emergem novos mecanismos de controle, como as políticas de uso de plataformas, as diretrizes internas de empresas tecnológicas e as regulamentações de privacidade e dados. Esses mecanismos, embora não sejam propriamente jurídicos, exercem forte influência sobre a vida dos indivíduos, criando uma espécie de "regulação digital" que, muitas vezes, substitui o direito formal.

O Futuro do Direito na Sociedade Digital

Com a transformação das relações sociais e econômicas pela tecnologia, surge a questão de qual será o papel do direito no futuro. A sociedade digital exige uma nova abordagem regulatória que possa lidar com a complexidade e a rapidez das mudanças tecnológicas. É possível que o direito, como o conhecemos, precise adaptar-se profundamente ou até mesmo ceder espaço a outros mecanismos de controle que sejam mais eficientes para a nova realidade.

Esse processo traz à tona uma dúvida fundamental: será que o direito continuará a desempenhar um papel ideológico de ocultação das desigualdades e de manutenção da ordem social? Ou estaria ele perdendo gradativamente essa função, à medida que se torna incapaz de lidar com as novas formas de exploração e precarização do trabalho e da vida social?

Um Novo Direito ou o Fim da Centralidade do Direito?

Com as mudanças que se desenham, o direito pode seguir dois caminhos: ou ele se transforma em um "novo direito", capaz de responder aos desafios da digitalização e da sociedade em rede, ou pode perder gradualmente sua centralidade, tornando-se apenas uma entre várias formas de regulação social. Caso se configure uma nova forma de direito, ela precisará considerar as especificidades das relações digitais e da economia de plataforma, criando uma abordagem mais flexível e dinâmica. Se, entretanto, o direito deixar de ser o centro regulatório, a sociedade pode se organizar em torno de outros modelos de controle, como a regulação tecnológica direta.

Aspecto	Descrição
Precarização das Relações Jurídicas e de Trabalho	Substituição do vínculo formal entre empregador e trabalhador por relações temporárias e informais; trabalhadores classificados como "autônomos" ou "colaboradores"; dificuldades na aplicação de normas protetivas e direitos trabalhistas; aumento da vulnerabilidade e insegurança dos trabalhadores.
Obsolescência do Direito como Instrumento Central de Controle	Digitalização das relações econômicas e ascensão da automação; controle social e coordenação econômica mediados por algoritmos e plataformas digitais, que operam fora do alcance das normas jurídicas tradicionais; questionamento do papel central do Direito na organização social.
Função Ideológica do Direito em Xeque	Dificuldade do Direito em manter a aparência de equidade ou segurança para todos os cidadãos; questionamento da capacidade do Direito de ocultar e suavizar as desigualdades estruturais do capitalismo em um contexto de desregulamentação e fluidez das relações de trabalho.
Futuro do Direito na Sociedade Digital	Necessidade de uma nova abordagem regulatória que lide com a complexidade e a rapidez das mudanças tecnológicas; possível adaptação profunda do Direito ou perda de espaço para outros mecanismos de controle mais eficientes.
Caminhos Possíveis para o Direito	**Transformação em um "Novo Direito":** Adaptado aos desafios da digitalização e da sociedade em rede, com abordagem mais flexível e dinâmica. **Perda de Centralidade:** Tornar-se apenas uma entre várias formas de regulação social, cedendo espaço para a regulação tecnológica direta.

3
DIREITO ESTATAL

3.1 FUNÇÕES DO DIREITO ESTATAL

3.1.1 Controle Social

O direito, como instrumento estatal, desempenha um papel central no controle social, funcionando como um dos mecanismos que permitem a manutenção da ordem e a continuidade das sociedades humanas. Sua função principal é evitar e resolver conflitos de maneira a impedir que a sociedade entre em colapso. Nesse sentido, o direito estabelece padrões de comportamento, organiza estruturas sociais e oferece mecanismos para a prevenção e solução de disputas, garantindo um grau de estabilidade essencial para a convivência coletiva. O direito enquanto instrumento de controle social é uma das ferramentas mais sofisticadas que a humanidade desenvolveu para gerir a convivência coletiva. Ele se distingue de outros mecanismos, como a moral, os costumes e a religião, pela sua formalidade, coercitividade e institucionalização. Essas características permitem ao direito atuar de maneira sistemática para prevenir conflitos e resolver disputas, promovendo a continuidade e estabilidade da sociedade.

A Função Primordial do Direito: Prevenção e Resolução de Conflitos

A convivência humana é, por natureza, permeada por interesses divergentes. Desde questões individuais, como disputas familiares, até questões de grande impacto social, como conflitos trabalhistas ou disputas sobre o uso de recursos naturais, o direito busca atuar como um regulador, criando condições mínimas para que esses conflitos sejam prevenidos ou, quando inevitáveis, resolvidos.

- **Prevenção de Conflitos**: O direito define previamente o que é permitido, proibido ou obrigatório, estabelecendo padrões claros de comportamento que ajudam a reduzir a possibilidade de atritos. Por exemplo, o Código de Trânsito Brasileiro estipula regras de circulação, como a preferência em cruzamentos e limites de velocidade, evitando acidentes e conflitos entre motoristas e pedestres.

- **Resolução de Conflitos:** Quando os conflitos ocorrem, o direito fornece ferramentas institucionais, como tribunais, mediadores e árbitros, para solucioná-los de maneira ordenada e previsível. Um exemplo é o papel dos juizados especiais cíveis, que oferecem uma via simplificada para a resolução de disputas de menor complexidade.

O Direito como Regulador da Conflituosidade

O direito não visa eliminar completamente os conflitos, já que eles são inerentes às relações humanas. Em vez disso, busca regular a conflituosidade em níveis que não comprometam a continuidade da sociedade. Sem o direito, conflitos poderiam escalar de maneira descontrolada, colocando em risco a própria existência da comunidade organizada.

- **Exemplo Histórico:** Após a Revolução Industrial, o aumento das tensões entre empregadores e trabalhadores levou ao surgimento de legislações trabalhistas que buscavam mediar essas relações. A Consolidação das Leis do Trabalho (CLT) no Brasil, por exemplo, é um marco que demonstra como o direito foi utilizado para regular conflitos sociais, promovendo um equilíbrio entre as demandas das partes.

Comparação com Outros Mecanismos de Controle Social

Embora a moral e a religião também sejam mecanismos importantes de controle social, o direito se distingue por ser formalizado e coercitivo. Enquanto normas morais são cumpridas de forma espontânea e baseadas na consciência individual, as normas jurídicas são impostas por instituições estatais, com a possibilidade de aplicação de sanções em caso de descumprimento.

- **Exemplo Comparativo:** A proibição do furto é uma norma que existe tanto no campo moral quanto no campo jurídico. Enquanto a moral condena o furto por razões éticas, o direito o criminaliza, impondo penas como prisão ou multas para garantir que essa conduta seja evitada.

O Direito Como Condição para a Manutenção Social

Sem o direito, a convivência em larga escala seria inviável. Ele organiza a sociedade em torno de normas que definem direitos e deveres, conferindo previsibilidade às interações humanas. O direito mantém a ordem, mas também reflete os valores e as estruturas de poder de cada sociedade, adaptando-se às suas necessidades históricas.

Por exemplo, na pandemia de COVID-19, o direito teve um papel crucial na manutenção da ordem social por meio da implementação de normas sanitárias e restritivas, como lockdowns e exigências de vacinação. Essas normas não apenas preveniram conflitos sobre a utilização de espaços públicos, mas também asseguraram a saúde coletiva.

O direito, como mecanismo de controle social, desempenha um papel estruturante na sociedade, atuando para prevenir conflitos, resolver disputas e garantir um nível mínimo de ordem. Sua especificidade está na capacidade de articular sanções formais e na criação de normas claras que moldam comportamentos, organizam a convivência e, sobretudo, garantem a continuidade da vida em sociedade, mesmo diante de tensões e desafios constantes.

Aspecto	Descrição	Exemplos
Direito como Mecanismo de Controle Social	Atua como regulador, criando condições mínimas para que os conflitos (inerentes à convivência humana) sejam prevenidos ou resolvidos; regula a conflituosidade em níveis que não comprometam a continuidade da sociedade.	-
Prevenção de Conflitos	Define previamente o que é permitido, proibido ou obrigatório, estabelecendo padrões claros de comportamento que ajudam a reduzir a possibilidade de atritos.	Código de Trânsito Brasileiro (CTB) estipula regras de circulação, como preferência em cruzamentos e limites de velocidade, evitando acidentes e conflitos.
Resolução de Conflitos	Fornece ferramentas institucionais (tribunais, mediadores, árbitros) para solucionar conflitos de maneira ordenada e previsível.	Juizados especiais cíveis para resolução de disputas de menor complexidade.
Comparação com Outros Mecanismos	**Direito:** Formalizado e coercitivo; normas impostas por instituições estatais, com possibilidade de sanções. **Moral e Religião:** Cumprimento espontâneo, baseado na consciência individual; sem sanções estatais.	Proibição do furto: **Moral:** Condenação ética. **Direito:** Criminalização, com imposição de penas (prisão, multas).

Normas Jurídicas: Estabelecendo Padrões de Comportamento e Organização

As normas jurídicas constituem o alicerce do direito enquanto mecanismo de controle social. Por meio delas, o direito estabelece padrões claros de comportamento esperados dos indivíduos e organiza a convivência social e estatal, reduzindo a incerteza nas interações humanas. Essas normas desempenham um papel crucial na calibragem das expectativas sociais, tanto ao regular condutas individuais quanto ao estruturar instituições e processos coletivos.

Normas de Comportamento

As normas de comportamento são aquelas que determinam o que é permitido, proibido ou obrigatório na sociedade. Elas moldam as relações interpessoais e coletivas ao prescrever condutas específicas, promovendo a harmonia e a previsibilidade nas interações sociais.

- **Comportamentos Permitidos**: As normas jurídicas definem o que é lícito na vida cotidiana. Por exemplo, o Código Civil Brasileiro permite que qualquer pessoa maior de 18 anos celebre contratos, desde que esteja juridicamente capaz. Essa permissão amplia a liberdade individual ao possibilitar o exercício da autonomia da vontade.

- **Comportamentos Proibidos**: As normas jurídicas também delimitam condutas que não podem ser praticadas, com o objetivo de proteger valores fundamentais da sociedade. O Código Penal Brasileiro, por exemplo, proíbe crimes como homicídio, furto e estelionato, impondo sanções a quem viola essas proibições.

- **Comportamentos Obrigatórios**: Algumas normas impõem condutas obrigatórias, cujo descumprimento pode acarretar penalidades. Um exemplo é a obrigatoriedade de prestar assistência aos filhos menores de idade, prevista no artigo 1.566 do Código Civil, que estabelece o dever de sustento como parte das obrigações dos pais.

Essas normas comportamentais não apenas regulam ações específicas, mas também moldam a cultura jurídica de uma sociedade, estabelecendo limites e incentivando condutas que promovam o bem-estar coletivo.

Normas de Organização

As normas de organização, por sua vez, são aquelas que estruturam a sociedade, o Estado e o próprio sistema jurídico. Elas vão além da regulação de comportamentos individuais, sendo fundamentais para a construção de instituições e processos que sustentam a convivência coletiva.

- **Organização do Estado**: O direito organiza os poderes do Estado e define suas competências. No Brasil, a Constituição Federal estabelece as funções do Legislativo, Executivo e Judiciário, regulando suas atribuições e limitações. Essa organização cria um equilíbrio entre os poderes, evitando concentrações indevidas de autoridade.

- **Organização da Sociedade**: As normas jurídicas também estruturam a sociedade ao criar entidades como associações, sindicatos e empresas, regulando seu funcionamento e conferindo-lhes personalidade jurídica. Por exemplo, o Código Civil Brasileiro disciplina a criação de associações no artigo 53, garantindo aos cidadãos o direito de se organizarem coletivamente.

- **Organização do Próprio Direito**: O direito organiza a si mesmo ao estabelecer hierarquias normativas e mecanismos de interpretação. A Constituição, como norma suprema, organiza o ordenamento jurídico ao definir que as leis ordinárias e os decretos devem estar em conformidade com seus princípios. Essa organização interna é essencial para evitar contradições e conflitos entre as normas.

O Papel das Normas na Calibragem das Expectativas Sociais

As normas jurídicas reduzem a incerteza nas relações sociais ao estabelecer padrões claros de comportamento e organização. Elas funcionam como um contrato tácito entre o Estado e os cidadãos, que confiam na previsibilidade das normas para planejar suas ações e resolver disputas.

- **Exemplo Prático**: As normas que regulam o direito do consumidor são um exemplo da calibragem de expectativas sociais. Elas estabelecem os direitos e deveres tanto do consumidor quanto do fornecedor, criando um ambiente de confiança para as transações comerciais. Ao definir prazos para a troca de produtos com defeito, por exemplo, essas normas protegem o consumidor e incentivam práticas empresariais éticas.

Normas Jurídicas e Conflituosidade

As normas jurídicas não eliminam completamente os conflitos sociais, mas reduzem sua intensidade e frequência. Elas criam um "espaço seguro" para que os indivíduos convivam em sociedade, delimitando comportamentos aceitáveis e estruturando as instituições que resolvem disputas. Sem essas normas, as interações humanas seriam marcadas por um nível de incerteza e desordem incompatível com a vida coletiva.

Elas desempenham um papel essencial no controle social ao estabelecer padrões de comportamento e organizar a convivência coletiva. Por meio delas, o direito promove a previsibilidade, a segurança jurídica e a estabilidade social, permitindo que os indivíduos e as instituições operem dentro de um quadro normativo claro e funcional. Elas são o pilar que sustenta a ordem social, garantindo que a sociedade opere dentro de limites que preservem sua continuidade e promovam seu progresso.

Aspecto	Descrição	Exemplos
Normas Jurídicas e Controle Social	Estabelecem padrões de comportamento; organizam a convivência social e estatal; reduzem a incerteza nas interações humanas; calibragem das expectativas sociais; regulam condutas individuais e estruturam instituições e processos coletivos.	-
Normas de Comportamento	Determinam o que é permitido, proibido ou obrigatório na sociedade; moldam relações interpessoais e coletivas; promovem harmonia e previsibilidade.	**Permitido:** Celebrar contratos (maiores de 18 anos, juridicamente capazes). **Proibido:** Crimes como homicídio, furto, estelionato. **Obrigatório:** Dever de sustento dos pais para com os filhos menores.
Normas de Organização	Estruturam a sociedade, o Estado e o próprio sistema jurídico; fundamentais para a construção de instituições e processos que sustentam a convivência coletiva.	**Estado:** Constituição Federal estabelece funções do Legislativo, Executivo e Judiciário. **Sociedade:** Código Civil disciplina a criação de associações (art. 53). **Direito:** Hierarquia normativa (Constituição como norma suprema).

O Sistema Judiciário: Interpretação e Aplicação das Normas para Prevenção e Resolução de Conflitos

O sistema judiciário desempenha uma função essencial no controle social, ao interpretar e aplicar as normas jurídicas de maneira individualizada, prevenindo conflitos e solucionando controvérsias já existentes. Sua atuação não apenas garante a observância das normas, mas também contribui para manter a estabilidade social ao tratar os conflitos dentro de limites controlados e institucionalizados.

Prevenção e Resolução de Conflitos

O papel primário do sistema judiciário é evitar que os conflitos sociais se transformem em caos. Ele funciona como um mediador institucional que organiza e direciona as disputas para soluções baseadas em critérios normativos.

- **Prevenção de Conflitos**: Ao garantir a aplicação consistente das normas jurídicas, o sistema judiciário reduz a incerteza social, prevenindo conflitos antes que eles se manifestem. Por exemplo, a jurisprudência consolidada sobre contratos assegura que as partes saibam quais direitos e obrigações possuem, reduzindo a possibilidade de litígios.

- **Resolução de Conflitos:** Quando os conflitos ocorrem, o judiciário atua como instância final para resolvê-los. Por exemplo, em disputas trabalhistas, o Tribunal Regional do Trabalho pode mediar e decidir questões entre empregados e empregadores, solucionando o conflito no nível individual.

Individualização e Despolitização dos Conflitos

Uma característica marcante do sistema judiciário moderno é sua capacidade de individualizar e despolitizar os conflitos sociais. Isso significa que os litígios são tratados como disputas entre partes específicas, isolando-os de suas causas estruturais ou sociais mais amplas.

- **Individualização:** O sistema judiciário transforma disputas que poderiam ter um impacto coletivo em questões individuais. Por exemplo, em um conflito trabalhista, um empregado que processa seu empregador por verbas rescisórias não está questionando a estrutura geral de exploração do trabalho, mas sim reivindicando seus direitos específicos. Isso limita o escopo da análise e da decisão judicial.

- **Despolitização:** Ao abordar os conflitos em termos jurídicos e técnicos, o sistema judiciário retira deles seu potencial político. Por exemplo, uma greve por melhores condições de trabalho pode ser tratada pelo Judiciário como uma questão de legalidade (se a greve foi convocada seguindo as normas legais), e não como uma expressão de insatisfação social ou de luta por direitos coletivos.

Esse processo permite que o sistema judiciário atue como um estabilizador social, resolvendo os conflitos sem necessariamente abordar suas causas profundas. A sociedade é mantida dentro de parâmetros aceitáveis de funcionamento.

Resolução no Nível das Partes

O sistema judiciário busca resolver os conflitos no nível das partes envolvidas, sem necessariamente transformar a sociedade como um todo. Isso reflete sua função de manutenção da ordem social, e não de transformação estrutural.

- **Exemplo Prático – Justiça Trabalhista:** Um trabalhador que processa uma empresa por horas extras não pagas pode obter uma decisão favorável que o compense financeiramente, mas essa decisão não aborda a questão mais ampla de por que as empresas, em muitos casos, desrespeitam as leis trabalhistas. O sistema judiciário resolve a disputa para aquele trabalhador específico, mas não altera a dinâmica subjacente.

Manutenção da Ordem Social

Ao tratar os conflitos de maneira controlada e previsível, o sistema judiciário e os mecanismos alternativos de resolução de disputas cumprem a função de manter a sociedade em equilíbrio. Essa abordagem garante que os conflitos sejam tratados dentro de um contexto normativo, impedindo que se transformem em crises que ameacem a estabilidade coletiva.

O sistema judiciário, ao interpretar e aplicar normas jurídicas, individualiza e despolitiza os conflitos, permitindo que a sociedade mantenha sua coesão. Por meio da prevenção e resolução de disputas, ele reduz a conflituosidade social e promove a ordem, ainda que sem resolver as causas estruturais subjacentes. Além disso, a existência de mecanismos não estatais complementa sua atuação, oferecendo soluções rápidas e eficientes para disputas específicas. Assim, o direito se firma como um dos principais instrumentos de controle social na modernidade.

Aspecto	Descrição	Exemplo
Função do Sistema Judiciário no Controle Social	Interpretar e aplicar as normas jurídicas de maneira individualizada, prevenindo conflitos e solucionando controvérsias; manter a estabilidade social tratando os conflitos dentro de limites controlados e institucionalizados.	-
Prevenção de Conflitos	Ao garantir a aplicação consistente das normas jurídicas, reduz a incerteza social, prevenindo conflitos antes que eles se manifestem; jurisprudência consolidada assegura que as partes conheçam seus direitos e obrigações.	Jurisprudência consolidada sobre contratos assegura que as partes saibam quais direitos e obrigações possuem, reduzindo a possibilidade de litígios.
Resolução de Conflitos	Atua como instância final para resolver conflitos quando eles ocorrem; mediação e decisão de questões entre as partes.	Em disputas trabalhistas, o Tribunal Regional do Trabalho pode mediar e decidir questões entre empregados e empregadores.
Individualização dos Conflitos	Transforma disputas que poderiam ter impacto coletivo em questões individuais; limita o escopo da análise e da decisão judicial.	Empregado que processa empregador por verbas rescisórias não questiona a estrutura geral de exploração do trabalho, mas reivindica seus direitos específicos.
Despolitização dos Conflitos	Aborda os conflitos em termos jurídicos e técnicos, retirando deles seu potencial político; trata as questões em termos de legalidade, e não como uma expressão de insatisfação social ou luta por direitos coletivos.	Greve por melhores condições de trabalho tratada como questão de legalidade da convocação, e não como expressão de insatisfação social.

Resolução no Nível das Partes	Busca resolver os conflitos no nível das partes envolvidas, sem necessariamente transformar a sociedade como um todo; função de manutenção da ordem social, e não de transformação estrutural.	Trabalhador que processa empresa por horas extras não pagas pode obter compensação, mas a decisão não aborda a questão mais ampla do desrespeito às leis trabalhistas por parte das empresas.

Outros Mecanismos de Prevenção e Resolução de Conflitos

Embora o sistema judiciário desempenhe um papel central no controle social e na resolução de disputas, ele não opera sozinho. Há uma variedade de mecanismos não estatais que complementam ou, em muitos casos, substituem o papel do Judiciário na prevenção e resolução de conflitos. Esses mecanismos, baseados na autonomia das partes ou em métodos alternativos, oferecem maior flexibilidade, rapidez e, em algumas situações, uma abordagem mais adequada para questões específicas.

Contratos

Os contratos são a base das relações jurídicas em sociedades capitalistas, funcionando como uma ferramenta preventiva de conflitos. Ao estabelecer previamente os direitos e obrigações das partes, os contratos reduzem incertezas e criam uma expectativa clara de comportamento.

- **Prevenção**: Contratos bem redigidos previnem conflitos ao detalhar obrigações e prever consequências para o descumprimento. Por exemplo, um contrato de locação define as condições de uso do imóvel e os prazos para pagamento, prevenindo litígios entre locador e locatário.
- **Resolução**: Quando surgem disputas sobre a interpretação de cláusulas contratuais, elas podem ser resolvidas diretamente entre as partes, sem necessidade de judicialização, com base no próprio texto do contrato.

Arbitragem

A arbitragem é um método alternativo de resolução de disputas que permite às partes escolherem um árbitro ou um painel de árbitros para decidir a questão. É amplamente utilizado em disputas comerciais e empresariais devido à sua eficiência e confidencialidade.

Características:

- **Rapidez**: Os procedimentos arbitrais geralmente são mais céleres que os judiciais.
- **Especialização**: Árbitros podem ser escolhidos com base em sua expertise no tema da disputa, garantindo decisões mais técnicas.

- **Confidencialidade:** As partes podem optar por manter o processo e a decisão fora do domínio público.

  - **Exemplo:** Em uma disputa entre duas empresas sobre a interpretação de um contrato de fornecimento, a arbitragem pode evitar longos processos judiciais e assegurar uma decisão técnica em um prazo reduzido.

Conciliação e Mediação

A conciliação e a mediação são métodos que buscam promover o diálogo entre as partes para que elas alcancem, de forma conjunta, uma solução para o conflito. Esses mecanismos diferem do Judiciário ao enfatizarem o consenso em vez da imposição de uma decisão.

- **Conciliação:** Geralmente ocorre com a participação de um terceiro neutro, o conciliador, que propõe soluções para o problema apresentado pelas partes. É comum em ações judiciais de menor complexidade, como disputas consumeristas ou familiares.

- **Mediação:** Mais centrada no diálogo, a mediação é conduzida por um mediador que facilita a comunicação entre as partes, ajudando-as a encontrar uma solução mutuamente aceitável. É amplamente utilizada em conflitos de natureza continuada, como disputas familiares ou empresariais.

- **Exemplo:** Em um caso de divórcio, a mediação pode ajudar as partes a acordarem sobre a guarda dos filhos e a divisão de bens, evitando o desgaste emocional e os custos de um processo judicial.

Meios Online de Resolução de Disputas (ODR – Online Dispute Resolution)

Com o avanço das tecnologias digitais, os meios online de resolução de disputas (ODR) têm se destacado como uma alternativa prática para lidar com conflitos, especialmente no contexto do comércio eletrônico e das relações digitais.

Vantagens:

- **Acessibilidade:** As partes podem resolver disputas remotamente, sem necessidade de deslocamento.

- **Rapidez:** Plataformas digitais oferecem soluções ágeis, muitas vezes automatizadas.

- **Custo reduzido:** A resolução online é geralmente mais barata do que os métodos tradicionais.

- **Exemplo:** Em casos de disputas entre consumidores e vendedores em marketplaces, plataformas como a Amazon e o Mercado Livre oferecem sistemas de resolução online que analisam as queixas e propõem soluções com base nas políticas da empresa.

O Papel Complementar dos Mecanismos Não Estatais

Esses mecanismos não estatais desempenham um papel crucial na sociedade contemporânea, não apenas aliviando o sistema judiciário de demandas que poderiam sobrecarregá-lo, mas também promovendo soluções mais adequadas a certos tipos de conflitos. Eles refletem a capacidade da sociedade de regular suas próprias relações de forma autônoma, sem depender exclusivamente do Estado.

- **Flexibilidade:** Permitem que as partes escolham o método que melhor se adapta às suas necessidades.
- **Descentralização:** Favorecem a resolução de conflitos em contextos locais ou específicos, fora da burocracia estatal.
- **Foco em resultados:** Promovem soluções práticas e eficientes, voltadas para o encerramento rápido da disputa.

Desafios e Limitações

Apesar de suas vantagens, esses mecanismos também enfrentam desafios que limitam sua aplicabilidade:

- **Desigualdade de Poder:** Em muitos casos, as partes envolvidas possuem níveis de poder econômico ou informacional diferentes, o que pode comprometer a equidade no processo.
- **Falta de Coercibilidade:** Diferentemente das decisões judiciais, as soluções desses mecanismos nem sempre são dotadas de força coercitiva, o que pode dificultar sua implementação.
- **Acesso:** Nem todos os indivíduos ou empresas possuem conhecimento ou recursos para recorrer a esses métodos, especialmente a arbitragem e os meios online.

Os mecanismos não estatais de prevenção e resolução de conflitos complementam o papel do sistema judiciário ao oferecerem alternativas rápidas, acessíveis e específicas para lidar com disputas. Seja por meio de contratos, arbitragem, conciliação, mediação ou plataformas digitais, essas ferramentas reforçam o controle social e promovem a harmonia nas relações jurídicas. Contudo, sua eficácia depende de sua capacidade de equilibrar as necessidades das partes, superar desigualdades e garantir o cumprimento das soluções propostas. O direito demonstra sua adaptabilidade em um mundo cada vez mais dinâmico e diversificado.

Mecanismo	Descrição	Vantagens	Limitações	Exemplo
Contratos	Acordos que estabelecem previamente os direitos e obrigações das partes, funcionando como ferramenta preventiva de conflitos; base das relações jurídicas em sociedades capitalistas.	Previsibilidade; redução de incertezas; autonomia das partes na definição das regras.	Desigualdade de poder entre as partes pode levar a contratos desequilibrados; dificuldade em prever todas as situações possíveis.	Contrato de locação que define condições de uso do imóvel, prazos e valores, prevenindo litígios entre locador e locatário.
Arbitragem	Método alternativo de resolução de disputas onde as partes escolhem um árbitro ou painel de árbitros para decidir a questão; amplamente utilizado em disputas comerciais e empresariais.	Rapidez; especialização dos árbitros; confidencialidade.	Custo elevado; inacessibilidade para muitos indivíduos e pequenas empresas; falta de coercibilidade em alguns casos.	Disputa entre empresas sobre interpretação de contrato de fornecimento resolvida por arbitragem.
Conciliação	Método que busca promover o diálogo entre as partes para que elas alcancem uma solução conjunta, com a ajuda de um terceiro neutro (conciliador) que propõe soluções.	Celeridade; menor custo; preservação do relacionamento entre as partes.	Dependência da vontade das partes em cooperar; pode ser ineficaz em casos de grande desequilíbrio de poder.	Conciliação em juizados especiais cíveis para resolver disputas de consumo.
Mediação	Método centrado no diálogo, conduzido por um mediador que facilita a comunicação entre as partes, ajudando-as a encontrar uma solução mutuamente aceitável; utilizado em conflitos de natureza continuada.	Fortalecimento do diálogo; soluções personalizadas; maior grau de satisfação das partes.	Nem sempre é possível chegar a um acordo; requer habilidades específicas do mediador; pode ser demorado em alguns casos.	Mediação em casos de divórcio para acordar sobre guarda dos filhos e divisão de bens.
Meios Online de Resolução de Disputas (ODR)	Plataformas digitais que oferecem soluções para conflitos, especialmente no contexto do comércio eletrônico e das relações digitais; utilizam tecnologia para facilitar a resolução de disputas.	Acessibilidade; rapidez; custo reduzido; conveniência.	Limitações tecnológicas; dificuldade em lidar com casos complexos; questões de segurança e privacidade de dados.	Plataformas de e-commerce (como Amazon e Mercado Livre) que oferecem sistemas de resolução de disputas entre consumidores e vendedores.

3.1.2 Transformação Social

Além de atuar como mecanismo de controle social, o direito tem uma função dinâmica: promover transformações na sociedade. Essa atuação transformadora decorre de sua capacidade de incorporar valores principiológicos e traduzi-los em normas jurídicas que buscam não apenas regular, mas também aperfeiçoar o tecido social. O direito, nesse sentido, não é apenas um reflexo da sociedade; ele também pode ser um motor de mudanças.

Transformação com Base em Valores Principiológicos

O direito frequentemente reflete os valores que uma sociedade considera fundamentais em determinado momento histórico, como igualdade, liberdade, dignidade da pessoa humana e solidariedade. Esses valores, muitas vezes consagrados em constituições e outros documentos normativos, guiam a formulação de regras que têm por objetivo eliminar injustiças, corrigir desigualdades e fomentar o desenvolvimento social.

- **Exemplo prático**: A Constituição Federal de 1988 no Brasil incluiu, entre seus princípios fundamentais, o objetivo de construir uma sociedade livre, justa e solidária (art. 3º). Esse ideal fundamenta políticas públicas e programas sociais voltados para a transformação das condições de vida das populações mais vulneráveis.

O Direito como Ferramenta para Reduzir Desigualdades

Ao longo da história, o direito tem sido usado como ferramenta para corrigir desigualdades estruturais. Isso se reflete na criação de legislações que buscam proteger grupos vulneráveis ou assegurar direitos fundamentais.

- **Exemplo prático**: As leis de cotas para ingresso em universidades públicas no Brasil, destinadas a promover o acesso ao ensino superior para estudantes de escolas públicas, afrodescendentes, indígenas e pessoas com deficiência, representam um esforço do direito em transformar a sociedade em direção a uma maior equidade.

Promoção da Justiça Social

A transformação social promovida pelo direito também se dá por meio de sua capacidade de estabelecer normas que promovam a justiça social. Esse objetivo é alcançado por intermédio de leis e programas que garantam direitos básicos, como saúde, educação, moradia e trabalho digno.

- **Exemplo prático**: A Consolidação das Leis do Trabalho (CLT), criada no Brasil em 1943, regulamentou direitos trabalhistas fundamentais, como jornada de trabalho, férias remuneradas e segurança no trabalho, promovendo maior proteção aos trabalhadores e equilibrando as relações entre empregadores e empregados.

Limitações e Desafios

Embora o direito tenha potencial para transformar a sociedade, ele enfrenta limites decorrentes de fatores políticos, econômicos e culturais. O sucesso da transformação social depende não apenas da existência de normas jurídicas, mas também de sua implementação efetiva e da vontade política para assegurar que as mudanças ocorram.

Desafios:

- **Descompasso com a realidade social:** Em algumas ocasiões, o direito pode ser excessivamente idealista, propondo mudanças que não encontram suporte nas condições materiais da sociedade.
- **Resistências culturais:** Mudanças legislativas podem encontrar resistência em tradições culturais que estão arraigadas na sociedade.
- **Falta de recursos:** A implementação de normas transformadoras, como as relacionadas a direitos sociais, frequentemente exige recursos financeiros e infraestrutura, que podem ser insuficientes.

A função transformadora do direito é uma expressão de sua natureza dinâmica. Ao se fundamentar em valores e ao propor normas que buscam alterar as condições sociais, o direito contribui para a construção de uma sociedade mais justa e igualitária. Contudo, para que essa transformação seja efetiva, é necessário um esforço conjunto entre o legislador, os operadores do direito e a sociedade como um todo, superando os desafios que se interpõem ao processo de mudança.

Aspecto	Descrição	Exemplos
Direito como Instrumento de Transformação Social	O Direito reflete valores fundamentais da sociedade (igualdade, liberdade, dignidade, solidariedade) e busca eliminar injustiças, corrigir desigualdades e fomentar o desenvolvimento social; visa alterar as condições sociais para construir uma sociedade mais justa e igualitária.	-
Reflexo de Valores Fundamentais	O Direito incorpora valores considerados essenciais em determinado momento histórico, consagrando-os em constituições e outros documentos normativos.	A Constituição Federal de 1988 (Brasil) estabelece como objetivo a construção de uma sociedade livre, justa e solidária (art. 3º), fundamentando políticas públicas e programas sociais.

Redução de Desigualdades	O Direito é utilizado como ferramenta para corrigir desigualdades estruturais, protegendo grupos vulneráveis e assegurando direitos fundamentais.	Leis de cotas para ingresso em universidades públicas no Brasil, buscando promover o acesso ao ensino superior para estudantes de escolas públicas, afrodescendentes, indígenas e pessoas com deficiência.
Promoção da Justiça Social	O Direito estabelece normas que visam garantir direitos básicos (saúde, educação, moradia, trabalho digno), promovendo a justiça social.	A CLT (Brasil), de 1943, regulamentou direitos trabalhistas fundamentais (jornada de trabalho, férias remuneradas, segurança no trabalho), equilibrando as relações entre empregadores e empregados.
Limitações e Desafios	**Descompasso com a realidade social:** Normas podem ser excessivamente idealistas, sem suporte nas condições materiais. **Resistências culturais:** Mudanças legislativas podem encontrar resistência em tradições culturais. **Falta de recursos:** Implementação de normas exige recursos financeiros e infraestrutura.	Dificuldade de implementação efetiva de direitos sociais (saúde, educação) em razão da falta de recursos; resistência a leis que promovem a igualdade de gênero em sociedades com fortes tradições patriarcais.

Os Direitos Sociais como Instrumentos de Transformação Social

Os direitos sociais ocupam um papel central na função transformadora do direito. Eles são a manifestação prática dos valores de igualdade e dignidade humana, buscando corrigir desigualdades estruturais e promover melhores condições de vida para todos. Por meio da incorporação de direitos sociais em legislações e constituições, o direito não apenas regula a sociedade, mas também impulsiona mudanças substanciais em sua estrutura.

Direitos Sociais: Conceito e Finalidade

Os direitos sociais consistem em garantias fundamentais que asseguram condições mínimas de vida digna para os indivíduos. Incluem, entre outros, os direitos à educação, saúde, trabalho, previdência social, moradia, alimentação e assistência social. Esses direitos são ferramentas que o direito utiliza para promover a justiça social e reduzir desigualdades.

- **Exemplo prático:** A Constituição Federal de 1988, no Brasil, consagra os direitos sociais no artigo 6º, estabelecendo que esses direitos são fundamentais para a construção de uma sociedade mais justa, solidária e igualitária.

Direitos Sociais e Programas de Transformação

A implementação de direitos sociais frequentemente se dá por meio de programas e políticas públicas que materializam esses direitos no cotidiano das pessoas. Essas iniciativas visam alcançar objetivos específicos, como erradicação da pobreza, redução da desigualdade e ampliação do acesso a serviços essenciais.

- **Programas de impacto:**
  - **Bolsa Família (atualmente Auxílio Brasil):** Um programa de transferência de renda no Brasil que busca combater a pobreza extrema, ao mesmo tempo em que promove a inclusão social por meio do acesso à saúde e educação.
  - **Sistema Único de Saúde (SUS):** Um sistema de saúde pública e universal, que assegura atendimento médico gratuito à população, promovendo o direito à saúde como valor social.

Transformação Social por Meio do Trabalho

O direito também promove transformação social ao regular as relações de trabalho, garantindo proteção aos trabalhadores e estabelecendo padrões mínimos de dignidade no ambiente laboral. Essas normas buscam equilibrar a relação entre empregadores e empregados e promover melhores condições de trabalho.

- **Exemplo prático:** A Consolidação das Leis do Trabalho (CLT), ao assegurar direitos como férias remuneradas, jornada de trabalho máxima e adicional de insalubridade, não apenas protege os trabalhadores, mas também eleva o padrão geral de qualidade de vida.

Impactos dos Direitos Sociais na Estrutura Social

A implementação de direitos sociais transforma profundamente as estruturas sociais e econômicas. Ao garantir acesso universal a determinados serviços ou benefícios, o direito social reduz disparidades históricas e promove maior coesão social.

- **Exemplo prático:** A universalização do ensino fundamental no Brasil, garantida pelo direito à educação, ampliou significativamente o acesso de crianças e adolescentes à escolaridade, reduzindo as taxas de analfabetismo e aumentando as oportunidades no mercado de trabalho.

Desafios na Implementação de Direitos Sociais

Embora sejam instrumentos poderosos de transformação social, os direitos sociais enfrentam desafios consideráveis em sua implementação:

- **Falta de recursos**: Muitos países enfrentam limitações orçamentárias que dificultam a execução de políticas públicas voltadas para a efetivação de direitos sociais.

- **Desigualdades regionais**: Em grandes federações, como o Brasil, as diferenças regionais criam dificuldades na universalização desses direitos.

- **Resistências políticas**: Em determinados contextos, há resistência política à ampliação de direitos sociais, sob a alegação de que esses direitos geram custos excessivos ou interferem na economia de mercado.

Os direitos sociais representam uma das mais importantes ferramentas de transformação social do direito. Ao promover condições mais equitativas e dignas de vida, esses direitos criam as bases para uma sociedade mais justa e solidária. No entanto, sua efetivação depende de esforços contínuos de governos, sociedade civil e operadores do direito para superar os desafios e obstáculos que surgem ao longo do caminho.

Aspecto	Descrição	Exemplos
Direitos Sociais: Definição e Finalidade	Garantias fundamentais que asseguram condições mínimas de vida digna (educação, saúde, trabalho, previdência, moradia, alimentação, assistência social); ferramentas para promover justiça social e reduzir desigualdades.	Constituição Federal de 1988 (Brasil), art. 6º: consagra os direitos sociais como fundamentais para a construção de uma sociedade mais justa, solidária e igualitária.
Programas de Transformação Social	Implementação de direitos sociais por meio de programas e políticas públicas que materializam esses direitos no cotidiano; visam erradicação da pobreza, redução da desigualdade e ampliação do acesso a serviços essenciais.	**Bolsa Família (Auxílio Brasil):** Transferência de renda, combate à pobreza, inclusão social. **SUS:** Sistema de saúde pública e universal, garantindo atendimento médico gratuito.
Transformação Social por Meio do Trabalho	Regulação das relações de trabalho, garantindo proteção aos trabalhadores e estabelecendo padrões mínimos de dignidade no ambiente laboral; busca equilibrar a relação entre empregadores e empregados e promover melhores condições de trabalho.	CLT: Consolidação das Leis do Trabalho – férias remuneradas, jornada de trabalho máxima, adicional de insalubridade.
Impactos na Estrutura Social	Transformação profunda das estruturas sociais e econômicas; redução de disparidades históricas e promoção de maior coesão social ao garantir acesso universal a serviços ou benefícios.	Universalização do ensino fundamental no Brasil, garantida pelo direito à educação, ampliou o acesso à escolaridade, reduziu o analfabetismo e aumentou oportunidades no mercado de trabalho.

Desafios na Implementação	**Falta de recursos:** Limitações orçamentárias dificultam a execução de políticas públicas. **Desigualdades regionais:** Dificuldades na universalização dos direitos em razão de diferenças regionais. **Resistências políticas:** Oposição à ampliação de direitos sociais.	Dificuldade de garantir acesso à saúde de qualidade em todas as regiões do país; resistência à ampliação de programas de transferência de renda, sob alegação de custos excessivos ou interferência na economia de mercado.

Planejamento e Estabelecimento de Metas por Meio do Direito

A função de planejamento do direito é uma das mais importantes para a transformação social. Por meio de leis programáticas e instrumentos normativos, o direito não apenas regula a realidade existente, mas também orienta o futuro, estabelecendo metas e definindo os meios para alcançá-las. Essa perspectiva projeta o direito como um motor de transformação, capaz de estruturar e fomentar mudanças na sociedade e na economia.

Planejamento Estatal e as Leis Programáticas

A função do direito como mecanismo de planejamento social ganhou destaque com a Revolução Russa de 1917. Naquele contexto, os bolcheviques, liderados por Lenin, buscaram não apenas substituir a ordem jurídica anterior, mas construir uma nova sociedade a partir de leis programáticas que definissem os rumos da economia, da política e das relações sociais. Essa perspectiva inovadora colocava o direito como ferramenta de transformação estrutural.

- **Exemplo: Planos Quinquenais**: Após a Revolução Russa, os Planos Quinquenais foram criados como instrumentos legais para planejar e executar o desenvolvimento econômico e social da União Soviética. Esses planos incluíam metas de industrialização, coletivização agrícola e expansão educacional, ilustrando como o direito programático pode ser utilizado para remodelar uma sociedade.

Embora o contexto histórico da Revolução Russa seja único, a ideia de leis programáticas foi amplamente difundida e adaptada por outros países, especialmente em momentos de reconstrução ou de grandes transformações econômicas e sociais.

Leis Orçamentárias e o Planejamento no Contexto Contemporâneo

Nos sistemas jurídicos modernos, a função de planejamento é amplamente exercida por meio de leis orçamentárias e instrumentos como o Plano Plurianual de Desenvolvimento (PPA). Essas ferramentas permitem que os governos alinhem seus objetivos de curto, médio e longo prazo, alocando recursos e definindo prioridades de investimento.

- **Plano Plurianual de Desenvolvimento (PPA):** No Brasil, o PPA é uma lei que organiza a atuação governamental em ciclos de quatro anos, articulando as políticas públicas e orientando o orçamento. Ele traduz os compromissos políticos em metas concretas, como a ampliação do acesso à educação, a universalização do saneamento básico ou a redução da desigualdade regional.

Esses instrumentos são fundamentais para garantir a continuidade de políticas públicas e a eficiência na gestão dos recursos estatais. Além disso, oferecem transparência à sociedade, permitindo o acompanhamento e a fiscalização das metas governamentais.

Direito como Fomentador de Setores da Economia

Além de estabelecer metas gerais de planejamento, o direito também pode desempenhar um papel ativo no estímulo à atuação das forças sociais e no desenvolvimento de setores estratégicos da economia. Por meio de incentivos fiscais, subsídios, regulação e desregulação, o direito orienta e promove o crescimento de áreas prioritárias.

- **Exemplo de incentivo fiscal:** A Zona Franca de Manaus, instituída por lei no Brasil, exemplifica como o direito pode criar regimes especiais para estimular o desenvolvimento econômico regional, promovendo a industrialização e gerando empregos em áreas menos desenvolvidas.

- **Exemplo de fomento a setores estratégicos:** As políticas de incentivo ao setor de tecnologia e inovação, como os marcos regulatórios de startups, também ilustram como o direito pode atuar como ferramenta de estímulo. Essas políticas criam ambientes favoráveis para o empreendedorismo e a pesquisa científica.

Direito como Instrumento de Transformação Sustentável

No contexto global contemporâneo, o planejamento jurídico também tem sido utilizado para promover transformações sustentáveis. A criação de leis ambientais, por exemplo, reflete uma visão de longo prazo que busca alinhar o desenvolvimento econômico com a preservação do meio ambiente.

- **Exemplo: Acordo de Paris:** O Acordo de Paris é um exemplo de planejamento jurídico em escala internacional, comprometendo os países a metas de redução de emissões de gases de efeito estufa e transição para uma economia sustentável. Esse compromisso é traduzido em leis e políticas nacionais, como planos de descarbonização e estímulos à energia renovável.

A função do direito como instrumento de planejamento vai muito além da simples regulação das relações sociais e econômicas. Ela se projeta no futuro, articulando metas e definindo os meios para alcançá-las. Desde os Planos Quinquenais da União Soviética até as modernas leis orçamentárias e os marcos regulatórios setoriais, o direito demonstra sua capacidade de moldar o rumo das sociedades e de estimular a transformação social em diversos níveis. Contudo, essa função depende de uma implementação eficaz e de uma vigilância constante para garantir que os objetivos propostos sejam de fato alcançados.

Aspecto	Descrição	Exemplo
Função Conservadora do Direito	O Direito, ao mesmo tempo que pode promover mudanças, também pode ser utilizado para manter a ordem social existente, mesmo que essa ordem seja marcada por injustiças e desigualdades; pode perpetuar estruturas de poder e relações sociais desiguais.	-
"Transformar para que Nada Mude"	Ideia de que o Direito pode ser usado para promover mudanças superficiais que não alteram as estruturas de poder e as relações sociais de forma significativa; mudanças cosméticas que dão a aparência de progresso, mas mantêm o status quo.	Leis que formalmente garantem a igualdade de direitos, mas que não são acompanhadas de políticas efetivas para combater a discriminação e a desigualdade de oportunidades na prática.
Mecanismos de Manutenção da Ordem	**Controle de Conflitos:** O Direito canaliza os conflitos para o âmbito institucional, evitando que eles ameacem a ordem vigente. **Legitimação da Ordem:** O Direito confere legitimidade à ordem social, fazendo com que ela pareça justa e natural. **Cooptação de Demandas:** O Direito pode absorver demandas por mudanças de forma parcial, neutralizando seu potencial transformador.	**Controle de Conflitos:** Criminalização de movimentos sociais que contestam a ordem estabelecida. **Legitimação da Ordem:** Leis que protegem a propriedade privada, mesmo em casos de extrema desigualdade social. **Cooptação de Demandas:** Criação de leis simbólicas que atendem parcialmente às reivindicações de grupos minoritários, sem promover mudanças estruturais.
Exemplo Histórico	Mudanças legislativas após movimentos por direitos civis que garantiram igualdade formal, mas não alteraram significativamente as condições materiais de vida da população negra em alguns países.	Leis que aboliram a segregação racial nos EUA, mas não impediram a persistência do racismo estrutural e da desigualdade econômica entre brancos e negros.

3.1.3 Transformar para que a essência não mude

O direito, em sua função essencial, pode ser compreendido como um mecanismo de controle social que visa garantir a continuidade e estabilidade da sociedade. No entanto, para ser efetivo nesse propósito, ele não pode ser estático. Pelo contrário, precisa permitir e, em alguns casos, promover mudanças sociais que garantam sua relevância e sua capacidade de gerenciar as dinâmicas sociais em transformação. Essa visão dialética do papel do direito articula sua função de controle social com sua atuação como agente de transformação delimitada.

O Direito como Instrumento de Controle Social Flexível

Para muitos teóricos, a função primordial do direito é o controle social. Essa perspectiva entende que o direito atua para evitar o colapso da sociedade, mantendo-a dentro de um nível de estabilidade que não comprometa sua existência. Essa estabilidade, no entanto, não significa imobilidade. O direito precisa lidar com as tensões, conflitos e mudanças naturais que surgem em qualquer sociedade em evolução.

- **Controle e adaptação:** Para manter o controle, o direito deve se adaptar às novas demandas sociais e atualizar suas normas, muitas vezes promovendo mudanças que atendam às necessidades imediatas da população sem alterar as estruturas fundamentais da sociedade.

A Transformação Delimitada como Estratégia de Controle

A transformação social promovida pelo direito, nesse contexto, não é ilimitada nem revolucionária. Trata-se de uma transformação planejada, delimitada e orientada, que busca ajustar a sociedade sem alterar sua essência. Esse tipo de transformação é frequentemente articulado em resposta a pressões sociais, econômicas ou políticas que demandam ajustes pontuais.

- **Exemplo: Adoção de direitos sociais:** A implementação de direitos sociais, como o direito ao trabalho, à educação e à saúde, pode ser vista como uma forma de transformação delimitada. Esses direitos atendem a demandas específicas, mas, ao mesmo tempo, preservam as estruturas fundamentais da sociedade capitalista, como a relação entre capital e trabalho.

O Papel Ideológico do Direito

Nesse processo, o direito exerce um papel ideológico crucial. Ao promover transformações sociais delimitadas, ele reforça sua legitimidade como instrumento de justiça e progresso, enquanto, na prática, preserva as estruturas essenciais de poder e desigualdade. Essa característica ideológica permite ao direito ocultar as contradições sociais, apresentando-se como neutro e imparcial, mesmo quando atua para manter a ordem estabelecida.

- **Direito como legitimador da ordem**: Ao atualizar suas normas e promover transformações pontuais, o direito reafirma a ideia de que a sociedade é capaz de resolver seus próprios problemas sem a necessidade de rupturas mais profundas. Essa abordagem legitima a continuidade das estruturas de poder, apresentando o direito como a ferramenta de equilíbrio e harmonia.

Questões Críticas

Essa visão do direito como um instrumento que "transforma para que a essência não mude" levanta uma série de questões críticas:

1. Limites da transformação: Até que ponto o direito é capaz de responder às demandas sociais sem alterar as estruturas fundamentais da sociedade? Há um limite para essas transformações pontuais, além do qual o direito perde sua legitimidade?

2. Manutenção da desigualdade: Ao permitir apenas transformações de-limitadas, o direito contribui para perpetuar as desigualdades estruturais? Essas mudanças pontuais são suficientes para enfrentar questões mais profundas, como a concentração de riqueza e poder?

3. Direito como estabilizador ou catalisador?: Embora o direito seja pro-jetado para estabilizar a sociedade, ele também pode funcionar como um catalisador de mudanças mais amplas, dependendo do contexto histórico e das forças sociais em jogo. Em que medida o direito pode ser instrumen-talizado para promover mudanças estruturais reais?

4. Crise da legitimidade: Se o direito é percebido como incapaz de atender às demandas sociais mais profundas, sua legitimidade como instrumento de controle e transformação é colocada em xeque. Como o direito pode lidar com essa tensão entre controle e mudança?

A perspectiva de que o direito transforma para que a essência não mude revela uma dinâmica dialética entre controle e transformação. Ao mesmo tem-po em que busca preservar a ordem social, o direito reconhece a necessidade de se adaptar e promover mudanças pontuais que garantam sua relevância e eficácia. No entanto, essa abordagem levanta questões críticas sobre os limites dessa transformação e o papel ideológico do direito como legitimador das estruturas existentes. Reconhecer essa dualidade é essencial para entender as possibilidades e os desafios do direito como instrumento de controle e trans-formação social.

Aspecto	Descrição	Exemplos
Direito como Controle Social Flexível	Função primordial do Direito é o controle social para evitar o colapso da sociedade; mantém a estabilidade, mas precisa lidar com tensões, conflitos e mudanças naturais; adapta-se às novas demandas sociais e atualiza suas normas, promovendo mudanças pontuais.	-
Transformação Delimitada	Transformação social promovida pelo Direito é planejada, delimitada e orientada; ajusta a sociedade sem alterar sua essência; resposta a pressões sociais, econômicas ou políticas que demandam ajustes pontuais; preserva estruturas fundamentais enquanto atende a demandas específicas.	Implementação de direitos sociais (trabalho, educação, saúde) que atende a demandas específicas, mas preserva as estruturas fundamentais da sociedade capitalista, como a relação entre capital e trabalho.
Papel Ideológico do Direito	Promove transformações sociais delimitadas, reforçando sua legitimidade como instrumento de justiça e progresso; apresenta-se como neutro e imparcial, mesmo quando atua para manter a ordem estabelecida; legitima a continuidade das estruturas de poder.	Atualização de normas e promoção de transformações pontuais reafirmam a ideia de que a sociedade é capaz de resolver seus problemas sem rupturas profundas, legitimando a ordem vigente.
Questões Críticas	**Limites da transformação:** Até que ponto o Direito pode responder às demandas sociais sem alterar estruturas fundamentais? **Manutenção da desigualdade:** Transformações delimitadas são suficientes para enfrentar a concentração de riqueza e poder? **Direito como estabilizador ou catalisador?:** Em que medida o Direito pode promover mudanças estruturais reais? **Crise da legitimidade:** Como o Direito lida com a tensão entre controle e mudança, se é percebido como incapaz de atender às demandas sociais mais profundas?	**Limites da transformação:** Leis de cotas, que promovem mudanças, mas não alteram a estrutura de acesso à educação superior. **Manutenção da desigualdade:** Reforma agrária limitada que não afeta a concentração fundiária. **Crise da legitimidade:** Movimentos sociais que questionam a eficácia do Direito em promover justiça social.

3.2 SISTEMA JUDICIÁRIO E OPERADORES DO DIREITO

3.2.1 Instâncias estatais de resolução de conflitos

O direito estatal moderno é estruturado para garantir a resolução de conflitos de forma organizada, baseada em normas jurídicas e procedimentos previamente estabelecidos. Apresenta instâncias que buscam assegurar o equilíbrio social, legitimando a aplicação da lei e oferecendo às partes a sensação de justiça, seja por meio de decisões judiciais, seja por soluções extrajudiciais.

Direito como Normas e Poderes Garantidos

O direito é composto por um conjunto de normas jurídicas (objetivo) e pelos poderes garantidos para sua aplicação (subjetivo). Essas garantias estão concentradas, em sua maior parte, nas mãos do Estado, que atua como grande garantidor da ordem jurídica. Esse papel é exercido mediante procedimentos regulamentados, tradicionalmente realizados pelo Poder Judiciário.

- **Exemplo:** Em um litígio envolvendo uma dívida contratual, o Estado oferece ao credor a possibilidade de ajuizar uma ação judicial para cobrar a dívida, garantindo o direito por meio de uma decisão judicial.

Novas Instâncias Estatais de Resolução de Conflitos

Além do sistema judiciário tradicional, o direito contemporâneo expandiu o leque de instâncias estatais voltadas para a resolução de conflitos. Muitas dessas instâncias realizam atividades que complementam ou mesmo substituem, em parte, a atuação do Poder Judiciário, adotando métodos como mediação, arbitragem e conciliação.

- **Banco Central (BC):** Atua na resolução de conflitos financeiros, oferecendo canais para disputas entre instituições financeiras e consumidores.

- **Agências Reguladoras:** Como a ANATEL e a ANEEL, que possuem mecanismos de resolução de conflitos em áreas como telecomunicações e energia elétrica.

- **PROCONs:** Órgãos voltados para a defesa do consumidor, que muitas vezes promovem conciliações entre consumidores e empresas.

Essas instâncias oferecem processos simplificados, buscando rapidez e eficiência. Apesar disso, sua atuação está limitada por competências específicas e não substitui inteiramente o papel do sistema judiciário.

Papel Fundamental do Sistema Judiciário

Embora outras instâncias estatais ganhem destaque, o Sistema Judiciário continua a ocupar um papel de primazia na resolução de conflitos. Ele é a última instância a que se pode recorrer, responsável por interpretar e aplicar as normas jurídicas com caráter definitivo.

O Sistema Judiciário é composto por:

- **Ambientes:** Fóruns, tribunais e outros espaços físicos ou digitais onde os processos são administrados.

- **Profissionais:** Juízes, advogados, promotores, defensores públicos e técnicos que operam as atividades judiciais.

- **Procedimentos:** Regras processuais específicas para cada área do direito, como o Processo Penal, o Processo Civil e o Processo Trabalhista.

- **Exemplo:** Em um caso de dano moral, um indivíduo pode recorrer ao sistema judiciário para buscar indenização. Esse processo envolverá um juiz que analisará os fatos, aplicará as normas e decidirá de acordo com o ordenamento jurídico.

Desafios e Críticas

O modelo estatal de resolução de conflitos enfrenta desafios, especialmente no contexto de sociedades contemporâneas marcadas por alta complexidade e volume crescente de litígios:

- **Excesso de processos:** O sistema judiciário brasileiro, por exemplo, lida com milhões de processos em andamento, o que pode gerar lentidão e insatisfação.

- **Acesso à Justiça:** Apesar da existência de instâncias alternativas, nem todos os cidadãos conseguem acessar os mecanismos estatais de forma igualitária, seja por falta de conhecimento, seja por questões financeiras.

- **Soluções parciais:** Embora eficaz na resolução de conflitos individuais, o sistema judiciário nem sempre aborda os aspectos estruturais que originam os litígios.

As instâncias estatais de resolução de conflitos, em síntese, desempenham um papel crucial na aplicação do direito e na manutenção da ordem social. O sistema judiciário tradicional permanece central, mas é complementado por outras instâncias que oferecem soluções alternativas. Juntas, essas estruturas buscam responder às demandas de uma sociedade em constante mudança, ainda que enfrentem limites e desafios que exigem constante reflexão e aprimoramento.

Aspecto	Descrição	Exemplos
Direito como Normas e Poderes Garantidos	Conjunto de normas jurídicas (objetivo) e poderes garantidos para sua aplicação (subjetivo); garantias concentradas nas mãos do Estado, que atua como grande garantidor da ordem jurídica, por meio de procedimentos regulamentados.	Em um litígio de dívida, o Estado garante ao credor o direito de cobrar a dívida por meio de ação judicial.

	Instâncias que complementam ou substituem, em parte, a atuação do Poder Judiciário, adotando métodos como mediação, arbitragem e conciliação; visam oferecer processos simplificados, buscando rapidez e eficiência.	Banco Central (conflitos financeiros); Agências Reguladoras (ANATEL, ANEEL); PROCONs (defesa do consumidor).
Novas Instâncias Estatais		
Sistema Judiciário: Papel Fundamental	Última instância a que se pode recorrer; responsável por interpretar e aplicar as normas jurídicas com caráter definitivo; composto por ambientes, profissionais e procedimentos específicos.	**Ambientes:** Fóruns, tribunais. **Profissionais:** Juízes, advogados, promotores. **Procedimentos:** Processo Penal, Processo Civil, Processo Trabalhista.

3.2.2 Estrutura do Poder Judiciário

O Poder Judiciário no Brasil é organizado de maneira a assegurar a aplicação das normas jurídicas, a proteção dos direitos fundamentais e a manutenção da ordem social. Sua estrutura é hierarquizada e especializada, com diferentes competências e atribuições distribuídas entre diversos órgãos.

Tribunais Superiores

Os tribunais superiores são responsáveis por uniformizar a interpretação das normas jurídicas em âmbito nacional e por julgar, em última instância, as questões que envolvam temas de suas competências específicas. São eles:

- **Supremo Tribunal Federal (STF):** É a mais alta instância do Poder Judiciário e tem como função principal guardar a Constituição, decidindo sobre a constitucionalidade das leis e atos normativos, além de julgar conflitos de competências entre os Poderes da União.

- **Superior Tribunal de Justiça (STJ):** Atua como instância superior em questões de direito infraconstitucional, sendo responsável por garantir a uniformidade na interpretação das leis federais.

- **Tribunal Superior Eleitoral (TSE):** É responsável por organizar, fiscalizar e julgar questões relacionadas ao processo eleitoral no Brasil.

- **Tribunal Superior do Trabalho (TST):** Atua em questões relacionadas ao direito do trabalho, uniformizando a jurisprudência trabalhista em âmbito nacional.

- **Superior Tribunal Militar (STM):** Julga crimes militares definidos em lei, cometidos por Militares e membros das Forças Armadas.

Justiças Especializadas e Comum

A estrutura do Judiciário brasileiro divide-se em diferentes ramos, cada um com competências específicas:

- **Justiça Estadual:** É a mais ampla, atuando em questões que não são da competência das justiças especializadas ou da justiça federal. Exemplo: casos de direito de família e disputas contratuais locais.

- **Justiça Federal:** Julga questões em que a União, suas autarquias ou empresas públicas sejam interessadas, bem como temas relacionados a crimes federais e tratados internacionais.

- **Justiça Eleitoral:** Responsável pelo processo eleitoral, desde o registro de candidaturas até a diplomação dos eleitos, além de julgar crimes eleitorais.

- **Justiça do Trabalho:** Atua em conflitos entre empregadores e empregados, assegurando os direitos trabalhistas.

- **Justiça Militar:** Processa e julga crimes militares, como aqueles previstos no Código Penal Militar, praticados por membros das Forças Armadas.

Competências e Estrutura Hierárquica

Cada ramo da Justiça conta com varas de primeira instância, tribunais regionais e, em muitos casos, tribunais superiores. Esse modelo garante um sistema de instâncias recursais que permite revisar as decisões tomadas em níveis inferiores.

Por exemplo, na Justiça Estadual, uma sentença de um juiz de primeira instância pode ser revisada por um Tribunal de Justiça (TJ). Já na Justiça Federal, as decisões de primeira instância podem ser revistas por um Tribunal Regional Federal (TRF).

Desafios da Estrutura

Apesar de sua organização hierarquizada e diversificada, o Poder Judiciário enfrenta desafios que impactam sua eficácia, como o grande número de processos pendentes, a morosidade no julgamento de casos e a desigualdade no acesso à justiça. Ainda assim, sua estrutura permanece essencial para a aplicação do direito e a resolução de conflitos em uma sociedade complexa e democrática.

A estrutura do Poder Judiciário reflete a necessidade de especialização e hierarquização para lidar com as complexidades da sociedade moderna. Ao mesmo tempo em que assegura o cumprimento das normas e a proteção dos direitos, enfrenta desafios que demandam inovação e aprimoramento constantes.

Aspecto	Descrição	Composição
Tribunais Superiores	Responsáveis por uniformizar a interpretação das normas jurídicas em âmbito nacional e por julgar, em última instância, questões de suas competências específicas.	**STF:** Guardião da Constituição. **STJ:** Uniformiza interpretação das leis federais. **TSE:** Organiza, fiscaliza e julga questões eleitorais. **TST:** Uniformiza jurisprudência trabalhista. **STM:** Julga crimes militares.
Justiça Estadual	Competência mais ampla; atua em questões que não são da competência das justiças especializadas ou da justiça federal.	Varas de primeira instância -> Tribunal de Justiça (TJ).
Justiça Federal	Julga questões em que a União, autarquias ou empresas públicas federais sejam interessadas; crimes federais e temas relacionados a tratados internacionais.	Varas de primeira instância -> Tribunal Regional Federal (TRF)
Justiças Especializadas	**Justiça Eleitoral:** Processo eleitoral e crimes eleitorais. **Justiça do Trabalho:** Conflitos entre empregadores e empregados. **Justiça Militar:** Crimes militares.	-

3.2.3 Operadores do Sistema Judiciário

O funcionamento do sistema judiciário depende de uma rede de profissionais especializados, que atuam para assegurar a aplicação do direito e a resolução dos conflitos. Essas pessoas, conhecidas como operadores do direito, são essenciais para a administração da justiça e ocupam diferentes funções, que variam de acordo com a natureza dos litígios e as necessidades das instâncias estatais.

Funcionários Públicos e Requisitos de Formação

As instâncias jurídicas estatais são compostas majoritariamente por funcionários públicos, selecionados por meio de concursos públicos ou outros procedimentos regulamentados. Alguns cargos, como o de ministro do Supremo Tribunal Federal, exigem indicação política e aprovação pelo Senado, enquanto outros, como o de juiz, delegado ou defensor público, requerem aprovação em concursos que testam conhecimentos específicos.

Grande parte dos operadores do direito precisa ser formada em direito e, para atuar na Advocacia, estar inscrita na Ordem dos Advogados do Brasil (OAB). Essa exigência garante que os profissionais envolvidos estejam aptos a compreender e aplicar o ordenamento jurídico de forma técnica e ética.

Carreiras Jurídicas Principais

As carreiras jurídicas no Brasil podem ser agrupadas em algumas categorias principais, cada uma com funções específicas:

- **Advocacia:** Representa os interesses de indivíduos, empresas ou instituições perante o sistema judiciário e outras instâncias. Os advogados podem atuar em processos judiciais ou oferecer consultoria jurídica em diversas áreas, como trabalhista, tributária ou empresarial.

- **Polícia Judiciária (Delegados):** Responsável por conduzir investigações criminais, presidindo inquéritos e representando o Estado na busca por provas e na proteção da ordem pública.

- **Magistratura (Juízes):** Atua na condução dos processos judiciais, interpretando e aplicando as normas jurídicas para solucionar os litígios apresentados em juízo.

- **Ministério Público (Promotores e Procuradores):** Representa os interesses da sociedade, podendo atuar na acusação em processos criminais, na proteção de direitos difusos e coletivos ou no controle da administração pública.

- **Defensoria Pública:** Oferece assistência jurídica gratuita a pessoas que não possuem condições financeiras de contratar um advogado, garantindo o acesso à justiça para os mais vulneráveis.

- **Procuradoria:** Representa os entes públicos (União, estados e municípios) em questões jurídicas, seja defendendo seus interesses, seja promovendo ações judiciais para assegurar o cumprimento de normas e direitos.

Carreiras Auxiliares

Além dessas funções principais, existem carreiras auxiliares indispensáveis ao funcionamento do sistema judiciário, como as de técnicos e analistas judiciários. Esses profissionais dão suporte administrativo e técnico aos operadores do direito, contribuindo para a organização dos processos e a eficiência dos trâmites.

A Representação das Partes no Processo

A maior parte das instâncias judiciais exige que as partes de um conflito sejam representadas por advogados devidamente habilitados. Esse requisito busca assegurar que as demandas sejam apresentadas de forma técnica, conforme as regras processuais e os princípios do direito.

- **Exemplo:** Um litígio envolvendo a divisão de bens em um processo de divórcio exige a representação por advogados que apresentarão os argumentos de seus clientes e buscarão a melhor solução dentro dos limites legais.

Importância e Desafios dos Operadores do Direito

Os operadores do sistema judiciário desempenham um papel crucial na manutenção da ordem jurídica e na promoção da justiça. No entanto, enfrentam desafios como o volume crescente de processos, a complexidade dos casos e a necessidade de se adaptar às mudanças tecnológicas e sociais.

Além disso, as exigências éticas e técnicas desses profissionais são cada vez mais rigorosas, dado o impacto de suas decisões e ações na vida das pessoas e no funcionamento da sociedade como um todo. Assim, os operadores do direito não são apenas técnicos, mas também atores sociais, cujas escolhas influenciam diretamente os rumos da justiça e do desenvolvimento social.

Os operadores do sistema judiciário formam a espinha dorsal do direito estatal, sendo responsáveis pela aplicação das normas, pela representação das partes e pela condução dos processos. Sua atuação, embora técnica, possui forte impacto social e político, reforçando a necessidade de formação contínua e comprometimento com a justiça e a equidade.

Carreira	Função	Requisitos de Formação
Advocacia	Representar interesses de indivíduos, empresas ou instituições perante o sistema judiciário e outras instâncias; atuar em processos judiciais ou oferecer consultoria jurídica.	Formação em Direito; inscrição na Ordem dos Advogados do Brasil (OAB).
Polícia Judiciária (Delegados)	Conduzir investigações criminais; presidir inquéritos; representar o Estado na busca por provas e na proteção da ordem pública.	Formação em Direito; aprovação em concurso público específico.
Magistratura (Juízes)	Conduzir processos judiciais; interpretar e aplicar as normas jurídicas para solucionar litígios.	Formação em Direito; aprovação em concurso público específico; em alguns casos, experiência prévia na área jurídica.
Ministério Público (Promotores e Procuradores)	Representar os interesses da sociedade; atuar na acusação em processos criminais; proteger direitos difusos e coletivos; controlar a administração pública.	Formação em Direito; aprovação em concurso público específico.
Defensoria Pública	Oferecer assistência jurídica gratuita a pessoas sem condições financeiras de contratar advogado; garantir o acesso à justiça para os mais vulneráveis.	Formação em Direito; aprovação em concurso público específico.

Procuradoria	Representar entes públicos (União, estados, municípios) em questões jurídicas; defender seus interesses e promover ações judiciais para assegurar o cumprimento de normas e direitos.	Formação em Direito; aprovação em concurso público específico.
Carreiras Auxiliares	Dar suporte administrativo e técnico aos operadores do Direito; contribuir para a organização dos processos e a eficiência dos trâmites (técnicos e analistas judiciários).	Formação técnica ou superior, a depender do cargo; aprovação em concurso público.
Funcionários Públicos	Maioria dos operadores do Direito são funcionários públicos selecionados por concurso público, exceto cargos que exigem indicação política, como Ministro do STF (indicação pelo Presidente e aprovação pelo Senado).	Aprovação em concurso público; para cargos como Ministro do STF, indicação pelo Presidente da República e aprovação pelo Senado Federal.

3.3 NORMAS JURÍDICAS

3.3.1 Norma Ética

As normas éticas são um tipo de norma prescritiva, ou seja, determinam comportamentos ou organizam aspectos de um grupo social. Elas possuem uma natureza imperativa, impondo comandos que definem o que é permitido, proibido ou obrigatório. Enquanto conceito amplo, a norma ética pode englobar diferentes tipos de normatividade, como a moral individual, a moral social, a moral religiosa e o Direito.

Uma norma ética apresenta características essenciais que a distinguem de outras normas: ela é imperativa, contrafática e violável. Isso significa que ordena comportamentos mesmo diante de sua eventual violação e, ao fazê-lo, organiza a vida em sociedade ou regula condutas específicas no âmbito de um grupo.

Além disso, as normas éticas estabelecem uma relação de imputação: se A ocorre, B deve ser. Essa estrutura não descreve fatos, mas prescreve consequências que podem ser desejáveis ou evitáveis, dependendo do conteúdo da norma. O critério para avaliar uma norma ética não é a verdade ou a falsidade, mas sua validade ou invalidade, considerando os valores ou princípios do grupo social.

- **Exemplo**: Uma norma moral pode impor que se ajude um idoso em dificuldade, enquanto uma norma religiosa pode exigir a prática de orações diárias. Ambas são normas éticas, embora fundamentadas em diferentes esferas de valor.

Normas Éticas e Grupos Sociais

O caráter prescritivo das normas éticas visa tanto organizar aspectos do grupo social quanto moldar comportamentos individuais e coletivos. No contexto da moral social, por exemplo, normas éticas podem indicar comportamentos que preservam a harmonia no convívio em grupo. Na moral religiosa, essas normas frequentemente buscam a conformidade com um ideal transcendental.

Ao mesmo tempo, normas éticas desempenham um papel importante na construção de expectativas sociais. Quando indicam comportamentos esperados, calibram as interações entre indivíduos, criando um campo de previsibilidade que sustenta a convivência.

As normas éticas são indispensáveis para a organização da vida em sociedade, seja no nível moral, social, religioso ou jurídico. Elas criam um campo normativo que orienta os comportamentos e organiza as relações sociais, garantindo tanto a previsibilidade das ações quanto a estabilidade do grupo. Quando assumem a forma de normas jurídicas, ganham contornos específicos, como o caráter estatal e a capacidade de sanção, que serão explorados nos tópicos subsequentes.

Normas éticas	Descrição	Exemplo
Definição	Normas prescritivas que determinam comportamentos ou organizam aspectos de um grupo social; impõem comandos que definem o que é permitido, proibido ou obrigatório.	-
Abrangência	Engloba diferentes tipos de normatividade: moral individual, moral social, moral religiosa e o Direito.	Norma moral que impõe ajudar um idoso em dificuldade; norma religiosa que exige a prática de orações diárias.
Características	**Imperativa:** Impõe comandos. **Contrafática:** Ordena comportamentos mesmo diante de sua eventual violação. **Violável:** Pode ser descumprida.	-
Relação de Imputação	Estabelece uma relação de "se A ocorre, B deve ser"; prescreve consequências desejáveis ou evitáveis, dependendo do conteúdo da norma; critério de avaliação é a validade ou invalidade, considerando valores ou princípios do grupo social.	Se alguém é flagrado dirigindo embriagado (A), deve ser multado e ter a carteira de motorista suspensa (B).
Função nos Grupos Sociais	Organizar aspectos do grupo social; moldar comportamentos individuais e coletivos; preservar a harmonia no convívio (moral social); buscar conformidade com um ideal transcendental (moral religiosa).	Normas de uma comunidade religiosa que definem a vestimenta adequada para frequentar os cultos.

Calibragem de Expectativas Sociais	Desempenham papel importante na construção de expectativas sociais; indicam comportamentos esperados; criam previsibilidade nas interações entre indivíduos.	Norma social que determina que se deve cumprimentar as pessoas ao chegar em um ambiente, criando a expectativa de reciprocidade nesse comportamento.
Importância	Indispensáveis para a organização da vida em sociedade; criam um campo normativo que orienta os comportamentos e organiza as relações sociais, garantindo previsibilidade das ações e estabilidade do grupo.	-
Normas Jurídicas (Especificidade)	Quando normas éticas assumem a forma de normas jurídicas, ganham caráter estatal e capacidade de sanção.	O Código Penal Brasileiro, que transforma normas éticas em comandos jurídicos, prevendo sanções para o descumprimento.

3.3.2 Norma Jurídica

A norma jurídica é uma das principais formas de norma ética, caracterizando-se por ser elaborada e aplicada por uma autoridade máxima dentro de um grupo social. Na sociedade moderna, essa autoridade é o Estado, que detém o monopólio da criação normativa vinculante por meio de processos formais estabelecidos no ordenamento jurídico. Sua função é regular comportamentos e organizar a sociedade com base em valores e princípios, como o bem comum, a justiça e os direitos fundamentais previstos na Constituição.

Natureza da Norma Jurídica

A norma jurídica é prescritiva e apresenta estrutura imperativa, indicando o que deve ser permitido, proibido ou obrigatório. Diferentemente de normas éticas informais, como as morais e religiosas, a norma jurídica incorpora sanções que reforçam seu cumprimento e garantem sua eficácia no contexto social. Ao introduzir uma relação de imputação, estabelece consequências para determinadas hipóteses: "Se A ocorre, B deve ser". Desse modo, a norma jurídica não apenas regula comportamentos, mas também organiza o funcionamento da sociedade.

- **Exemplo**: A norma que obriga os motoristas a respeitar os limites de velocidade. Caso essa norma seja violada, aplica-se uma sanção, como multa ou suspensão da carteira de habilitação, reforçando o caráter imperativo da norma jurídica.

Estrutura da Norma Jurídica

A norma jurídica é composta por três elementos principais: hipótese, elemento vinculante e consequência. Essa estrutura permite a identificação de situações específicas e a aplicação das medidas previstas. Em uma norma de conduta, por exemplo:

- **Hipótese**: Uma situação concreta, como um ato de compra e venda.
- **Elemento vinculante**: A determinação do que deve ser feito ou evitado, como a obrigação de pagar o preço acordado.
- **Consequência**: O cumprimento da obrigação (entrega do bem e pagamento) ou, em caso de violação, a aplicação de uma sanção (indenização ou resolução do contrato).

Além disso, a norma jurídica pode apresentar uma divisão em **endonorma** e **perinorma**. A endonorma estabelece a relação principal (se A, deve ser B), enquanto a perinorma reforça as consequências da endonorma, prevendo sanções premiais (prêmios por cumprimento) ou punitivas (punições por descumprimento).

- **Exemplo**: No caso de um contrato de trabalho, a endonorma regula as obrigações do empregador e do empregado. A perinorma pode prever sanções como multas por atraso no pagamento de salários ou benefícios por desempenho excepcional.

Interpretação Jurídica

Um aspecto essencial da norma jurídica é sua capacidade de atribuir significado aos fatos sociais. O jurista, ao interpretar uma norma, busca compreender o fato à luz dos valores e princípios incorporados pelo ordenamento jurídico. Esse processo permite que a norma jurídica vá além da simples descrição de fatos, incorporando valores que guiam a convivência social.

- **Exemplo**: Em um acidente de trânsito, a análise jurídica do fato pode determinar responsabilidades com base nas normas aplicáveis, atribuindo consequências como indenizações ou penalidades.

Conexão com o Direito Objetivo e Subjetivo

As normas jurídicas integram o direito objetivo (vide 1.4.2), ou seja, o conjunto de normas válidas em uma sociedade, permitindo aos juristas identificar os direitos subjetivos e as obrigações das partes em situações de conflito. Essa conexão reforça o papel instrumental da norma jurídica na aplicação prática do direito e na busca por justiça.

A norma jurídica é uma ferramenta fundamental na organização da sociedade, garantindo previsibilidade e segurança jurídica. Sua estrutura, composta por hipóteses, elementos vinculantes e consequências, permite a regulação de comportamentos e a resolução de conflitos, com base em valores constitucionais e princípios éticos. Por meio de sanções e da interpretação jurídica, a norma jurídica não apenas ordena, mas também incorpora os valores fundamentais que sustentam a vida em sociedade. Nos tópicos subsequentes, serão abordadas as classificações das normas jurídicas e os princípios que orientam sua aplicação.

Aspecto	Descrição	Exemplo
Natureza da Norma Jurídica	Prescritiva e imperativa; define o que deve ser permitido, proibido ou obrigatório; elaborada e aplicada por uma autoridade máxima (Estado na sociedade moderna); incorpora sanções para reforçar seu cumprimento e garantir sua eficácia.	Norma que obriga motoristas a respeitar os limites de velocidade; violação acarreta sanção (multa, suspensão da carteira).
Estrutura da Norma Jurídica	**Hipótese (Fato):** Situação concreta que, se ocorrer, aciona a norma. **Elemento Vinculante (Dever-ser):** Determinação do que deve ser feito ou evitado. **Consequência (Sanção):** Cumprimento da obrigação ou, em caso de violação, aplicação de sanção.	**Hipótese:** Realização de um contrato de compra e venda. **Elemento Vinculante:** Obrigação de pagar o preço. **Consequência:** Entrega do bem e pagamento; ou indenização/resolução do contrato.
Endonorma e Perinorma	**Endonorma:** Estabelece a relação principal (se A, deve ser B). **Perinorma:** Reforça as consequências da endonorma, prevendo sanções premiais (prêmios) ou punitivas (punições).	**Endonorma:** Regula obrigações do empregador e do empregado em um contrato de trabalho. **Perinorma:** Prevê multas por atraso no pagamento de salários ou benefícios por desempenho excepcional.
Interpretação Jurídica	Processo pelo qual o jurista busca compreender o fato à luz dos valores e princípios do ordenamento jurídico; vai além da simples descrição de fatos, incorporando valores que guiam a convivência social.	Em um acidente de trânsito, a análise jurídica determina responsabilidades com base nas normas aplicáveis, atribuindo consequências como indenizações ou penalidades.

3.3.3 Classificação das Normas Jurídicas

As normas jurídicas, enquanto instrumentos que regulam comportamentos e organizam a sociedade, podem ser classificadas a partir de diferentes critérios. Essa classificação permite compreender a diversidade e a complexidade do ordenamento jurídico, além de facilitar sua aplicação prática. Abaixo, são apresentadas as principais categorias e critérios para a classificação das normas jurídicas:

I. Normas de Organização e Normas de Conduta

- **Normas de Organização:** São aquelas que estruturam o Estado, os poderes sociais ou o próprio direito. Essas normas estabelecem como as instituições devem funcionar, delimitam competências e disciplinam a criação, modificação e aplicação de outras normas.

- Exemplos:

  - Normas que organizam os três poderes (Executivo, Legislativo e Judiciário).

- Normas que definem a competência legislativa entre União, Estados e Municípios.

- Normas que regulamentam a tramitação de projetos de lei.

- **Normas de Conduta:** Regulam diretamente o comportamento dos indivíduos e grupos sociais, indicando o que é permitido, proibido ou obrigatório.

- Exemplos:

  - Proibição de dirigir sob efeito de álcool.

  - Obrigação de pagamento de tributos.

  - Permissão para o exercício do voto.

II. Normas Primárias e Secundárias

Essa classificação foi proposta por H.L.A. Hart e é amplamente utilizada na teoria do direito:

- **Normas Primárias:** Regem diretamente os comportamentos das pessoas, estabelecendo obrigações, proibições ou permissões.

  - Exemplo: Norma que proíbe furtar bens de terceiros.

- **Normas Secundárias:** Regulam outras normas, estabelecendo critérios para sua criação, modificação ou aplicação. São subdivididas em:

- **Normas de Reconhecimento:** Determinam quais normas pertencem ao ordenamento jurídico.

  - Exemplo: A Constituição é reconhecida como norma fundamental no Brasil.

- **Normas de Aplicação:** Disciplinam o processo de interpretação e aplicação das normas primárias.

  - Exemplo: Normas processuais civis ou penais.

- **Normas de Câmbio:** Regulam a alteração e revogação de outras normas.

  - Exemplo: Normas que estabelecem o processo legislativo.

III. Quanto ao Comando

- **Normas Preceptivas:** Impõem obrigações.

  - Exemplo: Pagamento de impostos.

- **Normas Proibitivas:** Proíbem condutas.

  - Exemplo: Proibição de tráfico de drogas.

- **Normas Permissivas:** Autorizam ou permitem comportamentos.
  - Exemplo: Direito ao lazer garantido pela Constituição.

IV. Quanto à Sanção

- **Normas Mais que Perfeitas:** Preveem punição e nulidade em caso de descumprimento.
  - Exemplo: Atos de corrupção anulam contratos administrativos e preveem punição aos envolvidos.
- **Normas Perfeitas:** Preveem apenas nulidade.
  - Exemplo: Contratos celebrados sem requisitos essenciais são nulos.
- **Normas Menos que Perfeitas:** Preveem apenas punição, sem nulidade.
  - Exemplo: Multas aplicadas por infrações de trânsito.
- **Normas Imperfeitas:** Não preveem sanção.
  - Exemplo: Normas programáticas que estabelecem diretrizes sem força vinculante.

V. Quanto aos Destinatários

- **Normas Gerais:** Aplicam-se a um número indeterminado de pessoas.
  - Exemplo: Código Civil.
- **Normas Particulares:** Aplicam-se a um número indeterminado de pessoas dentro de uma categoria específica.
  - Exemplo: Normas para servidores públicos.
- **Normas Individuais:** Dirigem-se a indivíduos ou grupos determinados.
  - Exemplo: Nomeação de um servidor público ou sentença de um Juiz.

VI. Quanto à Matéria

- **Normas Abstratas:** Regulam situações genéricas e não específicas.
  - Exemplo: Normas do Código Civil.
- **Normas Concretas:** Aplicam-se a casos específicos.
  - Exemplo: Decisões judiciais.
- **Normas Gerais:** Aplicam-se de forma ampla a todas as hipóteses.
  - Exemplo: Princípios constitucionais.
- **Normas Especiais:** Detalham hipóteses específicas, sem contrariar a norma geral.
  - Exemplo: Normas sobre servidores federais.

- **Normas Excepcionais:** Contrariam a norma geral para atender a uma situação específica.
  - Exemplo: Normas que suspendem tributos em casos de calamidade pública.

VII. Quanto ao Tempo

- **Normas Permanentes:** Mantêm sua validade até serem revogadas.
  - Exemplo: Constituição Federal.
- **Normas Provisórias ou Temporárias:** Têm prazo de validade definido.
  - Exemplo: Medidas Provisórias.
- **Normas de Incidência Imediata:** Produzem efeitos imediatamente após sua publicação.
  - Exemplo: Normas que proíbem comportamentos com vigência imediata.
- **Normas de Incidência Mediata:** Produzem efeitos apenas após um período ou evento específico.
  - Exemplo: Normas com período de vacância.

Critério	Classificação	Descrição	Exemplo
Organização x Conduta	Normas de Organização	Estruturam o Estado, os poderes sociais ou o próprio Direito.	Normas que organizam os três poderes; normas que definem competência legislativa entre União, Estados e Municípios; normas que regulamentam a tramitação de projetos de lei.
	Normas de Conduta	Regulam o comportamento dos indivíduos e grupos sociais.	Proibição de dirigir sob efeito de álcool; obrigação de pagamento de tributos; permissão para o exercício do voto.
Hierarquia (Hart)	Normas Primárias	Regem diretamente os comportamentos das pessoas (obrigações, proibições ou permissões).	Norma que proíbe furtar bens de terceiros.
	Normas Secundárias	Regulam outras normas. Subdividem-se em: **Reconhecimento, Aplicação e Câmbio.**	**Reconhecimento:** A Constituição é a norma fundamental. **Aplicação:** Normas processuais civis ou penais. **Câmbio:** Normas que estabelecem o processo legislativo.

Critério	Classificação	Descrição	Exemplo
Comando	Normas Preceptivas (Obrigatórias)	Impõem obrigações.	Pagamento de impostos.
	Normas Proibitivas	Proíbem condutas.	Proibição de tráfico de drogas.
	Normas Permissivas	Autorizam ou permitem comportamentos.	Direito ao lazer garantido pela Constituição.
Sanção	Normas Mais que Perfeitas	Preveem punição e nulidade em caso de descumprimento.	Atos de corrupção anulam contratos administrativos e preveem punição aos envolvidos.
	Normas Perfeitas	Preveem apenas nulidade.	Contratos celebrados sem requisitos essenciais são nulos.
	Normas Menos que Perfeitas	Preveem apenas punição, sem nulidade.	Multas aplicadas por infrações de trânsito.
	Normas Imperfeitas	Não preveem sanção.	Normas programáticas que estabelecem diretrizes sem força vinculante.
Destinatários	Normas Gerais	Aplicam-se a um número indeterminado de pessoas.	Código Civil.
	Normas Particulares	Aplicam-se a um número indeterminado de pessoas dentro de uma categoria específica.	Normas para servidores públicos.
	Normas Individuais	Dirigem-se a indivíduos ou grupos determinados.	Nomeação de um servidor público ou sentença de um Juiz.
Matéria	Normas Abstratas	Regulam situações genéricas e não específicas.	Normas do Código Civil.
	Normas Concretas	Aplicam-se a casos específicos.	Decisões judiciais.
	Normas Gerais	Aplicam-se de forma ampla a todas as hipóteses.	Princípios constitucionais.
	Normas Especiais	Detalham hipóteses específicas, sem contrariar a norma geral.	Normas sobre servidores federais.
	Normas Excepcionais	Contrariam a norma geral para atender a uma situação específica.	Normas que suspendem tributos em casos de calamidade pública.

Critério	Classificação	Descrição	Exemplo
Tempo	**Normas Permanentes**	Mantêm sua validade até serem revogadas.	Constituição Federal.
	Normas Provisórias ou Temporárias	Têm prazo de validade definido.	Medidas Provisórias.
	Normas de Incidência Imediata	Produzem efeitos imediatamente após sua publicação.	Normas que proíbem comportamentos com vigência imediata.
	Normas de Incidência Mediata	Produzem efeitos apenas após um período ou evento específico.	Normas com período de vacância.
Força de Incidência	**Normas Imperativas ou Cogentes**	Não podem ser afastadas pela vontade das partes.	Normas que proíbem o homicídio.
	Normas de Ordem Pública	Protegem interesses fundamentais e não podem ser alteradas por convenções particulares.	
	Normas Dispositivas	Podem ser afastadas pela vontade das partes.	Regras de distribuição de bens em contrato de sociedade.

3.3.4 Princípios do Direito

Os princípios do direito representam as bases fundamentais sobre as quais o ordenamento jurídico é construído. Eles servem como diretrizes gerais que orientam a interpretação, aplicação e criação das normas jurídicas, garantindo a coerência e a estabilidade do sistema jurídico. Diferentemente das normas, os princípios não possuem, necessariamente, um caráter prescritivo direto; eles oferecem um alicerce ético e lógico que permeia todo o direito.

Definição e Natureza dos Princípios

Princípios são verdades ou juízos fundamentais que condicionam e orientam a compreensão e a aplicação do direito. Sua função é garantir a validade das normas jurídicas, integrando lacunas e assegurando a unidade do ordenamento jurídico. Eles podem estar expressos em textos normativos ou ser reconhecidos pela doutrina e pela jurisprudência.

- **Princípios Positivados:** Estão explicitamente inscritos em normas jurídicas. Exemplo: Dignidade da pessoa humana (art. 1º, III, da Constituição Federal), legalidade (art. 5º, II, da Constituição Federal).

- **Princípios Implícitos:** São reconhecidos pela interpretação jurídica, ainda que não estejam expressos em normas específicas. Exemplo: Princípio da razoabilidade.

Funções dos Princípios

Os princípios exercem diversas funções no âmbito jurídico, sendo os principais:

- **Condicionamento da Validade das Normas:** Os princípios servem como critério para verificar a validade das normas jurídicas. Uma norma que viole um princípio fundamental pode ser considerada inválida. Exemplo: Uma lei que discrimine pessoas com base em raça viola o princípio da igualdade e pode ser declarada inconstitucional.
- **Interpretação das Normas Jurídicas:** Os princípios ajudam a esclarecer o sentido das normas em casos de dúvidas interpretativas. Exemplo: O princípio da proporcionalidade é usado para equilibrar direitos em conflito.
- **Integração do Direito:** Em situações de lacuna normativa, os princípios oferecem respostas para solucionar o caso concreto. Exemplo: Em um caso sem norma específica, o princípio do melhor interesse da criança pode orientar a decisão judicial.
- **Produção de Novas Normas:** Os princípios orientam o legislador na criação de normas, assegurando que estas respeitem os valores fundamentais do ordenamento jurídico.

Classificação dos Princípios do Direito

Os princípios podem ser classificados de acordo com sua origem, aplicação e função:

- **Princípios Constitucionais:** São aqueles que fundamentam o ordenamento jurídico e estão previstos na Constituição. Exemplo: Princípio da dignidade da pessoa humana, separação dos poderes.
- **Princípios Gerais do Direito:** São aplicáveis a todo o ordenamento jurídico, independentemente de estarem positivados. Exemplo: Pacta sunt servanda (os contratos devem ser cumpridos).
- **Princípios Setoriais:** Aplicam-se a ramos específicos do direito. Exemplo: Princípio da função social da propriedade no direito civil, princípio do contraditório no direito processual.

Principais Princípios Positivados no Ordenamento Jurídico Brasileiro

O ordenamento jurídico brasileiro é amplamente fundamentado em princípios que permeiam a Constituição e os demais ramos do direito. Entre os mais relevantes, destacam-se:

- **Dignidade da Pessoa Humana:** Art. 1º, III, da Constituição Federal. É o fundamento do ordenamento jurídico brasileiro, orientando todas as normas e decisões.

- **Igualdade:** Art. 5º, caput, da Constituição Federal. Garante que todos são iguais perante a lei, sem distinção de qualquer natureza.

- **Legalidade:** Art. 5º, II, da Constituição Federal. Ninguém será obrigado a fazer ou deixar de fazer algo senão em virtude de lei.

- **Proporcionalidade:** Embora não explicitado, é amplamente utilizado pela jurisprudência como critério de equilíbrio entre direitos em conflito.

- **Função Social:** Presente em diversos ramos do direito, como no art. 5º, XXIII, da Constituição Federal, que estabelece a função social da propriedade.

Princípios como Limites e Garantias

Os princípios também atuam como limites ao exercício do poder estatal e como garantias fundamentais para os indivíduos. Por exemplo, o princípio da legalidade protege os cidadãos contra arbitrariedades, enquanto o princípio da segurança jurídica assegura a estabilidade das relações sociais e jurídicas.

Conflito Entre Princípios

Os princípios, por sua natureza ampla, podem entrar em conflito em casos concretos. Nesses casos, não se aplicam as regras de hierarquia absoluta, mas sim o método da ponderação, que busca identificar qual princípio deve prevalecer em determinado contexto, considerando os valores envolvidos.

Os princípios do direito constituem a base ética e normativa do ordenamento jurídico, garantindo sua unidade e coerência. Eles transcendem a literalidade das normas e orientam o sistema jurídico como um todo, promovendo a justiça, a segurança e a estabilidade social. Apesar de sua importância, os princípios requerem uma interpretação cuidadosa, especialmente em situações de conflito, para que possam cumprir sua função de promover a harmonia entre os valores jurídicos fundamentais e a realidade social.

Princípios	Descrição	Exemplos
Definição e Natureza	Verdades ou juízos fundamentais que condicionam e orientam a compreensão e a aplicação do Direito; garantem a validade das normas jurídicas, integram lacunas e asseguram a unidade do ordenamento jurídico; podem estar expressos em textos normativos (positivados) ou serem reconhecidos pela doutrina e jurisprudência (implícitos).	**Positivados:** Dignidade da pessoa humana (art. 1º, III, CF), legalidade (art. 5º, II, CF). **Implícitos:** Razoabilidade, proporcionalidade.

3 • DIREITO ESTATAL **115**

Funções	**Condicionamento da Validade das Normas:** Norma que viola um princípio fundamental pode ser considerada inválida. **Interpretação das Normas Jurídicas:** Ajudam a esclarecer o sentido das normas. **Integração do Direito:** Oferecem respostas em caso de lacuna normativa. **Produção de Novas Normas:** Orientam o legislador na criação de normas.	**Validade:** Lei discriminatória pode ser declarada inconstitucional por violar o princípio da igualdade. **Interpretação:** Princípio da proporcionalidade usado para equilibrar direitos. **Integração:** Princípio do melhor interesse da criança em caso sem norma específica. **Produção:** Princípio da dignidade da pessoa humana orientando a criação de leis.
Conflito Entre Princípios	Não se aplicam regras de hierarquia absoluta; utiliza-se o método da **ponderação** para identificar qual princípio deve prevalecer no caso concreto, considerando os valores envolvidos.	Conflito entre liberdade de expressão e direito à privacidade, resolvido pela ponderação, analisando qual princípio deve prevalecer no caso concreto.

4
ORDENAMENTO JURÍDICO: CONCEITO E FONTES

4.1 CONCEITO E FORMATO DO ORDENAMENTO JURÍDICO

4.1.1 Definição de Ordenamento Jurídico

O ordenamento jurídico pode ser definido como o conjunto de normas jurídicas vigentes em um determinado sistema de direito, organizadas de forma hierárquica e sistemática, com o objetivo de regular as relações sociais e garantir a segurança jurídica. Essas normas são criadas e reconhecidas por uma autoridade legítima, sendo a validade o critério que determina a pertença de uma norma a esse sistema. A validade, por sua vez, está condicionada ao respeito às normas superiores e ao processo legislativo ou normativo correspondente.

Características do Ordenamento Jurídico

Conjunto Coerente

O ordenamento jurídico é estruturado de maneira a evitar contradições internas entre as normas. Esse requisito de coerência significa que todas as normas de um sistema devem ser compatíveis entre si. Em caso de conflito aparente, aplicam-se critérios de solução de antinomias, como o da hierarquia, da especialidade ou da temporalidade. Por exemplo, uma lei municipal não pode contrariar uma norma constitucional, afinal a Constituição ocupa posição hierárquica superior.

Conjunto Completo

Embora o ordenamento jurídico aspire à completude, lacunas normativas podem surgir. Para resolver essas lacunas, recorrem-se a mecanismos de integração, como a analogia, os costumes e os princípios gerais do direito. Por exemplo, no direito civil brasileiro, lacunas contratuais podem ser preenchidas pelo princípio da boa-fé objetiva.

Validade das Normas

A validade é o critério fundamental que define se uma norma pertence ao ordenamento jurídico. Para ser válida, uma norma deve respeitar os procedimentos e os limites impostos pelas normas superiores. Por exemplo, uma lei federal é válida se respeitar o processo legislativo estabelecido na Constituição e não contrariar seus princípios fundamentais.

Funções do Ordenamento Jurídico

O ordenamento jurídico desempenha um papel essencial na organização social ao estabelecer regras de conduta, direitos, deveres e garantias. Ele regula os comportamentos permitidos, proibidos e obrigatórios, além de criar mecanismos para a resolução de conflitos. Por exemplo, o Código Civil regula as relações privadas, enquanto o Código Penal estabelece condutas proibidas e suas respectivas sanções.

Além disso, o ordenamento jurídico também organiza o próprio funcionamento das instituições públicas e privadas. Por exemplo, a Constituição Federal estrutura os Poderes da República e delimita suas competências.

Exemplos Práticos

1. Validade e Hierarquia Normativa: Um decreto presidencial que contrarie uma lei federal será considerado inválido, porque, no ordenamento jurídico brasileiro, a lei federal tem hierarquia superior ao decreto.

2. Coerência e Antinomias: Caso haja conflito entre um artigo do Código de Defesa do Consumidor e uma norma específica de um contrato de adesão, prevalecerá a norma do código, com base no critério da especialidade e da proteção ao consumidor.

3. Lacunas e Integração: No caso de lacuna legislativa sobre o uso de novas tecnologias, os juízes podem recorrer aos princípios gerais do direito, como o da dignidade da pessoa humana, para tomar uma decisão justa.

Importância do Ordenamento Jurídico

O ordenamento jurídico é a base da segurança jurídica, confere previsibilidade e estabilidade às relações sociais. Ele assegura que os cidadãos possam conhecer e prever as consequências jurídicas de seus atos. Além disso, promove a justiça ao estabelecer critérios objetivos para a aplicação das normas, sempre orientado por valores como o bem comum e a dignidade humana.

O ordenamento jurídico é um sistema dinâmico e complexo que busca harmonizar as diversas normas e valores de uma sociedade, garantindo tanto a estabilidade quanto a adaptabilidade frente às transformações sociais, políticas e tecnológicas.

Ordenamento Jurídico	Descrição	Exemplos
Definição	Conjunto de normas jurídicas vigentes em um determinado sistema de direito, organizadas de forma hierárquica e sistemática, com o objetivo de regular as relações sociais e garantir a segurança jurídica.	-
Características	**Conjunto Coerente:** Estruturado para evitar contradições internas; em caso de conflito aparente, aplicam-se critérios de solução de antinomias (hierarquia, especialidade, temporalidade). **Conjunto Completo:** Aspira à completude, mas pode apresentar lacunas; utiliza mecanismos de integração (analogia, costumes, princípios gerais do direito).	**Coerência:** Lei municipal não pode contrariar norma constitucional. **Completude:** Lacunas contratuais preenchidas pelo princípio da boa-fé objetiva (Direito Civil).
Validade das Normas	Critério que determina o pertencimento de uma norma ao ordenamento jurídico; a norma deve respeitar os procedimentos e limites impostos pelas normas superiores.	Lei federal válida deve respeitar o processo legislativo e os princípios da Constituição.

4.1.2. Formato Piramidal do Ordenamento Jurídico

O ordenamento jurídico, enquanto conjunto de normas jurídicas que regula a vida social, apresenta uma estrutura escalonada e hierárquica que é frequentemente representada sob a metáfora de uma pirâmide. Essa concepção, amplamente disseminada por inspiração da obra do jurista Hans Kelsen na **Teoria Pura do Direito**, propõe que as normas jurídicas não existem de forma isolada, mas sim como partes de um sistema organizado hierarquicamente. Essa hierarquia reflete tanto a ordem de criação das normas quanto sua posição em relação à competência de quem as elabora.

A "Pirâmide de Kelsen" e a Hierarquia das Normas

No modelo piramidal, cada norma jurídica encontra sua validade em uma norma superior. No topo dessa pirâmide situa-se a Constituição, a norma suprema que confere validade a todas as demais. Abaixo da Constituição, encontram-se normas infraconstitucionais, como as leis complementares e ordinárias, seguidas por decretos regulamentares, portarias e resoluções.

Por exemplo, uma lei ordinária, como o **Código Civil Brasileiro**, é válida porque foi elaborada conforme os procedimentos estabelecidos pela Constituição Federal de 1988. Essa lei, por sua vez, pode ser complementada ou regulamentada por decretos expedidos pelo Poder Executivo, que ocupam posição inferior na hierarquia normativa. A Constituição é a base de legitimação de todas as normas que compõem o ordenamento.

A Hierarquia das Autoridades

A hierarquia entre as normas jurídicas reflete a hierarquia entre as autoridades que as elaboram. No Brasil, a Assembleia Constituinte, composta por representantes eleitos, cria a Constituição, conferindo-lhe supremacia no sistema normativo. Por outro lado, o Congresso Nacional, formado por deputados e senadores, elabora as leis infraconstitucionais. Já decretos e portarias são produzidos por autoridades administrativas, como o Presidente da República, ministros ou gestores públicos.

Um exemplo prático é a hierarquia entre a **Lei Complementar 95/1998**, que estabelece normas sobre a redação de leis, e os decretos que regulamentam políticas públicas baseadas nessa lei. Se houver contradição entre um decreto e uma lei ordinária ou complementar, prevalece a norma superior, garantindo a coerência do ordenamento.

Vantagens do Modelo Piramidal

O formato piramidal apresenta duas vantagens fundamentais:

1. Certeza Jurídica: A hierarquia facilita a identificação de quais normas prevalecem em caso de conflito. Por exemplo, se uma lei ordinária contraria a Constituição, essa lei pode ser declarada inconstitucional e, portanto, inválida.

2. Previsibilidade: Ao organizar as normas em níveis hierárquicos, o modelo piramidal oferece segurança jurídica, permitindo que os cidadãos conheçam as regras que regulam suas condutas e prevejam as consequências de suas ações.

Limitações e Desafios do Modelo Piramidal

Embora o modelo piramidal seja didático e amplamente utilizado, ele enfrenta desafios no mundo contemporâneo, especialmente diante da complexidade crescente dos ordenamentos jurídicos. A criação de normas por múltiplas fontes, como agências reguladoras e órgãos administrativos, muitas vezes não respeita uma hierarquia nítida, gerando conflitos normativos.

Por exemplo, decisões de agências como a **Agência Nacional de Saúde Suplementar (ANS)** podem, em certos casos, ser aplicadas em detrimento de normas legais previstas no **Código de Defesa do Consumidor (CDC)**. Tais conflitos revelam que, na prática, o modelo em rede muitas vezes complementa ou até substitui a visão tradicional da pirâmide.

O formato piramidal permanece como uma ferramenta teórica essencial para compreender a estrutura do ordenamento jurídico e a relação entre normas.

Contudo, sua aplicação prática precisa ser contextualizada e complementada por modelos alternativos, como o formato em rede, que explicam as dinâmicas mais complexas das sociedades contemporâneas. Mesmo assim, a ideia de hierarquia normativa continua sendo um princípio organizador indispensável para a eficácia e a legitimidade do Direito.

Orenamento Jurídico	Descrição	Exemplo
Estrutura Hierárquica (Pirâmide de Kelsen)	Ordenamento jurídico é estruturado de forma escalonada e hierárquica; cada norma jurídica encontra sua validade em uma norma superior; a Constituição ocupa o topo da pirâmide, seguida por normas infraconstitucionais (leis complementares, ordinárias etc.), decretos regulamentares, portarias e resoluções.	Uma lei ordinária (ex: Código Civil) é válida porque foi elaborada conforme a Constituição Federal; decretos do Executivo regulamentam leis e estão abaixo delas na hierarquia.
Hierarquia das Autoridades	A hierarquia entre as normas reflete a hierarquia entre as autoridades que as elaboram; a Assembleia Constituinte cria a Constituição (norma suprema); o Congresso Nacional elabora leis infraconstitucionais; autoridades administrativas (Presidente, ministros, gestores) produzem decretos e portarias.	Lei Complementar 95/1998 (sobre redação de leis) é superior a decretos que regulamentam políticas públicas baseadas nessa lei.
Vantagens do Modelo Piramidal	**Certeza Jurídica:** Facilita a identificação de quais normas prevalecem em caso de conflito. **Previsibilidade:** Oferece segurança jurídica, permitindo que os cidadãos conheçam as regras e prevejam as consequências de suas ações.	Se uma lei ordinária contraria a Constituição, ela pode ser declarada inconstitucional e inválida; os cidadãos sabem que a Constituição prevalece sobre as demais normas.
Limitações e Desafios	Complexidade crescente dos ordenamentos jurídicos; criação de normas por múltiplas fontes (agências reguladoras, órgãos administrativos) que nem sempre respeitam hierarquia nítida; conflitos normativos.	Decisões da ANS (Agência Nacional de Saúde Suplementar) podem se sobrepor a normas do CDC (Código de Defesa do Consumidor), revelando conflitos entre a hierarquia formal e a aplicação prática.

4.1.3. A Questão da Norma Fundamental

A compreensão do conceito de norma fundamental é essencial para a estruturação do ordenamento jurídico e para a compreensão de sua legitimidade. O termo, introduzido por Hans Kelsen em sua **Teoria Pura do Direito**, refere-se a uma norma hipotética que confere validade às normas constitucionais e, por consequência, a todo o sistema jurídico. Nesse sentido, a norma fundamental é a base lógica que sustenta o ordenamento, estabelecendo o princípio de que as normas inferiores derivam sua validade de normas superiores, até chegar à Constituição.

A Relação de Validade e a Hierarquia Jurídica

Conforme Kelsen, o ordenamento jurídico é estruturado em forma de pirâmide, com a Constituição no topo, conferindo validade às normas inferiores, como leis, decretos e regulamentos. Essa relação de validade é o elo que une o sistema jurídico e assegura sua coerência. Por exemplo:

- Uma **lei ordinária** é válida porque foi criada com base nas competências estabelecidas pela Constituição.

- Um **decreto regulamentar**, por sua vez, é válido porque se fundamenta em uma lei ordinária.

No entanto, o modelo kelseniano exige um ponto de partida: uma norma superior que confere validade à própria Constituição. Essa norma não está escrita ou positivada, sendo hipotética e pressuposta.

A Norma Fundamental e a Constituição

A norma fundamental pressupõe que o poder constituinte originário, ao criar a Constituição, agiu de forma válida. Mas, na prática, essa validade não se baseia em outra norma jurídica, pois o poder constituinte é considerado soberano e anterior ao próprio sistema jurídico. A legitimidade da norma fundamental, então, deriva de um pacto social ou de um reconhecimento coletivo de que a Constituição é a autoridade suprema no ordenamento.

Por exemplo, na promulgação da Constituição Federal de 1988 no Brasil, o poder constituinte originário, exercido pela Assembleia Nacional Constituinte, foi legitimado pela vontade do povo brasileiro. A norma fundamental pressupõe que:

- A Assembleia Constituinte tinha autoridade para elaborar a Constituição.

- Essa autoridade deriva do princípio democrático, segundo o qual "todo poder emana do povo" (art. 1º, parágrafo único, CF/88).

Questões Filosóficas e Práticas

Embora a norma fundamental seja um conceito lógico e teórico, sua implicação prática está diretamente ligada à legitimidade do ordenamento jurídico. Surge, então, a pergunta: **quem confere validade à Constituição?** A resposta varia conforme a perspectiva:

- **Teoria Kelseniana:** A validade é pressuposta pela norma fundamental, sem necessidade de fundamentação externa.

- **Perspectivas Sociológicas:** A legitimidade vem do reconhecimento social ou do pacto político que sustenta a Constituição.

- **Perspectivas Filosóficas:** A validade pode derivar de valores superiores, como justiça ou direitos naturais.

Um exemplo prático dessa questão está na análise de regimes autoritários. Durante a ditadura militar no Brasil, o Ato Institucional conferia poderes excepcionais ao regime, mas sua validade jurídica era questionada por se afastar da Constituição de 1946. Nesse contexto, a norma fundamental foi reinterpretada para sustentar um ordenamento autoritário, colocando-se tal Ato acima da própria Constituição.

Conflitos na Base do Ordenamento

A norma fundamental também levanta desafios em situações de transição de regimes, como revoluções ou golpes de Estado. Quando ocorre uma ruptura, o novo sistema jurídico precisa ser legitimado, muitas vezes por meio de uma nova Constituição. A questão que se coloca é: **de onde vem a validade da nova norma constitucional?**

Exemplo: Após a Revolução Francesa, a Assembleia Nacional proclamou a Declaração dos Direitos do Homem e do Cidadão, que serviu como base para a Constituição de 1791. A norma fundamental, nesse caso, foi associada ao princípio de soberania popular.

Aplicações Contemporâneas

No contexto atual, o modelo tradicional de norma fundamental enfrenta desafios impostos pela globalização e pela complexidade do ordenamento jurídico. Com a internacionalização do direito e a atuação de organismos supranacionais, como a ONU e a OMC, surge a necessidade de repensar o conceito de norma fundamental.

Por exemplo, a adesão do Brasil ao Acordo de Paris sobre mudanças climáticas incorpora normas internacionais ao ordenamento nacional, muitas vezes conflitantes com normas internas. Nesse cenário, o princípio da dignidade da pessoa humana (art. 1º, III, CF/88) tem sido interpretado como uma "norma fundamental material", norteando o sistema jurídico em situações de incerteza.

Portanto, a norma fundamental é o alicerce teórico do ordenamento jurídico, conferindo-lhe coerência e validade. Contudo, sua natureza hipotética e suas implicações práticas continuam a ser objeto de debate. Em um mundo globalizado e cada vez mais interconectado, novas perspectivas teóricas, como o pluralismo jurídico e o modelo em rede, desafiam o paradigma kelseniano, exigindo uma reinterpretação da norma fundamental para lidar com a complexidade contemporânea.

Norma Fundamental	Descrição	Exemplo
Definição de Norma Fundamental	Norma hipotética que confere validade às normas constitucionais e, consequentemente, a todo o sistema jurídico; base lógica que sustenta o ordenamento, estabelecendo que normas inferiores derivam sua validade de normas superiores, até chegar à Constituição. (Introduzida por Hans Kelsen)	-
Relação de Validade e Hierarquia Jurídica	Ordenamento jurídico é estruturado em forma de pirâmide (Kelsen); Constituição no topo, conferindo validade às normas inferiores (leis, decretos, regulamentos); a validade é o elo que une o sistema jurídico e assegura sua coerência.	Lei ordinária é válida por ser criada com base nas competências estabelecidas pela Constituição; decreto regulamentar é válido por se fundamentar em lei ordinária.
Norma Fundamental e a Constituição	A norma fundamental pressupõe que o poder constituinte originário, ao criar a Constituição, agiu de forma válida; essa validade não se baseia em outra norma jurídica, pois o poder constituinte é soberano e anterior ao sistema jurídico; legitimidade deriva de um pacto social ou reconhecimento coletivo.	Promulgação da CF/88 no Brasil: poder constituinte originário (Assembleia Nacional Constituinte) legitimado pela vontade do povo; norma fundamental pressupõe que a Assembleia tinha autoridade para elaborar a Constituição.
Questões Filosóficas e Práticas	**Quem confere validade à Constituição?** **Teoria Kelseniana:** Validade pressuposta pela norma fundamental, sem necessidade de fundamentação externa. **Perspectivas Sociológicas:** Legitimidade vem do reconhecimento social ou pacto político. **Perspectivas Filosóficas:** Validade pode derivar de valores superiores (justiça, direitos naturais).	Durante a ditadura militar no Brasil, o Ato Institucional conferia poderes excepcionais ao regime, mas sua validade era questionada por se afastar da Constituição de 1946.

4.1.4. Formato em Rede ou com Múltiplas Pirâmides

A representação tradicional do ordenamento jurídico como uma pirâmide de normas, proposta por Hans Kelsen, considera a hierarquia entre normas como princípio fundamental, atribuindo à Constituição o papel de norma suprema que valida as normas inferiores. Contudo, no contexto do século XXI, essa estrutura rígida enfrenta questionamentos frente às complexidades da sociedade contemporânea e às transformações nas funções e capacidades do Estado. Dois modelos alternativos emergem: o formato em rede, proposto por François Ost, e a noção de múltiplas pirâmides.

A Transição do Modelo Piramidal ao Modelo em Rede

O modelo piramidal pressupõe a existência de um ordenamento jurídico coerente, hierarquizado e unificado, onde conflitos entre normas são resolvidos com base na hierarquia. Essa estrutura, no entanto, revela-se insuficiente diante da pluralidade normativa e da descentralização das fontes do direito que caracterizam os sistemas jurídicos contemporâneos. François Ost propõe a metáfora da rede para descrever essa nova configuração do ordenamento. Nesse modelo, o direito é visualizado como um conjunto interconectado de subsistemas normativos que coexistem e interagem, mas nem sempre de forma harmônica.

Exemplo:

O caso dos planos de saúde no Brasil ilustra bem o modelo em rede. Normas da Agência Nacional de Saúde Suplementar (ANS) podem entrar em conflito com o Código de Defesa do Consumidor (CDC) ou até com leis federais. Embora o CDC seja hierarquicamente superior às resoluções da ANS, em muitos julgamentos, os juízes optam por aplicar as normas da ANS, dadas as especificidades técnicas do setor. Essa prática desestabiliza o modelo piramidal e evidencia a complexidade das interações normativas.

O Modelo das Múltiplas Pirâmides

O ordenamento jurídico também pode ser entendido como um conjunto de múltiplas pirâmides que convivem dentro de um mesmo sistema. Cada pirâmide representa um subsistema normativo relativamente autônomo, com sua lógica interna e suas normas específicas. Por exemplo, no Brasil, podemos identificar pirâmides normativas para áreas como telecomunicações, saúde suplementar, transportes e meio ambiente. Essas "pirâmides" coexistem, mas suas interações podem gerar conflitos normativos.

Exemplo:

No setor de telecomunicações, as normas da Agência Nacional de Telecomunicações (ANATEL) frequentemente interagem com o Código Civil e o CDC. Disputas envolvendo contratos de prestação de serviços podem exigir a aplicação simultânea de normas dessas três esferas, evidenciando a sobreposição de pirâmides normativas.

Impactos da Rede e das Múltiplas Pirâmides na Coerência e na Validade Normativa

No modelo piramidal, a validade de uma norma depende de sua conformidade com a norma superior. Já nos modelos alternativos, a validade torna-se um conceito mais fluido. A convivência de subsistemas com lógicas próprias pode gerar antinomias, situações em que duas normas válidas entram em conflito. No modelo em rede, os juízes muitas vezes desempenham um papel central na resolução dessas antinomias, ponderando princípios como a proporcionalidade e a razoabilidade.

O artigo 8º do Código de Processo Civil Brasileiro reflete esse paradigma: ao aplicar o ordenamento jurídico, o juiz deve considerar os fins sociais e as exigências do bem comum, promovendo a dignidade da pessoa humana e observando critérios como proporcionalidade e eficiência. Esse dispositivo explicita que o direito contemporâneo não é apenas técnico, mas também orientado por valores.

Exemplo:

A aplicação do artigo 8º é evidente em casos ambientais. Uma decisão judicial envolvendo desmatamento pode considerar tanto normas do Código Florestal quanto princípios constitucionais como o direito ao meio ambiente ecologicamente equilibrado. A decisão final deve harmonizar essas normas, mesmo que pertençam a subsistemas distintos.

Desafios do Modelo em Rede

Embora o modelo em rede ou de múltiplas pirâmides represente uma evolução do direito, ele traz desafios significativos, como:

- **Incerta hierarquia normativa:** No modelo em rede, não há garantia de que uma norma superior prevalecerá automaticamente sobre uma norma inferior. Juízes precisam analisar caso a caso, utilizando princípios como razoabilidade e proporcionalidade.

- **Complexidade interpretativa:** A pluralidade normativa e a convivência de subsistemas criam um ambiente onde a interpretação das normas exige conhecimento técnico especializado e uma visão sistêmica.

- **Conflitos de competência:** A coexistência de diversas entidades normativas, como agências reguladoras, judiciário e legislativo, pode gerar conflitos institucionais.

Exemplo:

Conflitos entre o Conselho Administrativo de Defesa Econômica (CADE) e o Banco Central em questões de regulação financeira ilustram os desafios do modelo em rede. Decisões do CADE podem divergir das orientações do Banco Central, gerando incertezas para as instituições financeiras e os consumidores.

Perspectivas Futuras

A transição do modelo piramidal para o modelo em rede ou de múltiplas pirâmides não implica a substituição de um pelo outro, mas sua coexistência. Enquanto o modelo piramidal permanece fundamental para garantir a estabilidade e a coerência do ordenamento jurídico, o modelo em rede reflete a realidade dinâmica e plural dos sistemas jurídicos contemporâneos. Essa combinação exige dos operadores do direito um novo conjunto de habilidades, que incluem a capacidade de integrar normas de diferentes subsistemas e de resolver conflitos normativos com base em valores constitucionais.

Em conclusão, o modelo em rede e o das múltiplas pirâmides oferecem uma visão mais realista do ordenamento jurídico no século XXI, permitindo lidar com os desafios de uma sociedade globalizada, tecnológica e complexa. Entretanto, seu sucesso depende da capacidade do direito de equilibrar a flexibilidade interpretativa com a segurança jurídica, garantindo a justiça e o bem comum.

Aspecto	Pirâmide de Kelsen	Rede (François Ost)	Múltiplas Pirâmides
Concepção do Ordenamento Jurídico	Hierárquico, unitário e coerente; normas organizadas em níveis, com a Constituição no topo.	Conjunto interconectado de subsistemas normativos que coexistem e interagem, nem sempre de forma harmônica; pluralidade normativa e descentralização das fontes do direito.	Conjunto de múltiplas pirâmides que convivem dentro de um mesmo sistema; cada pirâmide representa um subsistema normativo relativamente autônomo, com sua lógica interna e normas específicas.
Validade das Normas	Depende da conformidade com a norma superior; hierarquia clara define a validade.	Conceito mais fluido; validade pode depender do contexto e da interação entre os subsistemas.	Validade definida dentro de cada subsistema (pirâmide); interação e conflitos entre as pirâmides são possíveis.
Resolução de Antinomias	Critérios formais de hierarquia, especialidade e cronologia.	Ponderação de princípios (proporcionalidade, razoabilidade); papel central do juiz na resolução de conflitos, com base no art. 8º do CPC.	Depende da interação e harmonização entre as diferentes pirâmides; juiz atua como coordenador entre os subsistemas.
Exemplos	Lei ordinária deve respeitar a Constituição; decreto deve respeitar a lei.	Conflitos entre normas da ANS e do CDC em casos de planos de saúde; aplicação de normas de diferentes subsistemas em casos ambientais (Código Florestal e princípios constitucionais).	Normas da ANATEL, do Código Civil e do CDC interagindo em disputas sobre contratos de telecomunicações; coexistência de normas do CADE e do Banco Central na regulação financeira.

Vantagens	Certeza jurídica; previsibilidade; estabilidade do ordenamento.	Reflete a complexidade e o pluralismo normativo da sociedade contemporânea; maior flexibilidade na aplicação do Direito.	Reconhece a especialização e a autonomia relativa de diferentes áreas do Direito; permite uma abordagem mais específica para cada subsistema.
Desafios	Insuficiente diante da pluralidade normativa e da descentralização das fontes do Direito; rigidez excessiva.	Incerta hierarquia normativa; complexidade interpretativa; conflitos de competência entre entidades normativas.	Dificuldade de coordenação e harmonização entre os diferentes subsistemas; risco de fragmentação excessiva do ordenamento jurídico.
Aplicação no Contexto Atual	Fundamental para garantir a estabilidade e a coerência do ordenamento; coexistência com o modelo em rede.	Crescente relevância devido à globalização, à atuação de agências reguladoras e à complexidade das relações sociais.	Útil para compreender a especialização do Direito e a autonomia de áreas como telecomunicações, saúde suplementar, transportes e meio ambiente.

4.2. FONTES DO DIREITO ESTATAL BRASILEIRO

4.2.1 Conceitos

Conceito de Fonte do Direito

O termo "fonte", quando aplicado ao Direito, remete à ideia de origem, ao local de onde algo brota ou surge. No contexto jurídico, as fontes representam os lugares ou meios pelos quais podemos extrair ou obter normas jurídicas. Elas também servem como a base para justificar ou inspirar a criação de novas normas. As fontes do Direito podem ser entendidas de forma ampla, abrangendo tanto os elementos que originam o conteúdo das normas quanto os instrumentos que as formalizam e as comunicam à sociedade.

Fontes como Origem do Direito

Sob o prisma da origem, a fonte é o ponto de partida para a construção de normas jurídicas. Essa perspectiva está relacionada à base material e cultural de onde as normas emergem, incluindo fatores históricos, sociológicos, econômicos e políticos que moldam a necessidade e o formato de uma norma. Por exemplo, ao analisarmos uma lei que cria incentivos fiscais para empresas de tecnologia, é possível identificar como fontes materiais elementos como a pressão do setor empresarial, a necessidade de inovação tecnológica e a competitividade econômica.

Além disso, a ideia de fonte abrange o local de extração de normas jurídicas, ou seja, os meios pelos quais os juristas identificam as regras aplicáveis a uma situação concreta. Nesse contexto, as fontes são indispensáveis para os operadores do Direito, que nelas encontram as bases normativas para interpretar e aplicar o ordenamento jurídico.

Fontes e Direitos Subjetivos

As fontes jurídicas também têm papel central na criação e reconhecimento de direitos subjetivos. A partir das normas jurídicas extraídas de fontes formais, como a legislação ou a jurisprudência, são estabelecidos os parâmetros que definem os poderes e obrigações de cada indivíduo em sociedade. Por exemplo, o direito subjetivo de um consumidor à devolução de um produto defeituoso encontra fundamento direto em normas legais, como o Código de Defesa do Consumidor, que é uma fonte formal do Direito.

Inspiração para a Criação de Normas

As fontes jurídicas não se limitam à formalização de normas. Elas também incluem os elementos que inspiram ou justificam a criação de novos preceitos legais. Por exemplo, uma Constituição nacional pode servir como fonte de inspiração para legislações infraconstitucionais que detalhem os direitos e garantias nela previstos. A fonte não é apenas um repositório de normas existentes, mas também um guia para a elaboração de novos instrumentos normativos.

Exemplos de Fontes no Ordenamento Brasileiro

No ordenamento jurídico brasileiro, o conceito de fonte é aplicado em diversas categorias. A legislação, por exemplo, constitui uma fonte formal, é o principal meio pelo qual as normas são comunicadas à sociedade. Já os costumes podem ser considerados fontes indiretas, refletem práticas sociais aceitas que, em alguns casos, adquirem força normativa. Por outro lado, as fontes materiais, como as condições econômicas e sociais, frequentemente influenciam o conteúdo das normas sem, no entanto, formalizá-las.

Dessa forma, o conceito de fonte jurídica é multifacetado, abrangendo desde as bases culturais e históricas que fundamentam as normas até os instrumentos formais que as comunicam à sociedade. Essa complexidade reflete a natureza dinâmica e interativa do Direito, que combina elementos materiais e formais para construir um ordenamento jurídico adaptado às necessidades de uma sociedade em constante transformação.

Fontes do Direito	Descrição	Exemplos
Definição de "Fonte" no Direito	Origem, local de onde brota ou surge o Direito; meios pelos quais podemos extrair ou obter normas jurídicas; base para justificar ou inspirar a criação de novas normas; elementos que originam o conteúdo das normas e instrumentos que as formalizam e comunicam.	-
Fontes como Origem do Direito	Ponto de partida para a construção de normas jurídicas; base material e cultural de onde as normas emergem (fatores históricos, sociológicos, econômicos, políticos).	Lei que cria incentivos fiscais para empresas de tecnologia: fontes materiais podem incluir pressão do setor empresarial, necessidade de inovação tecnológica e competitividade econômica.
Fontes como Meio de Identificação de Normas	Local de extração de normas jurídicas; meios pelos quais os juristas identificam as regras aplicáveis a uma situação concreta; bases normativas para interpretar e aplicar o ordenamento jurídico.	Legislação, jurisprudência, costumes, doutrina.
Fontes como Inspiração para Novas Normas	Elementos que inspiram ou justificam a criação de novos preceitos legais; guia para a elaboração de novos instrumentos normativos.	Constituição nacional como fonte de inspiração para leis infraconstitucionais que detalham direitos e garantias.

Fontes Materiais

As fontes materiais do Direito consistem nos fatores históricos, culturais, sociológicos, econômicos e políticos que influenciam a criação de normas jurídicas. Elas representam a "causa" ou o ponto de partida que dá origem ao conteúdo normativo, orientando a positivação e o formato final das normas. A análise das fontes materiais é essencial para compreender o contexto em que as normas surgem, revelando as razões subjacentes à sua existência.

Características das Fontes Materiais

As fontes materiais do Direito não possuem caráter normativo em si. Elas fornecem os elementos fundamentais que orientam o legislador na elaboração de leis, regulamentos e outras normas. Em outras palavras, enquanto as fontes formais comunicam o Direito já positivado, as fontes materiais explicam sua origem e justificativa. Esses elementos se encontram enraizados nos valores e nas necessidades de determinada sociedade, refletindo demandas históricas e estruturais.

Por exemplo, uma norma que introduz cotas raciais em universidades públicas no Brasil tem como fonte material fatores sociológicos (a desigualdade racial histórica), econômicos (a exclusão de grupos marginalizados do mercado de trabalho qualificado) e políticos (pressão de movimentos sociais). Embora o texto legal seja formalmente constituído, sua base material está nos elementos que impulsionaram sua criação.

Papel das Fontes Materiais na Positivação

As fontes materiais desempenham papel crucial no processo de positivação, influenciando diretamente o legislador. Elas orientam as escolhas sobre quais normas serão criadas, quais comportamentos serão incentivados ou punidos e como os valores sociais serão concretizados no ordenamento jurídico.

Por exemplo:

- **Normas tributárias**: Uma lei que aumenta a alíquota do Imposto de Importação tem como fontes materiais os dados econômicos que indicam a necessidade de proteger o mercado interno, além das pressões de setores empresariais nacionais que demandam proteção contra produtos estrangeiros mais baratos.

- **Normas ambientais**: Uma regulamentação que restringe o desmatamento em áreas de preservação permanente reflete fontes materiais relacionadas à crise ambiental global e às demandas de organizações internacionais e ONGs locais.

- **Direitos sociais**: A criação do salário-mínimo, positivado em normas trabalhistas, decorre de fontes materiais vinculadas à luta sindical, aos dados econômicos que apontam para desigualdades salariais e à necessidade de garantir o sustento básico dos trabalhadores.

Exemplos Práticos de Fontes Materiais

As fontes materiais são amplamente evidenciadas em diferentes áreas do Direito:

1. Históricas: No Brasil, a abolição da escravatura em 1888 foi influenciada por fontes materiais como o movimento abolicionista, a pressão internacional e as mudanças econômicas que exigiam mão de obra livre.

2. Sociológicas: A positivação de normas contra a violência doméstica, como a Lei Maria da Penha, teve como base fontes materiais derivadas de estudos sobre a prevalência de agressões contra mulheres no ambiente doméstico e de pressões de movimentos feministas.

3. Econômicas: A regulação de preços de produtos essenciais durante crises econômicas tem sua origem em fontes materiais relacionadas à inflação descontrolada e à necessidade de proteger consumidores vulneráveis.

Relevância e Limites

Embora as fontes materiais expliquem o porquê de uma norma jurídica, elas não possuem força normativa direta. Ou seja, não podem ser aplicadas diretamente como Direito. Seu valor reside na sua capacidade de orientar a criação de normas e políticas públicas que reflitam as necessidades e os valores da sociedade.

Por exemplo, o aumento do desemprego pode ser uma fonte material que leva à criação de políticas públicas para fomentar o emprego. Contudo, enquanto não houver positivação dessas políticas em normas formais, as fontes materiais permanecem como elementos explicativos, sem validade normativa.

As fontes materiais do Direito são fundamentais para compreender a gênese das normas jurídicas e sua conexão com os problemas concretos da sociedade. Elas evidenciam o caráter dinâmico do Direito, que, mesmo positivado, mantém raízes profundas nas condições sociais, culturais, econômicas e históricas de sua época. Dessa forma, ao interpretar e aplicar o Direito, é essencial considerar suas fontes materiais para uma visão mais ampla e contextualizada do ordenamento jurídico.

Aspecto	Descrição	Exemplos
Definição de Fontes Materiais	Fatores históricos, culturais, sociológicos, econômicos e políticos que influenciam a criação de normas jurídicas; representam a "causa" ou o ponto de partida que dá origem ao conteúdo normativo; orientam a positivação e o formato final das normas.	-
Características	Não possuem caráter normativo em si; fornecem elementos fundamentais que orientam o legislador na elaboração de leis; refletem valores e necessidades de determinada sociedade, enraizados em demandas históricas e estruturais.	Fatores sociológicos (desigualdade racial), econômicos (exclusão do mercado de trabalho) e políticos (pressão de movimentos sociais) que levaram à criação de normas sobre cotas raciais em universidades.
Papel na Positivação	Influenciam diretamente o legislador; orientam as escolhas sobre quais normas serão criadas, quais comportamentos serão incentivados ou punidos e como os valores sociais serão concretizados no ordenamento jurídico.	**Normas Tributárias:** Dados econômicos e pressões de setores empresariais influenciando o aumento da alíquota do Imposto de Importação. **Normas Ambientais:** Crise ambiental e demandas de ONGs influenciando restrições ao desmatamento. **Direitos Sociais:** Luta sindical e desigualdades salariais influenciando a criação do salário-mínimo.

Limites	Não possuem força normativa direta; não podem ser aplicadas diretamente como Direito; seu valor reside na capacidade de orientar a criação de normas e políticas públicas.	Aumento do desemprego como fonte material para políticas de fomento ao emprego; enquanto não houver positivação dessas políticas em normas formais, as fontes materiais permanecem como elementos explicativos, sem validade normativa.

Fontes Formais

As fontes formais do Direito consistem nos meios ou instrumentos pelos quais as normas jurídicas são comunicadas à sociedade, adquirindo validade e obrigatoriedade no ordenamento jurídico. Elas são essenciais para a segurança e previsibilidade das relações jurídicas, permitindo que os operadores do Direito identifiquem e apliquem as normas pertinentes de forma célere e com garantia de legitimidade.

Enquanto as fontes materiais explicam a origem e os fatores sociais, econômicos ou culturais que justificam a existência de uma norma, as fontes formais revelam o processo pelo qual as normas se tornam aplicáveis, como a legislação, os costumes, a jurisprudência e as fontes negociais e racionais. A seguir, apresenta-se uma visão geral dessas categorias, que serão detalhadas nos tópicos subsequentes.

Características das Fontes Formais

As fontes formais distinguem-se por apresentarem um caráter jurídico explícito e reconhecido pelo ordenamento. Seu principal papel é conferir estrutura e aplicabilidade às normas, de modo que possam ser interpretadas e aplicadas pelos diversos agentes jurídicos. Algumas características fundamentais das fontes formais incluem:

- **Reconhecimento estatal**: A validade das fontes formais depende de seu reconhecimento e institucionalização pelo ordenamento jurídico, como ocorre com a legislação e a jurisprudência vinculante.

- **Estruturação normativa:** As fontes formais consolidam o conteúdo normativo em formatos específicos, como artigos de lei, contratos, súmulas ou princípios gerais.

- **Função comunicativa:** Elas servem como veículo para transmitir as normas jurídicas à sociedade e aos operadores do Direito, assegurando acessibilidade e clareza.

Classificação das Fontes Formais

As fontes formais podem ser classificadas em cinco categorias principais, cada uma desempenhando uma função específica no ordenamento jurídico:

1. Legislação

A legislação é a principal fonte formal do Direito nos sistemas de tradição romano-germânica, como o brasileiro. Refere-se às normas elaboradas por autoridades competentes, seguindo procedimentos predefinidos, como o processo legislativo. Exemplos incluem a Constituição Federal, leis complementares, leis ordinárias, medidas provisórias e decretos legislativos. Essas normas são caracterizadas por sua forma escrita, generalidade e abstração.

Exemplo: O **artigo 5º da Constituição Federal** estabelece direitos fundamentais, como a igualdade perante a lei (inciso I) e a inviolabilidade do direito à vida, à liberdade, à igualdade, à segurança e à propriedade (caput).

2. Costume

O costume, entendido como prática social reiterada acompanhada da convicção de sua obrigatoriedade, é uma fonte formal que complementa a legislação. No ordenamento jurídico brasileiro, o costume pode atuar de forma **secundum legem** (quando autorizado pela lei) ou **praeter legem** (quando a lei é omissa). No entanto, não prevalece sobre normas expressas, ou seja, não pode ser contra legem.

Exemplo: O **art. 569, inciso II, do Código Civil** permite que o prazo de pagamento de um aluguel seja determinado pelos costumes locais, na ausência de estipulação contratual.

3. Jurisprudência

A jurisprudência refere-se ao conjunto de decisões reiteradas dos tribunais sobre casos semelhantes. No Brasil, adquire maior relevância em situações de súmulas vinculantes, decisões de recursos repetitivos e incidentes de resolução de demandas repetitivas, que podem possuir caráter obrigatório.

Exemplo: De acordo com o **art. 927 do Código de Processo Civil**, os juízes e tribunais devem observar as decisões do Supremo Tribunal Federal em controle concentrado de constitucionalidade, bem como os enunciados de súmulas vinculantes.

4. Negócios Jurídicos

Os negócios jurídicos, especialmente os contratos, são fontes formais do Direito em relações privadas. Eles representam a manifestação da autonomia da vontade e podem criar obrigações juridicamente válidas, desde que respeitem os limites legais, como a função social dos contratos e os princípios da boa-fé.

Exemplo: Um contrato de locação, firmado de acordo com o **art. 421 do Código Civil**, gera direitos e obrigações válidos para as partes contratantes.

5. Fontes Racionais

As fontes racionais incluem princípios gerais do Direito, a analogia e a equidade, que podem ser utilizados para preencher lacunas do ordenamento jurídico. Essas fontes assumem papel subsidiário, sendo aplicadas quando a legislação ou outras fontes formais são insuficientes para resolver determinado caso.

Exemplo: O **art. 4º da LINDB** estabelece que, na ausência de previsão legal, o juiz deve decidir com base na analogia, nos costumes e nos princípios gerais do Direito.

Importância e Aplicação das Fontes Formais

As fontes formais desempenham papel essencial na estruturação e aplicação do Direito. Elas não apenas organizam as normas de maneira acessível e sistemática, mas também asseguram estabilidade e segurança jurídica. O reconhecimento formal das normas é indispensável para que estas possam ser aplicadas de forma legítima e previsível.

Por exemplo, ao elaborar um contrato, um advogado utiliza a legislação como principal fonte formal para garantir que as cláusulas estejam em conformidade com o ordenamento jurídico. Da mesma forma, ao julgar um caso, o magistrado recorre à jurisprudência e aos princípios gerais para fundamentar sua decisão.

As fontes formais do Direito, conforme visto, constituem a base operacional do ordenamento jurídico, permitindo que o Direito, enquanto fenômeno normativo, se comunique com a sociedade. Ao longo dos próximos tópicos, cada uma dessas fontes será analisada em detalhe, com vistas a explorar suas peculiaridades e relevância prática no contexto jurídico brasileiro.

Categoria	Descrição	Características	Exemplos
Fontes Formais do Direito	Meios ou instrumentos pelos quais as normas jurídicas são comunicadas à sociedade, adquirindo validade e obrigatoriedade; essenciais para a segurança e previsibilidade das relações jurídicas; fontes materiais explicam a origem, já as formais revelam o processo de aplicabilidade.	**Reconhecimento estatal:** Validade depende do reconhecimento pelo ordenamento jurídico. **Estruturação normativa:** Consolidam o conteúdo normativo em formatos específicos. **Função comunicativa:** Transmitem normas jurídicas à sociedade.	-

1. Legislação	Principal fonte formal nos sistemas romano-germânicos; normas elaboradas por autoridades competentes, seguindo procedimentos predefinidos; forma escrita, generalidade e abstração.	Constituição Federal, leis complementares, leis ordinárias, medidas provisórias, decretos legislativos.	Art. 5º da CF estabelece direitos fundamentais.
2. Costume	Prática social reiterada acompanhada da convicção de sua obrigatoriedade; atua secundum legem (autorizado pela lei) ou praeter legem (lei omissa); não prevalece sobre normas expressas (contra legem).	Secundum legem, praeter legem; não pode ser contra legem.	Art. 569, II, do Código Civil permite que o prazo de pagamento de aluguel seja determinado pelos costumes locais, na ausência de estipulação contratual.
3. Jurisprudência	Conjunto de decisões reiteradas dos tribunais sobre casos semelhantes; no Brasil, adquire relevância com súmulas vinculantes, decisões de recursos repetitivos e incidentes de resolução de demandas repetitivas.	Caráter obrigatório em certas situações.	Art. 927 do CPC: juízes e tribunais devem observar decisões do STF em controle concentrado de constitucionalidade e enunciados de súmulas vinculantes.
4. Negócios Jurídicos	Fontes formais do Direito em relações privadas; representam a manifestação da autonomia da vontade; criam obrigações juridicamente válidas, desde que respeitem os limites legais.	Autonomia da vontade; respeito aos limites legais.	Contrato de locação firmado de acordo com o art. 421 do Código Civil gera direitos e obrigações válidas para as partes.
5. Fontes Racionais	Princípios gerais do Direito, analogia e equidade; utilizados para preencher lacunas do ordenamento jurídico; papel subsidiário, aplicadas quando a legislação ou outras fontes formais são insuficientes.	Subsidiariedade; aplicação em caso de lacuna.	Art. 4º da LINDB: na ausência de previsão legal, o juiz deve decidir com base na analogia, nos costumes e nos princípios gerais do Direito.

4.2.2 Legislação

A legislação é o principal instrumento de positivação do Direito em sistemas jurídicos da tradição romano-germânica, como o brasileiro. Trata-se de um conjunto de normas elaboradas por órgãos competentes, seguindo procedimentos formais previstos no ordenamento jurídico, e que têm como objetivo disciplinar a vida em sociedade. Este tópico abordará os diferentes sentidos atribuídos à legislação, sua etimologia e suas implicações na sistemática do Direito.

O Papel dos Parlamentares no Processo Legislativo

Os parlamentares desempenham papel central no processo legislativo, representando os interesses da sociedade na formulação de normas jurídicas. Como membros do Poder Legislativo, sua função essencial é analisar fatos concretos ou potenciais e traduzi-los em disposições legais que visem concretizar valores sociais, regular comportamentos e atender às demandas da coletividade. Para isso, utilizam-se de instrumentos como debates, comissões e votações, garantindo que as normas sejam legitimadas democraticamente.

O trabalho dos parlamentares consiste em identificar condutas desejáveis e indesejáveis, expressando-as em normas que estabelecem permissões, proibições e obrigações. Essa atividade pressupõe um constante diálogo entre o legislador e a realidade social, permitindo que as leis sejam elaboradas de forma a atender às necessidades concretas da sociedade. A legislação reflete as aspirações coletivas, ao mesmo tempo que assegura previsibilidade e estabilidade jurídica.

- **Exemplo prático:** A criação da **Lei Maria da Penha (Lei 11.340/2006)** resultou de intensos debates legislativos sobre a necessidade de combater a violência doméstica e familiar contra a mulher. A norma buscou proteger direitos fundamentais, promovendo mecanismos eficazes de prevenção e punição.

Além disso, o processo legislativo segue um rito formal previsto na Constituição Federal, o que garante transparência e legitimidade ao trabalho dos parlamentares. Inicia-se com a apresentação de projetos de lei, que passam por comissões temáticas e, em seguida, são submetidos à votação em plenário. A aprovação depende da observância de quóruns específicos, que variam de acordo com o tipo de norma (como leis ordinárias ou complementares). Por fim, as normas aprovadas são sancionadas ou promulgadas, integrando-se ao ordenamento jurídico.

Os parlamentares exercem uma função indispensável para o funcionamento do Estado de Direito, transformando demandas sociais em normas que regulam as relações jurídicas e asseguram a convivência harmônica na sociedade.

Os Diferentes Sentidos da Lei

A palavra "lei" apresenta significados variados, dependendo do contexto em que é utilizada. No Direito, seu entendimento pode ser analisado de forma ampla ou restrita, refletindo sua natureza normativa e seu papel na organização das relações sociais.

1. Sentido Vulgar: Norma

No uso cotidiano, a lei é entendida como qualquer regra ou imposição que deve ser seguida. Esse sentido genérico engloba normas de convívio, preceitos religiosos ou até mesmo leis naturais. Expressões como "as leis da física" ou "a lei divina" exemplificam esse uso vulgar, que não necessariamente possui vínculo com o Direito Positivo.

2. Sentido Jurídico Amplo: Normas Jurídicas Estatais

No campo jurídico, o conceito de lei em sentido amplo abrange todas as normas criadas pelo Estado para regular comportamentos e assegurar a ordem social. Este entendimento inclui desde a Constituição Federal até leis ordinárias, medidas provisórias e outras normas produzidas por meio do processo legislativo. Nesse contexto, a lei reflete o exercício da soberania estatal e a materialização de valores jurídicos e sociais.

Exemplo: O **artigo 5º da Constituição Federal**, que afirma que ninguém será obrigado a fazer ou deixar de fazer algo senão em virtude de lei, reforça a ideia de que as normas estatais são a base para a regulação da conduta humana.

3. Sentido Jurídico Estrito: Lei Ordinária ou Complementar

Em um sentido mais restrito, a lei refere-se a normas específicas, aprovadas pelo Legislativo, que possuem características próprias e funções delimitadas. Aqui, destacam-se dois tipos principais:

- **Lei Ordinária**: É o tipo mais comum de norma, utilizada para regular matérias gerais, desde que não sejam reservadas para outras categorias legislativas. Sua aprovação requer quórum simples. Exemplo: O **Código Penal Brasileiro (Decreto-Lei 2.848/1940)** é uma lei ordinária que regula condutas criminais e suas respectivas sanções.

- **Lei Complementar**: Destina-se a complementar ou regulamentar dispositivos constitucionais. Sua aprovação exige quórum qualificado, sendo sua relevância maior em comparação às leis ordinárias. Exemplo: A **Lei de Responsabilidade Fiscal (Lei Complementar 101/2000)**, que estabelece normas para a gestão fiscal responsável, complementa dispositivos constitucionais relacionados às finanças públicas.

Lei	Descrição	Exemplos
Sentido Vulgar	Qualquer regra ou imposição que deve ser seguida; norma de convívio, preceito religioso ou lei natural; sentido genérico, sem vínculo necessário com o Direito Positivo.	"Leis da física", "lei divina", "lei do mais forte".
Sentido Jurídico Amplo	Todas as normas criadas pelo Estado para regular comportamentos e assegurar a ordem social; inclui a Constituição, leis ordinárias, medidas provisórias e outras normas produzidas pelo processo legislativo; reflete a soberania estatal.	Art. 5º da CF: "ninguém será obrigado a fazer ou deixar de fazer algo senão em virtude de lei" (abrangendo todas as normas estatais).
Sentido Jurídico Estrito	Normas específicas aprovadas pelo Legislativo, com características próprias e funções delimitadas; pode ser **Lei Ordinária** ou **Lei Complementar**.	**Lei Ordinária:** Código Penal Brasileiro (Decreto-Lei 2.848/1940) – regula condutas criminais e sanções. **Lei Complementar:** Lei de Responsabilidade Fiscal (LC 101/2000) – normas de gestão fiscal.
Lei Ordinária	Tipo mais comum de norma; regula matérias gerais, não reservadas a outras categorias legislativas; aprovação por quórum simples.	Código Civil, Código de Defesa do Consumidor.
Lei Complementar	Destina-se a complementar ou regulamentar dispositivos constitucionais; aprovação por quórum qualificado; maior relevância em comparação às leis ordinárias.	Lei Complementar que regulamenta o sistema tributário nacional, conforme previsto na Constituição.

Etimologia do Termo "Lei"

A palavra **"lei"** possui uma origem etimológica controvertida, que reflete suas múltiplas dimensões e significados:

1. Lex: O Que Foi Lido em Voz Alta

No latim, *lex* é diretamente relacionada ao verbo *legere*, que significa "ler". Esse vínculo histórico remonta às sociedades romanas, onde as leis eram proclamadas publicamente, garantindo sua divulgação e acessibilidade à população. O termo *lex* já traz implícita a ideia de publicidade e generalidade, dois princípios fundamentais do Direito.

Exemplo: No direito romano, as leis eram lidas em público no fórum para que todos soubessem de sua existência e conteúdo, reforçando o caráter público da norma jurídica.

2. Ligare: Ato de Ligar ou Vincular

Outra interpretação da etimologia de "lei" provém do verbo *ligare*, que significa "ligar" ou "unir". Nesse sentido, a lei estabelece uma relação entre um fato e uma consequência, ligando a conduta humana a permissões, proibições ou obrigações. Essa ideia reflete o caráter normativo da lei, que vincula o indivíduo à ordem jurídica.

Exemplo: Uma lei que estabelece a obrigação de pagamento de tributos cria um vínculo jurídico entre o cidadão e o Estado, determinando direitos e deveres de ambas as partes.

3. Eligere: Escolha ou Decisão

O termo também tem conexão com *eligere*, que significa "escolher" ou "eleger". Esse aspecto da etimologia destaca o caráter deliberativo e volitivo da lei, como resultado de escolhas feitas por uma autoridade legítima, como o Parlamento. A lei, nesse contexto, representa uma decisão coletiva imposta à sociedade.

Exemplo: O processo legislativo contemporâneo reflete essa escolha, em que representantes eleitos decidem, por meio de votação, quais normas devem ser aprovadas.

Convergência Etimológica

A imprecisão etimológica do termo "lei" é, paradoxalmente, um de seus maiores trunfos, ilustrando a complexidade de sua natureza. A lei é ao mesmo tempo uma norma pública (lida em voz alta), uma regra que vincula (liga condutas a consequências) e uma escolha da autoridade que a estabelece. Esses aspectos etimológicos ajudam a compreender o papel central da lei como instrumento de organização social e de justiça.

A origem etimológica da palavra "lei" reflete seu papel essencial no ordenamento jurídico. Seja como instrumento de publicidade (*lex*), vínculo normativo (*ligare*) ou resultado de uma escolha (*eligere*), a etimologia oferece um panorama das múltiplas funções desempenhadas pela lei no Direito e na sociedade.

Origem Latina	Significado	Implicações para o Conceito de Lei	Exemplo
Lex (Legere)	Ler, o que foi lido em voz alta	**Publicidade e Generalidade:** A lei é proclamada publicamente, garantindo sua divulgação e acessibilidade; reforça o caráter público da norma jurídica.	Leis romanas eram lidas em público no fórum, para que todos soubessem de sua existência e conteúdo.
Ligare	Ligar, unir, vincular	**Vínculo Normativo:** A lei estabelece uma relação entre um fato e uma consequência; liga a conduta humana a permissões, proibições ou obrigações; reflete o caráter normativo da lei.	Lei que estabelece a obrigação de pagamento de tributos, criando um vínculo jurídico entre o cidadão e o Estado.

Eligere	Escolher, eleger	**Caráter Deliberativo e Volitivo:** A lei é resultado de escolhas feitas por uma autoridade legítima; representa uma decisão coletiva imposta à sociedade; reflete o processo de tomada de decisão por trás da criação da lei.	Processo legislativo contemporâneo, onde representantes eleitos decidem, por meio de votação, quais normas devem ser aprovadas.

Legislação e Hierarquia Normativa

No âmbito do ordenamento jurídico, a legislação ocupa posição de destaque como fonte formal do Direito. Ela consiste no conjunto de normas criadas pelos órgãos competentes, por meio de um processo legislativo predeterminado, e publicadas oficialmente para regular as relações sociais. Além de sua importância intrínseca, a legislação insere-se em uma hierarquia normativa, na qual diferentes espécies normativas coexistem, subordinando-se a um princípio organizacional que garante a harmonia e a coerência do sistema jurídico.

A hierarquia normativa é o princípio que organiza as normas jurídicas em diferentes níveis de autoridade, de modo que normas de nível inferior devem respeitar as disposições das normas de nível superior. Essa organização baseia-se na teoria do escalonamento normativo desenvolvida por Hans Kelsen, segundo a qual o ordenamento jurídico é estruturado em uma pirâmide, com a Constituição no topo, seguida pelas normas que dela derivam.

A hierarquia normativa busca:

- **Garantir a unidade do sistema jurídico**, evitando contradições.
- **Preservar a supremacia constitucional**, assegurando que todas as normas estejam em conformidade com a Constituição.
- **Estabelecer critérios para a resolução de conflitos normativos**, como a declaração de inconstitucionalidade de normas inferiores que contrariem normas superiores.

A legislação é composta por normas editadas mediante processo legislativo conforme os parâmetros estabelecidos pela Constituição Federal de 1988. O **artigo 59 da Constituição Federal** lista as principais espécies normativas que compõem o processo legislativo: emendas constitucionais, leis complementares, leis ordinárias, leis delegadas, medidas provisórias, decretos legislativos e resoluções.

A Constituição Federal e as Emendas Constitucionais

A **Constituição Federal** ocupa o ápice da hierarquia normativa no Brasil, sendo a norma fundamental que confere validade a todo o ordenamento jurídico. Todas as demais normas devem obedecer às suas disposições, sob pena de inconstitucionalidade.

As **emendas constitucionais**, disciplinadas no **artigo 60**, têm o mesmo status hierárquico da Constituição, embora sejam limitadas por cláusulas pétreas que protegem determinados princípios fundamentais, como a separação dos poderes e os direitos individuais. A aprovação de emendas exige um procedimento rigoroso, incluindo quórum qualificado de três quintos dos votos em dois turnos de votação nas duas Casas do Congresso Nacional. Essa rigidez reforça a estabilidade do texto constitucional.

Leis Complementares

As **leis complementares** estão imediatamente abaixo da Constituição na hierarquia normativa e têm a função de regulamentar matérias específicas que a própria Constituição reserva a esse tipo de norma, como disposto no **artigo 69**. Exemplos incluem a regulamentação da organização dos Tribunais (art. 93 da CF) e normas gerais sobre direito tributário (art. 146 da CF).

Diferentemente das leis ordinárias, as leis complementares exigem aprovação por maioria absoluta dos membros de cada Casa do Congresso Nacional. Essa exigência confere maior robustez às leis complementares, que atuam como um elo entre a Constituição e as normas infraconstitucionais.

Leis Ordinárias

As **leis ordinárias**, previstas no **artigo 61**, são o instrumento legislativo mais utilizado para a regulação de matérias não reservadas à Constituição ou às leis complementares. Seu processo de aprovação é menos rigoroso, exigindo apenas maioria simples, desde que atendido o quórum de deliberação.

As leis ordinárias têm papel central no cotidiano legislativo, disciplinando questões amplas e específicas, como relações trabalhistas, políticas públicas e organização administrativa. Um exemplo é a **Lei 8.666/1993**, que regula licitações e contratos administrativos.

Leis Delegadas

As **leis delegadas** são elaboradas pelo Presidente da República mediante autorização do Congresso Nacional, conforme o **artigo 68**. Elas se destinam a regular matérias específicas, delimitadas na resolução que confere a delegação. Não podem, no entanto, abordar temas como organização do Judiciário, direitos individuais ou orçamento.

Essas normas, embora possuam caráter excepcional, integram a hierarquia legislativa em posição equivalente às leis ordinárias, desde que respeitem os limites impostos pela Constituição e pelo Congresso.

Medidas Provisórias

As **medidas provisórias**, previstas no **artigo 62**, são normas com força de lei editadas pelo Presidente da República em casos de relevância e urgência. Apesar de sua natureza provisória, elas produzem efeitos imediatos e devem ser analisadas pelo Congresso Nacional no prazo de 60 dias, prorrogável por igual período. Caso não sejam convertidas em lei dentro desse prazo, perdem sua eficácia, sendo necessário regulamentar os efeitos jurídicos gerados durante sua vigência.

As medidas provisórias estão sujeitas a limitações materiais, como a proibição de tratar de nacionalidade, direitos políticos, organização do Judiciário e matérias reservadas a leis complementares. Essa restrição busca evitar que sua utilização excessiva comprometa o equilíbrio entre os poderes.

Decretos Legislativos e Resoluções

Os **decretos legislativos** e as **resoluções** são normas editadas pelo Congresso Nacional e pelas Casas Legislativas para regular matérias de competência exclusiva, como a aprovação de tratados internacionais e questões internas do Legislativo, conforme disposto nos **artigos 49 e 52 da Constituição**. Essas normas não dependem de sanção presidencial e ocupam posição inferior às leis ordinárias na hierarquia normativa.

Hierarquia e Coerência Normativa

O sistema jurídico brasileiro adota a premissa de que normas de níveis inferiores devem subordinar-se às de níveis superiores, com base nos princípios da supremacia constitucional e da legalidade. Conflitos normativos são resolvidos por mecanismos como o controle de constitucionalidade, que garante a observância dos parâmetros constitucionais pelas normas infraconstitucionais.

Em síntese, a hierarquia normativa organiza o ordenamento jurídico brasileiro, assegurando a validade e a coerência das normas legislativas. A Constituição Federal, no topo, confere unidade ao sistema, enquanto as demais normas, distribuídas em diferentes níveis, disciplinam as diversas áreas da vida social, política e econômica. Essa estrutura hierarquizada reflete o princípio da segurança jurídica, fundamental para a estabilidade do Estado de Direito.

Espécie Normativa	Hierarquia	Descrição	Quórum de Aprovação	Exemplo
Constituição Federal	Norma Suprema	Norma fundamental que confere validade a todo o ordenamento jurídico; elaborada pela Assembleia Constituinte; todas as demais normas devem obedecer às suas disposições, sob pena de inconstitucionalidade.	-	CF/88: define a estrutura do Estado, os direitos fundamentais, os princípios da ordem econômica e social etc.
Emendas Constitucionais	Mesmo nível hierárquico da Constituição	Modificam o texto constitucional; limitadas pelas cláusulas pétreas (art. 60, § 4º, CF); aprovadas pelo Congresso Nacional.	Três quintos dos votos em dois turnos de votação em ambas as Casas do Congresso Nacional.	EC 109/2021: alterou regras fiscais e permitiu a retomada do auxílio emergencial.
Leis Complementares	Abaixo da Constituição	Regulamentam matérias específicas que a Constituição reserva a esse tipo de norma; aprovadas pelo Congresso Nacional.	Maioria absoluta dos membros de cada Casa do Congresso Nacional.	LC 95/1998: estabelece normas sobre a redação de leis. LC 101/2000 (Lei de Responsabilidade Fiscal): estabelece normas para a gestão fiscal.
Leis Ordinárias	Abaixo da Constituição e das Leis Complementares	Instrumento legislativo mais utilizado para regulação de matérias não reservadas à Constituição ou às leis complementares; aprovadas pelo Congresso Nacional.	Maioria simples, presente a maioria absoluta dos membros de cada Casa.	Lei 8.666/1993: regula licitações e contratos administrativos. Código Civil; Código Penal.
Leis Delegadas	Equivalente às Leis Ordinárias	Elaboradas pelo Presidente da República mediante autorização do Congresso Nacional (Delegação Externa); regulam matérias específicas, delimitadas na resolução que confere a delegação; não podem abordar temas como organização do Judiciário, direitos individuais ou orçamento.	Maioria absoluta (Resolução do Congresso Nacional autorizando a delegação).	Leis delegadas são pouco utilizadas na prática recente.

Medidas Provisórias	Equivalente às Leis Ordinárias (provisoriamente)	Editadas pelo Presidente da República em casos de relevância e urgência; produzem efeitos imediatos; devem ser analisadas pelo Congresso Nacional em 60 dias, prorrogável por igual período; se não convertidas em lei, perdem eficácia.	-	MP que abre crédito extraordinário para enfrentamento de calamidade pública.
Decretos Legislativos	Abaixo das Leis Ordinárias	Editados pelo Congresso Nacional para regular matérias de competência exclusiva do Legislativo; não dependem de sanção presidencial.	Maioria simples.	Decreto Legislativo que aprova um tratado internacional.
Resoluções	Abaixo das Leis Ordinárias	Editadas pelo Congresso Nacional ou por suas Casas para regular matérias de sua competência privativa (organização interna, procedimentos legislativos); não dependem de sanção presidencial.	Maioria simples.	Resolução do Senado Federal que disciplina o processo de impeachment.

LC 95/1998 e a Estrutura das Leis Brasileiras

A Lei Complementar 95/1998, em conformidade com o artigo 59, parágrafo único, da Constituição Federal, estabelece regras para a elaboração, redação, alteração e consolidação das leis no Brasil. Trata-se de uma normativa fundamental para garantir clareza, uniformidade e coerência na comunicação legislativa, aspectos indispensáveis para a segurança jurídica e para a eficácia do ordenamento jurídico.

Estrutura Básica das Leis

Conforme disposto no artigo 3º da LC 95/1998, as leis brasileiras são estruturadas em três partes principais:

Parte Preliminar: Engloba a epígrafe, a ementa, o preâmbulo e o artigo inicial. A epígrafe identifica a espécie normativa, o número e o ano de promulgação, enquanto a ementa descreve de forma concisa o objeto da norma. O preâmbulo, por sua vez, indica a autoridade que elaborou o ato normativo e sua base constitucional ou legal. O primeiro artigo delimita o objeto e o âmbito de aplicação da lei.

Parte Normativa: É o núcleo da norma, contendo as disposições substantivas que regulam a matéria tratada. Essa parte organiza-se em artigos, que podem ser subdivididos em parágrafos, incisos, alíneas e itens, seguindo o princípio da articulação previsto no artigo 10 da LC 95/1998.

Parte Final: Inclui disposições transitórias, cláusulas de vigência e, quando necessário, cláusulas de revogação. A cláusula de vigência deve indicar de forma expressa quando a norma entra em vigor, garantindo tempo razoável para seu conhecimento pela sociedade.

Essa organização confere uma lógica interna à norma, permitindo sua compreensão sistemática e evitando ambiguidades. Por exemplo, a Lei 13.105/2015, que instituiu o Código de Processo Civil, segue essa estrutura, com uma parte preliminar definindo objetivos e princípios, uma parte normativa extensa e uma parte final detalhando dispositivos transitórios.

Regras para Redação e Articulação

A LC 95/1998 também disciplina a redação das leis, exigindo clareza, precisão e ordem lógica. As disposições devem ser redigidas em linguagem acessível, utilizando frases curtas, construções diretas e evitando termos ambíguos ou regionais. A uniformidade terminológica é essencial para evitar interpretações conflitantes, especialmente em matérias técnicas, como direito tributário ou administrativo.

A articulação normativa segue princípios hierárquicos e numéricos bem definidos. Por exemplo, os artigos são numerados ordinalmente até o nono e cardinalmente a partir deste, desdobrando-se em parágrafos (§), incisos (I, II, III), alíneas (a, b, c) e itens (1, 2, 3), conforme a necessidade de detalhamento. Esses critérios garantem que o texto legislativo mantenha consistência e facilite a localização de dispositivos específicos.

Alteração e Consolidação de Normas

As regras para alteração legislativa, previstas no artigo 12, visam assegurar a integridade e a continuidade do ordenamento jurídico. Alterações significativas devem ser feitas por meio de nova redação integral, enquanto alterações pontuais utilizam substituições específicas. Quando dispositivos são revogados, a lei alterada deve indicar expressamente essa revogação, evitando lacunas ou confusões interpretativas.

A consolidação de normas, tratada no artigo 13, consiste na integração de dispositivos legais dispersos em um único texto, sem modificação de seu alcance normativo. Esse processo é crucial para a organização temática do ordenamento jurídico, permitindo a eliminação de redundâncias, atualização terminológica e exclusão de normas tacitamente revogadas ou declaradas inconstitucionais.

Por exemplo, o Decreto-Lei 5.452/1943, que consolida a legislação trabalhista na forma da Consolidação das Leis do Trabalho (CLT), é um marco da consolidação normativa brasileira, reunindo e sistematizando normas trabalhistas em um único diploma.

Importância da LC 95/1998 no Ordenamento Jurídico

A LC 95/1998 desempenha papel essencial na governança legislativa, oferecendo diretrizes que tornam as normas jurídicas acessíveis e eficazes. Seu rigor técnico contribui para a previsibilidade das normas, elemento indispensável em um Estado Democrático de Direito. Ao estabelecer padrões claros para a elaboração legislativa, a LC 95/1998 fortalece o vínculo entre o legislador e a sociedade, garantindo que o ordenamento jurídico reflita os valores e interesses coletivos de forma transparente e ordenada.

Federal:

LC 95/1998	Descrição	Exemplo
Objeto da LC 95/1998	Estabelecer regras para a elaboração, redação, alteração e consolidação das leis no Brasil, conforme o art. 59, parágrafo único, da CF; garantir clareza, uniformidade e coerência na comunicação legislativa; segurança jurídica e eficácia do ordenamento jurídico.	-
Estrutura Básica das Leis (Art. 3º)	**Parte Preliminar:** Epígrafe, ementa, preâmbulo, primeiro artigo (objeto e âmbito de aplicação). **Parte Normativa:** Disposições substantivas (artigos, parágrafos, incisos, alíneas, itens). **Parte Final:** Disposições transitórias, cláusulas de vigência e de revogação.	Lei 13.105/2015 (Código de Processo Civil): parte preliminar com objetivos e princípios, parte normativa extensa e parte final com dispositivos transitórios.
Regras para Redação e Articulação (Art. 10 e 11)	Clareza, precisão e ordem lógica; frases curtas, construções diretas, sem termos ambíguos ou regionais; uniformidade terminológica; articulação hierárquica e numérica (artigos, parágrafos, incisos, alíneas, itens).	Artigos numerados ordinalmente até o nono e cardinalmente a partir deste; desdobramento em parágrafos (§), incisos (I, II, III), alíneas (a, b, c) e itens (1, 2, 3).
Alteração Legislativa (Art. 12)	Alterações significativas: nova redação integral; alterações pontuais: substituições específicas; revogação deve ser indicada expressamente.	Alteração do Código Civil por meio de lei específica, modificando pontualmente artigos ou inserindo novos dispositivos, indicando expressamente as mudanças.

	Integração de dispositivos legais dispersos em um único texto, sem modificação do alcance normativo; organização temática do ordenamento jurídico; eliminação de redundâncias, atualização terminológica e exclusão de normas tacitamente revogadas ou declaradas inconstitucionais.	Decreto-Lei 5.452/1943 (CLT): consolidação das leis do trabalho, reunindo e sistematizando normas trabalhistas em um único diploma.
Consolidação de Normas (Art. 13)		

4.2.3 Costume

O costume é uma das mais antigas fontes do direito, resultante de práticas sociais reiteradas que adquirem força normativa em determinados contextos. No ordenamento jurídico brasileiro, embora a legislação seja a principal fonte formal, o costume desempenha um papel subsidiário e complementar, sendo especialmente relevante nos casos de lacunas normativas ou em situações expressamente previstas pela legislação.

O costume pode ser definido como um comportamento reiterado por um grupo social ao longo do tempo, percebido como obrigatório por seus membros. Trata-se de uma fonte não escrita e espontânea, surgida da prática coletiva, sem a necessidade de uma autoridade formal que a institua. Sua força normativa decorre da aceitação social e da percepção de que sua observância é indispensável para a manutenção da ordem social.

A essência do costume reside no seu caráter comportamental, não sendo inicialmente uma norma jurídica, mas sim um hábito que pode adquirir relevância jurídica. Essa transformação ocorre quando o ordenamento jurídico aceita o costume como válido, conferindo-lhe caráter de norma jurídica.

Requisitos do Costume

Para que um costume seja considerado uma fonte válida do direito, são necessários dois requisitos principais:

1. Elemento Objetivo (Reiteração do Hábito): O comportamento deve ser reiterado por um período de tempo suficientemente longo para demonstrar sua consolidação. A duração necessária é objeto de debate doutrinário. Documentos históricos, como as Ordenações Filipinas, mencionavam comportamentos "longamente usados e tais que se devessem guardar". No Brasil contemporâneo, embora não haja um prazo definido, entende-se que a prática deve ter estabilidade e continuidade.

2. Elemento Subjetivo (Convicção de Obrigatoriedade): O grupo social deve perceber o comportamento como obrigatório, considerando-o uma regra que não pode ser desobedecida. Essa percepção transforma o hábito em norma social.

Classificação dos Costumes

Os costumes podem ser classificados, quanto à sua relação com o direito positivo, em três categorias:

1. Costume Secundum Legem: Aquele expressamente previsto pela legislação como critério de decisão em determinados casos. O Código Civil Brasileiro traz exemplos dessa utilização:

- O art. 569, inciso II, estabelece que, na ausência de acordo entre locador e locatário sobre o prazo de pagamento do aluguel, este será determinado pelos costumes locais.

- Os arts. 596 e 597 preveem que, na ausência de ajuste entre as partes, o pagamento por prestação de serviços será regulado pelos costumes do lugar.

2. Costume Praeter Legem: Surge na ausência de previsão legal, sendo utilizado para preencher lacunas do ordenamento jurídico. O art. 4º da Lei de Introdução às Normas do Direito Brasileiro (LINDB) autoriza o juiz a decidir com base nos costumes quando a lei for omissa.

3. Costume Contra Legem: Configura-se quando o comportamento contraria expressamente uma norma legal. Em regra, tais costumes não são aceitos como fonte do direito, violam a hierarquia normativa estabelecida. No entanto, em situações excepcionais, o costume contra legem pode levar à alteração ou revogação da norma conflitante, caso a prática contrária seja amplamente aceita e praticada.

Aplicações do Costume

No Brasil, os costumes têm aplicação em diferentes ramos do direito, especialmente no direito civil e no direito do trabalho. Além dos exemplos já mencionados no Código Civil, a Consolidação das Leis do Trabalho (CLT) prevê o uso dos costumes como critério subsidiário em decisões trabalhistas, desde que não contrariem disposições legais ou contratuais (art. 8º da CLT).

Outro exemplo relevante é o uso dos costumes marítimos e comerciais em relações internacionais, especialmente em contratos de transporte e comércio exterior, onde práticas reiteradas entre as partes frequentemente complementam ou esclarecem disposições contratuais e legais.

Embora o costume desempenhe papel importante no preenchimento de lacunas e na adequação do direito às dinâmicas sociais, sua aplicação encontra limitações. A principal crítica reside na sua imprevisibilidade e na dificuldade de comprovação de sua existência e aceitação, especialmente em sociedades complexas e heterogêneas como a brasileira. Além disso, a preponderância da legislação como fonte primária do direito muitas vezes reduz o espaço para o costume, relegando-o a um papel secundário.

No entanto, sua flexibilidade e capacidade de refletir práticas sociais tornam o costume uma fonte indispensável em contextos nos quais a legislação não alcança todas as especificidades das relações sociais. Seu uso adequado pode contribuir para um ordenamento jurídico mais dinâmico e adaptável às mudanças da sociedade.

Costume	Descrição
Definição de Costume	Comportamento reiterado por um grupo social ao longo do tempo, percebido como obrigatório por seus membros; fonte não escrita e espontânea, surgida da prática coletiva; fonte subsidiária e complementar à legislação.
Natureza	Caráter comportamental; inicialmente um hábito que pode adquirir relevância jurídica quando aceito pelo ordenamento jurídico, transformando-se em norma.
Requisitos	**Elemento Objetivo (Material):** Reiteração do hábito por um período de tempo suficientemente longo (duração é objeto de debate doutrinário). **Elemento Subjetivo (Psicológico):** Convicção de obrigatoriedade pelo grupo social; percepção de que o comportamento é uma regra que não pode ser desobedecida (opinio juris ou opinio necessitatis).
Classificação (Relação com a Lei)	**Costume Secundum Legem:** Expressamente previsto pela legislação como critério de decisão. **Costume Praeter Legem:** Surge na ausência de previsão legal (lacuna). **Costume Contra Legem:** Contraria expressamente uma norma legal (em regra, não é aceito).
Função	Complementar à legislação; preencher lacunas; auxiliar na interpretação e aplicação do Direito.
Limitações	Não pode contrariar norma legal expressa (exceto em casos excepcionais de revogação da norma pelo costume contra legem amplamente aceito e praticado).

4.2.4 Jurisprudência

A jurisprudência desempenha um papel relevante no ordenamento jurídico brasileiro, funcionando como uma fonte formal que orienta a aplicação e a interpretação do direito. Embora não tenha o mesmo caráter vinculativo da legislação, sua importância está ligada à previsibilidade e à segurança jurídica, na medida em que decisões anteriores influenciam e uniformizam os julgamentos posteriores.

No âmbito jurídico, a jurisprudência é entendida como o conjunto de decisões reiteradas de tribunais sobre casos semelhantes. Esse comportamento judicial uniforme reflete a busca por consistência nas decisões, de modo a garantir que situações idênticas recebam tratamentos jurídicos semelhantes. Assim, a jurisprudência não constitui uma norma criada diretamente pelo legislador, mas emerge do processo de interpretação e aplicação das normas pelos órgãos do Poder Judiciário.

A jurisprudência pode ser classificada como fonte **indireta** ou **direta** do direito. Como fonte indireta, ela é utilizada para justificar a escolha de uma norma aplicável ou para embasar a interpretação de um dispositivo legal. Já como fonte direta, a jurisprudência pode ser invocada de maneira autônoma, especialmente nos casos de súmulas e precedentes vinculantes, quando adquire força normativa.

A utilização da jurisprudência como fonte indireta ocorre, por exemplo, quando um juiz menciona decisões anteriores para justificar sua interpretação de uma norma ou para corroborar a escolha de determinada regra aplicável ao caso concreto. Nesse sentido, a jurisprudência opera como um parâmetro interpretativo, conferindo maior consistência à aplicação do direito.

Por outro lado, a jurisprudência torna-se fonte direta do direito em situações específicas. As súmulas vinculantes, previstas no art. 103-A da Constituição Federal, são exemplos emblemáticos de jurisprudência com força normativa. Essas súmulas obrigam todos os órgãos do Poder Judiciário e da Administração Pública direta e indireta a observarem as orientações nelas contidas, salvo se houver revisão ou cancelamento.

No Brasil, o Código de Processo Civil de 2015 (CPC/2015) trouxe importantes avanços no reconhecimento da jurisprudência como fonte direta do direito, especialmente por meio da instituição de mecanismos que visam à uniformização e estabilização das decisões judiciais. Os artigos 926 e 927 do CPC estabelecem que os tribunais devem manter sua jurisprudência estável, íntegra e coerente, sendo obrigatória a observância de determinados precedentes, tais como:

- Decisões do Supremo Tribunal Federal em controle concentrado de constitucionalidade;
- Enunciados de súmulas vinculantes;
- Decisões em incidentes de resolução de demandas repetitivas ou de assunção de competência;
- Acórdãos proferidos em julgamento de recursos extraordinários ou especiais repetitivos.

Essa estrutura normativa reforça a segurança jurídica e a previsibilidade das decisões judiciais, elementos essenciais em um Estado Democrático de Direito.

Jurisprudência e Segurança Jurídica

A jurisprudência contribui significativamente para a segurança jurídica ao reduzir a imprevisibilidade das decisões judiciais. Por meio da uniformização e da estabilidade, as partes envolvidas em disputas jurídicas podem antecipar, com razoável grau de certeza, o desfecho de seus casos com base em decisões anteriores.

Esse papel da jurisprudência é especialmente relevante em um país como o Brasil, onde o grande volume de processos judiciais e a diversidade de interpretações judiciais poderiam comprometer a coerência do ordenamento jurídico. A existência de súmulas, precedentes vinculantes e mecanismos de resolução de demandas repetitivas minimiza os riscos de decisões conflitantes, promovendo a confiança no sistema de justiça.

Apesar de sua relevância, a jurisprudência enfrenta algumas limitações no contexto brasileiro. A elevada quantidade de decisões judiciais, a sobrecarga dos tribunais e a existência de divergências entre diferentes instâncias podem dificultar a uniformidade jurisprudencial. Além disso, a rigidez excessiva na aplicação de precedentes pode comprometer a adaptação do direito às transformações sociais.

Ainda assim, o fortalecimento de mecanismos de uniformização, como os recursos repetitivos e as súmulas vinculantes, tem contribuído para superar esses desafios, consolidando a jurisprudência como uma fonte indispensável do direito no Brasil.

Jurisprudência	Descrição
Definição de Jurisprudência	Conjunto de decisões reiteradas de tribunais sobre casos semelhantes; reflete a busca por consistência nas decisões, garantindo que situações idênticas recebam tratamentos jurídicos semelhantes; não é criada pelo legislador, mas emerge da interpretação e aplicação das normas pelos órgãos do Judiciário.
Função	Orientar a aplicação e a interpretação do Direito; promover a previsibilidade e a segurança jurídica; uniformizar os julgamentos; garantir a coerência do ordenamento jurídico.
Jurisprudência como Fonte Indireta	Justifica a escolha de uma norma aplicável ou embasa a interpretação de um dispositivo legal; opera como parâmetro interpretativo, conferindo maior consistência à aplicação do Direito.
Jurisprudência como Fonte Direta	Invocada de maneira autônoma, especialmente nos casos de súmulas e precedentes vinculantes, quando adquire força normativa.
Jurisprudência e Segurança Jurídica	Contribui para a segurança jurídica ao reduzir a imprevisibilidade das decisões judiciais; uniformização e estabilidade permitem que as partes antecipem o desfecho de seus casos com base em decisões anteriores; minimiza riscos de decisões conflitantes, promovendo a confiança no sistema de justiça.

4.2.5 Negócio Jurídico

O negócio jurídico representa uma relevante fonte formal do direito no âmbito do ordenamento jurídico brasileiro, especialmente em sua vertente privada. Ele materializa a autonomia da vontade das partes, que, ao estabelecerem acordos, criam normas aplicáveis entre si, desde que respeitados os limites estabelecidos pela lei e os princípios gerais do direito. Por meio de contratos, testamentos e outras manifestações de vontade, os negócios jurídicos geram direitos e obrigações, constituindo-se em um dos principais instrumentos de regulação das relações jurídicas em uma sociedade.

O negócio jurídico pode ser definido como uma manifestação de vontade destinada a produzir efeitos jurídicos reconhecidos pelo ordenamento, como a criação, modificação ou extinção de direitos e deveres. Sua essência está na autonomia privada, permitindo que indivíduos capazes regulem suas próprias relações dentro dos limites da legalidade. Essa liberdade, entretanto, é condicionada pelo respeito à função social do negócio, à boa-fé e aos valores fundamentais do direito.

Exemplo clássico de negócio jurídico é o contrato, em que as partes, por mútuo consentimento, estabelecem regras que vinculam ambas as partes, como no caso de uma compra e venda ou um contrato de locação.

Classificação dos Negócios Jurídicos como Fontes do Direito

Os negócios jurídicos podem ser classificados em relação à sua conformidade com a legislação, o que determina sua validade e eficácia como fonte do direito:

1. Negócios Jurídicos *Secundum Legem*

São aqueles expressamente previstos na legislação. Por exemplo, o contrato de compra e venda, regulado no Código Civil (arts. 481 e seguintes), é uma manifestação típica desse tipo de negócio jurídico. O ordenamento reconhece e regulamenta a prática, oferecendo segurança às partes.

2. Negócios Jurídicos *Praeter Legem*

Representam negócios jurídicos que, embora não previstos expressamente pela lei, são permitidos pelo direito privado. Um exemplo seria a criação de cláusulas contratuais atípicas em contratos de prestação de serviços, desde que respeitem os limites impostos pela função social do contrato e pela boa-fé objetiva (arts. 421 e 422 do CC).

3. Negócios Jurídicos *Contra Legem*

São negócios jurídicos que contrariam diretamente normas legais. Esses negócios são inválidos e não produzem efeitos jurídicos, sendo anulados pelo ordenamento. Por exemplo, um contrato de trabalho que estipule condições abaixo do mínimo legal previsto pela Consolidação das Leis do Trabalho (CLT) será considerado nulo.

Elementos Essenciais dos Negócios Jurídicos

A autonomia privada é o alicerce dos negócios jurídicos, possibilitando que as partes regulem suas relações de maneira flexível, atendendo às suas necessidades específicas. Esse princípio é particularmente relevante em sociedades capitalistas, onde a livre iniciativa desempenha papel central nas interações econômicas.

No entanto, a autonomia da vontade encontra limites no próprio ordenamento jurídico. A função social do contrato, prevista no art. 421 do Código Civil, e a boa-fé objetiva (art. 422) são princípios que orientam e restringem o exercício da autonomia privada, assegurando que os negócios jurídicos atendam ao interesse coletivo e respeitem os padrões éticos.

O Código Civil brasileiro (art. 104) estabelece os requisitos essenciais para a validade dos negócios jurídicos, permitindo que se tornem fontes do direito:

1. Agente capaz: A capacidade civil é requisito indispensável para que o negócio jurídico produza efeitos, salvo nas hipóteses de representação legal ou curatela.

2. Objeto lícito, possível, determinado ou determinável: O objeto do negócio deve estar de acordo com a lei e ser realizável, evitando situações de impossibilidade jurídica ou física.

3. Forma prescrita ou não proibida em lei: Embora a regra geral seja a liberdade de forma, determinados negócios jurídicos exigem forma específica, como a escritura pública nos casos previstos pelo art. 108 do Código Civil.

Exemplos Práticos

1. Contrato de Compra e Venda de Imóvel

Esse negócio jurídico é regulado por normas específicas no Código Civil e exige forma pública (escritura pública) quando o valor do imóvel ultrapassa determinado montante (art. 108 do CC). Trata-se de um exemplo de negócio jurídico *secundum legem*, em que as partes exercem sua autonomia dentro dos limites previstos na legislação.

2. Contrato de Confidencialidade (NDA)

É um exemplo de negócio jurídico *praeter legem*, uma vez que não é especificamente regulamentado no Código Civil, mas é amplamente aceito no direito privado, desde que respeite os princípios gerais do ordenamento.

3. Cláusula Contratual Abusiva em Contrato de Consumo

Uma cláusula que limite de forma exagerada os direitos do consumidor, como uma cláusula de renúncia a direitos fundamentais, configura um negócio jurídico *contra legem*, sendo considerada nula de pleno direito, conforme o Código de Defesa do Consumidor (art. 51).

Negócio Jurídico	Descrição
Definição de Negócio Jurídico	Manifestação de vontade destinada a produzir efeitos jurídicos reconhecidos pelo ordenamento (criação, modificação ou extinção de direitos e deveres); expressão da autonomia privada; fonte formal do Direito, especialmente no âmbito privado.
Classificação	**Secundum Legem:** Expressamente previstos na legislação. **Praeter Legem:** Não previstos expressamente, mas permitidos pelo direito privado. **Contra Legem:** Contrariam normas legais; inválidos e não produzem efeitos.
Elementos Essenciais (Art. 104, CC)	**Agente capaz:** Capacidade civil para a prática do ato. **Objeto lícito, possível, determinado ou determinável:** Objeto de acordo com a lei e realizável. **Forma prescrita ou não proibida em lei:** Forma específica, quando exigida (ex: escritura pública, art. 108 do CC).

4.2.6 Outras fontes do Direito Estatal Brasileiro

Além da legislação, do costume, da jurisprudência e dos negócios jurídicos, o ordenamento jurídico brasileiro reconhece outras fontes que, embora frequentemente acessórias, desempenham um papel importante na solução de conflitos e na interpretação das normas. Entre essas fontes, destacam-se as fontes racionais, como a analogia, os princípios gerais do direito e a equidade, bem como a doutrina. Essas fontes atuam especialmente quando há lacunas no ordenamento, complementando-o de forma coerente e sistemática.

As fontes racionais são aquelas fundamentadas no raciocínio jurídico e na lógica normativa, sendo utilizadas principalmente nos casos em que o ordenamento jurídico apresenta lacunas. De acordo com o art. 4º da *Lei de Introdução às Normas do Direito Brasileiro* (LINDB), o juiz deve decidir os casos omissos com base na analogia, nos costumes e nos princípios gerais de direito. Essa orientação reflete a impossibilidade de o juiz se eximir de decidir, conforme preceitua o art. 140 do Código de Processo Civil (CPC).

A **analogia** consiste na aplicação de uma norma jurídica existente para regular um caso semelhante, mas não previsto pelo ordenamento. Trata-se de um método comparativo, no qual o julgador identifica elementos comuns entre o caso concreto e a norma existente, adaptando esta última para solucionar o conflito. Por exemplo, a aplicação das normas sobre locação de imóveis a contratos de locação de bens móveis, na ausência de regulamentação específica para estes últimos, é um exemplo típico de analogia.

Os **princípios gerais do direito** são valores fundamentais que orientam a interpretação e a aplicação das normas jurídicas. Eles constituem uma fonte direta de direito, permitindo ao juiz decidir questões com base em diretrizes amplas, como a dignidade da pessoa humana, a boa-fé e a proporcionalidade. Por exemplo, o princípio da função social dos contratos (art. 421 do Código Civil) é frequentemente utilizado para limitar cláusulas contratuais abusivas, mesmo na ausência de previsão legal específica.

A **equidade** refere-se à aplicação de critérios subjetivos de justiça para resolver um conflito, tendo como base as particularidades do caso concreto. No direito brasileiro, a equidade é uma fonte restrita, sendo utilizada apenas nos casos em que a lei a autoriza expressamente, como previsto no art. 1740, II, do Código Civil, em que o juiz pode decidir sobre o regime de bens do casal em determinadas hipóteses.

A **doutrina** compreende o conjunto de estudos e interpretações realizados por juristas, por meio de livros, artigos e pareceres científicos, sobre temas do direito. Embora não tenha força normativa, a doutrina influencia a formação e a aplicação do direito, auxiliando legisladores, advogados, juízes e demais operadores jurídicos na compreensão e interpretação das normas.

No Brasil, a doutrina não é formalmente reconhecida como fonte do direito. Contudo, sua relevância prática é inegável, especialmente em áreas de grande complexidade ou em situações que demandam uma abordagem inovadora. Um exemplo notável é o impacto das obras de Pontes de Miranda na sistematização do direito civil brasileiro e sua influência nos tribunais superiores.

O uso das fontes racionais e doutrinárias no ordenamento jurídico brasileiro é pautado pela necessidade de complementar a legislação e de adaptar o direito às demandas sociais. Essa aplicação segue determinados critérios legais, como os previstos no art. 108 do Código Tributário Nacional (CTN), que estabelece uma hierarquia de fontes para resolver lacunas na legislação tributária:

- Analogia (art. 108, I, CTN);
- Princípios gerais do direito tributário (art. 108, II, CTN);
- Princípios gerais do direito público (art. 108, III, CTN);
- Equidade (art. 108, IV, CTN).

Por exemplo, no direito tributário, a analogia pode ser empregada para estender uma norma existente a um caso semelhante, desde que não resulte na criação de novos tributos, conforme vedado pelo §1º do art. 108 do CTN.

Embora as fontes racionais e a doutrina desempenhem papel crucial no preenchimento de lacunas e na interpretação das normas, elas são limitadas pelo princípio da legalidade e pelo respeito às hierarquias normativas. Assim, nenhuma dessas fontes pode contrariar normas legais expressas ou criar obrigações não previstas em lei, salvo autorização constitucional ou legal.

4 • ORDENAMENTO JURÍDICO: CONCEITO E FONTES 157

Conforme dispõe o art. 8º do CPC, ao aplicar o ordenamento jurídico, o juiz deve atender aos fins sociais e às exigências do bem comum, promovendo a dignidade da pessoa humana e observando critérios de razoabilidade e proporcionalidade. Esse dispositivo reflete o equilíbrio necessário entre a autonomia do julgador e o respeito ao sistema normativo.

Exemplos de Aplicação Prática

- **Analogia em Relações de Consumo**

    No âmbito do Código de Defesa do Consumidor (CDC), a aplicação das normas de proteção ao consumidor final pode ser estendida, por analogia, a relações contratuais atípicas, desde que apresentem características semelhantes às previstas no CDC.

- **Princípios Gerais em Questões Contratuais**

    A aplicação do princípio da boa-fé objetiva (art. 422 do Código Civil) para corrigir desequilíbrios contratuais, mesmo quando as partes não o mencionam expressamente, é um exemplo recorrente nos tribunais.

- **Equidade em Relações Trabalhistas**

    A Justiça do Trabalho utiliza a equidade para decidir casos específicos em que as normas legais e contratuais não oferecem solução adequada, desde que respeitados os princípios do direito do trabalho.

As fontes racionais e a doutrina desempenham um papel indispensável no ordenamento jurídico brasileiro, complementando a legislação e permitindo uma aplicação mais adaptada às complexas demandas da sociedade contemporânea. Apesar de sua natureza acessória, sua utilização requer rigor e respeito aos limites normativos, assegurando a segurança jurídica e a coerência do sistema. Essas fontes reafirmam a flexibilidade do direito, sem comprometer sua estabilidade, contribuindo para a contínua evolução do ordenamento jurídico.

Brasileiro:

Fonte	Descrição	Limitações	Exemplos
Analogia	Aplicação de uma norma jurídica existente para regular um caso semelhante, mas não previsto pelo ordenamento; método comparativo que identifica elementos comuns entre o caso concreto e a norma existente.	Não pode contrariar normas legais expressas; no Direito Tributário, não pode resultar na criação de novos tributos (art. 108, §1º, CTN).	Aplicação das normas sobre locação de imóveis a contratos de locação de bens móveis, na ausência de regulamentação específica.

Princípios Gerais do Direito	Valores fundamentais que orientam a interpretação e a aplicação das normas jurídicas; fonte direta de direito, permitindo ao juiz decidir com base em diretrizes amplas (ex: dignidade da pessoa humana, boa-fé, proporcionalidade).	Devem respeitar o princípio da legalidade e a hierarquia normativa.	Princípio da função social dos contratos (art. 421, CC) usado para limitar cláusulas contratuais abusivas.
Equidade	Aplicação de critérios subjetivos de justiça para resolver um conflito, com base nas particularidades do caso concreto; fonte restrita, utilizada apenas nos casos em que a lei autoriza expressamente.	Utilização apenas nos casos autorizados por lei; não pode contrariar norma legal expressa.	Art. 1740, II, do CC: juiz pode decidir sobre o regime de bens do casal em determinadas hipóteses, usando a equidade.
Doutrina	Conjunto de estudos e interpretações realizados por juristas sobre temas do Direito; não tem força normativa, mas influencia a formação e a aplicação do Direito; auxilia na compreensão e interpretação das normas.	Não é formalmente reconhecida como fonte do Direito no Brasil; não possui força normativa; não pode contrariar a lei.	Influência das obras de Pontes de Miranda na sistematização do Direito Civil brasileiro e sua repercussão nos tribunais superiores; uso de artigos e pareceres para embasar decisões judiciais e fundamentar peças processuais.
Função das Fontes Racionais e Doutrina	Complementar a legislação e adaptar o Direito às demandas sociais, preenchendo lacunas e auxiliando na interpretação das normas; pautada pela necessidade de complementar a legislação e de adaptar o Direito às demandas sociais.	Devem respeitar o princípio da legalidade e a hierarquia normativa.	Art. 4º da LINDB: juiz deve decidir com base na analogia, costumes e princípios gerais do Direito quando a lei for omissa; Art. 8º do CPC: ao aplicar o ordenamento, o juiz deve atender aos fins sociais e ao bem comum.

4.2.7 Balanço das fontes do direito no Brasil

O ordenamento jurídico brasileiro reconhece a superioridade da lei no sistema de fontes, conferindo-lhe centralidade e autoridade como produto do processo legislativo constitucional. Essa hierarquia normativa reflete o princípio da legalidade, base fundamental do Estado de Direito.

A lei, formalmente criada pelo processo legislativo, ocupa o topo da hierarquia normativa no ordenamento jurídico brasileiro, conferindo previsibilidade e segurança jurídica às relações sociais. Mas o Código de Processo Civil (art. 8º) consagra a aplicação do ordenamento jurídico como um todo, estabelecendo que o juiz deve atender aos fins sociais, às exigências do bem comum e aos princípios da dignidade da pessoa humana, proporcionalidade, razoabilidade, legalidade, publicidade e eficiência. Esse dispositivo reforça um conceito ampliado de legalidade, que inclui fontes normativas administrativas e outras disposições regulatórias, desde que compatíveis com a Constituição e a legislação.

4 • ORDENAMENTO JURÍDICO: CONCEITO E FONTES **159**

Exemplo: Decretos regulamentares, instruções normativas e resoluções, quando expedidos em conformidade com a lei, complementam e detalham o direito legislado, funcionando como fontes normativas administrativas no contexto da legalidade ampla.

Obrigação de Decidir na Ausência de Lei

Mesmo na ausência de uma norma legislada que preveja expressamente a solução de um caso, o juiz não pode se eximir de decidir, conforme determina o art. 140 do CPC. Esse princípio assegura a completude do ordenamento jurídico e a solução de todos os conflitos, ainda que a legislação aplicável seja omissa.

O art. 4º da LINDB estabelece três fontes alternativas à lei para suprir lacunas normativas: a analogia, os costumes e os princípios gerais do direito. Essas fontes funcionam como instrumentos subsidiários que permitem ao juiz construir a solução do caso com base no sistema jurídico vigente.

Exemplo: Na ausência de legislação específica sobre determinada obrigação contratual, o juiz pode aplicar princípios gerais, como a boa-fé objetiva (art. 422 do CC), para decidir o conflito.

Além da regra geral da LINDB, diferentes ramos do direito possuem regras específicas para a utilização de fontes alternativas:

- **Direito Trabalhista:** O art. 8º da CLT prevê a aplicação de jurisprudência, analogia, equidade, princípios gerais do direito, costumes e direito comparado para resolver lacunas, com a condição de priorizar o interesse público e evitar a prevalência de interesses particulares ou de classe.

- **Direito Tributário:** O art. 108 do CTN estipula uma ordem para o uso das fontes alternativas na ausência de disposição expressa, priorizando a analogia, os princípios gerais de direito tributário, os princípios gerais de direito público e, por fim, a equidade. Além disso, limita a aplicação dessas fontes, vedando a criação de tributos não previstos em lei ou a dispensa de tributos devidos.

A jurisprudência, tradicionalmente considerada uma fonte indireta, tornou-se uma fonte direta do direito brasileiro em casos específicos, principalmente após as reformas processuais recentes. O Código de Processo Civil (art. 927) estabelece a obrigatoriedade de juízes e tribunais observarem decisões vinculantes, como súmulas vinculantes, acórdãos em recursos repetitivos e precedentes firmados em incidente de resolução de demandas repetitivas (IRDR). Essa transformação conferiu maior uniformidade e previsibilidade ao sistema jurídico.

Exemplo: O julgamento de recursos repetitivos pelo STJ em questões de consumo, como cláusulas abusivas em contratos bancários, estabelece precedentes que vinculam decisões futuras, garantindo segurança jurídica e eficiência.

Os negócios jurídicos também desempenham um papel relevante como fontes normativas no direito privado. Esses instrumentos refletem a autonomia da vontade das partes, permitindo a criação de normas específicas que regulam suas relações, desde que respeitados os limites legais, como a função social dos contratos (art. 421 do CC) e os princípios da boa-fé (art. 422 do CC).

Exemplo: Contratos de prestação de serviços com cláusulas ajustadas pelas partes, dentro dos limites legais, criam obrigações específicas que se tornam fontes de direitos e deveres entre os contratantes.

O balanço das fontes no direito brasileiro revela um sistema normativo estruturado em torno da superioridade da lei, mas que também reconhece a importância de outras fontes, como a jurisprudência, os negócios jurídicos, os costumes e os princípios gerais do direito. A legalidade ampliada, como orienta o art. 8º do CPC, assegura a aplicação harmônica dessas fontes, garantindo um ordenamento jurídico completo e funcional, apto a atender às demandas sociais e às exigências da justiça.

Aspecto	Descrição
Superioridade da Lei	Lei como fonte principal e superior do Direito, refletindo o princípio da legalidade, base do Estado de Direito.
Obrigação de Decidir na Ausência de Lei (Non Liquet)	Juiz não pode se eximir de decidir, mesmo na ausência de norma legislada que preveja expressamente a solução do caso (art. 140, CPC); assegura a completude do ordenamento e a solução de todos os conflitos.
Fontes Alternativas à Lei (Integração)	Art. 4º da LINDB: **analogia, costumes e princípios gerais do direito** como fontes subsidiárias para suprir lacunas normativas. **Direito Trabalhista (art. 8º, CLT):** jurisprudência, analogia, equidade, princípios gerais, costumes e direito comparado, priorizando o interesse público. **Direito Tributário (art. 108, CTN):** analogia, princípios gerais de direito tributário, princípios gerais de direito público e equidade, com limitações.
Jurisprudência como Fonte Direta	Tradicionalmente fonte indireta, tornou-se fonte direta em casos específicos (art. 927, CPC); obrigatoriedade de observância de decisões vinculantes (súmulas vinculantes, acórdãos em recursos repetitivos, precedentes em IRDR); maior uniformidade e previsibilidade ao sistema jurídico.
Negócios Jurídicos como Fonte Normativa	Instrumentos que refletem a autonomia da vontade das partes no direito privado; permitem a criação de normas específicas que regulam suas relações, respeitando os limites legais (função social dos contratos, art. 421 do CC; princípios da boa-fé, art. 422 do CC).

	Sistema normativo estruturado em torno da superioridade da lei, mas que também reconhece a importância de outras fontes (jurisprudência, negócios jurídicos, costumes, princípios gerais); legalidade ampliada (art. 8º CPC) assegura a aplicação harmônica dessas fontes, garantindo um ordenamento jurídico completo e funcional.
Balanço das Fontes no Direito Brasileiro	

4.3 CONHECIMENTO DO DIREITO

O ordenamento jurídico brasileiro, concebido como um conjunto de normas completas, opera sob a premissa de que é capaz de se pronunciar sobre qualquer fato relevante por meio de uma norma jurídica. Essa ideia de completude impõe aos cidadãos e às autoridades públicas a obrigação de conhecer e respeitar o direito vigente.

A completude corresponde à ideia de que não existem lacunas absolutas. Sempre que surge uma situação que demande uma solução normativa, espera-se que o sistema jurídico ofereça uma resposta adequada, seja por meio de uma norma legislada, seja por fontes subsidiárias, como princípios, jurisprudência ou analogia. Essa premissa sustenta a obrigatoriedade de os cidadãos e juízes respeitarem o direito.

Exemplo: Na ausência de uma legislação específica para regulamentar um contrato atípico, o juiz pode recorrer aos princípios gerais do direito privado, como a boa-fé objetiva e a função social do contrato (art. 422 do CC), para decidir a controvérsia.

A Presunção de Conhecimento do Direito

O art. 3º da **Lei de Introdução às Normas do Direito Brasileiro (LINDB)** estabelece que "ninguém se escusa de cumprir a lei alegando que não a conhece". Esse princípio reflete a potencial presunção de conhecimento do direito, ou seja, tanto os cidadãos quanto os juízes são obrigados a conhecer e aplicar as normas jurídicas, independentemente de sua real familiaridade com elas.

Exemplo: No caso de uma infração de trânsito, o infrator não pode alegar desconhecimento das normas do Código de Trânsito Brasileiro (CTB) como justificativa para isenção de penalidade.

Embora haja a potencial presunção de conhecimento do direito seja absoluta, sua eficácia prática é limitada por fatores como a complexidade do ordenamento jurídico, a extensão das normas em vigor e o acesso à informação jurídica. Na prática, presume-se que os cidadãos têm condições mínimas de conhecer as normas fundamentais que regem suas atividades cotidianas, enquanto os juízes têm acesso aos recursos necessários para a aplicação do direito.

Juízes e conhecimento do direito

O art. 140 do Código de Processo Civil (CPC) estabelece que o juiz não pode se eximir de decidir sob a alegação de lacuna ou obscuridade do ordenamento jurídico. Essa regra visa assegurar a completude do sistema, exigindo que o magistrado recorra a fontes alternativas nos casos em que não exista uma norma legislada aplicável.

O art. 4º da LINDB estabelece a regra geral para esses casos, determinando o uso sucessivo da analogia, dos costumes e dos princípios gerais do direito. Em ramos específicos, como o trabalhista e o tributário, há diretrizes próprias para o preenchimento de lacunas.

Os juízes, desse modo, como operadores do direito, possuem o dever de conhecer e aplicar o ordenamento jurídico em sua integralidade. No contexto processual, a obrigação de decidir conforme o ordenamento jurídico (art. 8º do CPC) amplia a ideia de legalidade para incluir fontes não legisladas, como jurisprudência vinculante e princípios constitucionais.

Cidadãos e o Conhecimento das Normas

A obrigatoriedade de os cidadãos brasileiros conhecerem toda a legislação vigente é um tema que desperta debates teóricos e práticos no campo jurídico. A questão está intimamente relacionada ao princípio da segurança jurídica, essencial para a convivência social, e ao artigo 3º da **Lei de Introdução às Normas do Direito Brasileiro (LINDB)**, que estabelece: *"Ninguém se escusa de cumprir a lei, alegando que não a conhece."* Diante disso, três teses se destacam na doutrina jurídica para interpretar essa norma.

1. Presunção Relativa de Conhecimento do Direito

Essa primeira tese, amplamente minoritária na doutrina e jurisprudência, defende que a presunção de conhecimento do direito não seria absoluta, mas relativa. Em outras palavras, admite-se a possibilidade de afastar essa presunção caso o indivíduo comprove circunstâncias concretas que demonstrem a impossibilidade de conhecer a norma aplicável.

Por exemplo, um cidadão que vive em uma região remota, sem acesso à educação ou informações legais, poderia alegar e provar que o desconhecimento da norma foi inevitável. Essa tese é frequentemente criticada por enfraquecer a ideia de segurança jurídica, já que permitiria inúmeras controvérsias judiciais acerca da prova do desconhecimento.

Embora interessante como reflexão, essa abordagem é pouco aceita, sendo raramente aplicada pelos tribunais brasileiros.

2. Presunção Absoluta de Conhecimento do Direito

Essa tese é amplamente majoritária e está consolidada na prática jurídica brasileira. A presunção de conhecimento das leis é considerada absoluta, ou seja, **não admite prova em contrário**. A ideia central é que todos os cidadãos devem considerar-se informados sobre o ordenamento jurídico, independentemente de suas condições de vida, acesso à informação ou complexidade das normas.

Essa presunção absoluta decorre do próprio artigo 3º da LINDB, que reforça a impossibilidade de alguém justificar o descumprimento da lei pelo desconhecimento. Essa abordagem busca preservar a estabilidade das relações jurídicas e a previsibilidade das decisões judiciais.

Um exemplo prático dessa aplicação ocorreu no **Habeas Corpus 127591** do Supremo Tribunal Federal, onde se decidiu que o desconhecimento da norma penal não exime o indivíduo de sua responsabilidade criminal. De forma semelhante, o Tribunal de Justiça de São Paulo (TJSP), no julgamento da Apelação **1020633-60.2017.8.26.0053**, manteve a rejeição da alegação de desconhecimento da lei por parte de um cidadão impedido de obter a CNH definitiva.

3. Obrigação de Conhecer a Lei

A terceira tese apresenta uma perspectiva diferenciada, tratando o conhecimento das leis não como uma presunção, mas como uma **obrigação jurídica** imposta aos cidadãos. Nesse sentido, o artigo 3º da LINDB não estabeleceria apenas uma ficção jurídica, mas também um dever legal efetivo de buscar conhecer as normas que regem as condutas sociais.

Sob essa ótica, o desconhecimento da lei implicaria não apenas na inaplicabilidade da justificativa para o descumprimento, mas também na possibilidade de responsabilização do indivíduo pelo não cumprimento de sua obrigação de informar-se sobre as normas. Trata-se de uma visão prática que reforça a responsabilidade pessoal em observar o ordenamento jurídico, com mecanismos de concretização, como a **consulta a advogados ou profissionais especializados**.

Essa tese também enfatiza o papel do Estado e da sociedade na promoção do acesso à educação jurídica, de forma a auxiliar os cidadãos a cumprir essa obrigação. Por exemplo, campanhas de informação pública ou programas de incentivo à educação legal podem ser compreendidos como ferramentas para concretizar essa obrigação de conhecimento.

Entre as três teses apresentadas, a **presunção absoluta de conhecimento do direito** é a mais aceita e aplicada no Brasil, refletindo o entendimento consolidado na doutrina e jurisprudência. No entanto, a **obrigação de conhecer a lei** apresenta-se como uma perspectiva complementar e pragmática, que enfatiza o dever de o cidadão buscar informação para evitar responsabilizações. Por outro lado, a **presunção relativa** é considerada insuficiente para garantir a segurança jurídica e a previsibilidade das relações sociais.

Independentemente da tese adotada, o princípio geral permanece: o desconhecimento da lei não é aceito como justificativa para o seu descumprimento, reforçando a necessidade de um ordenamento jurídico acessível e transparente.

Lacuna:

Aspecto	Descrição
Completude do Ordenamento Jurídico	Ideia de que o ordenamento é capaz de se pronunciar sobre qualquer fato relevante por meio de uma norma jurídica; não existem lacunas absolutas; sempre que surge uma situação que demanda solução normativa, o sistema jurídico oferece uma resposta (por norma legislada ou fontes subsidiárias).
Presunção de Conhecimento do Direito (Art. 3º LINDB)	"Ninguém se escusa de cumprir a lei alegando que não a conhece".
Teses sobre o Art. 3º da LINDB	**1. Presunção Relativa:** Presunção de conhecimento do Direito pode ser afastada se comprovada a impossibilidade de conhecer a norma. **2. Presunção Absoluta:** Presunção de conhecimento é absoluta, não admite prova em contrário. **3. Obrigação de Conhecer a Lei:** Não é uma presunção, mas uma obrigação jurídica imposta aos cidadãos; dever legal de buscar conhecer as normas.

5
DINÂMICA DO ORDENAMENTO JURÍDICO

5.1 VALIDADE, VIGÊNCIA, VIGOR E EFICÁCIA

5.1.1 Validade da Norma Jurídica

A validade de uma norma jurídica é um dos pilares fundamentais do ordenamento jurídico, sendo objeto de análise tanto do ponto de vista técnico quanto ético. A validade determina se uma norma pertence ou não ao sistema jurídico, e sua existência é pré-requisito para a vigência, o vigor e a eficácia. Esse conceito pode ser dividido em **validade técnica** e **validade ética**, que se complementam, mas têm critérios e implicações distintos.

A **validade técnica** refere-se à conformidade da norma com os requisitos formais e materiais exigidos pelo ordenamento jurídico. Em outras palavras, uma norma será considerada válida se:

1. Autoridade Competente: Foi criada por um órgão ou autoridade que detinha competência para tanto. Por exemplo, leis são criadas pelo Poder Legislativo, e sentenças judiciais decorrem do Poder Judiciário.

2. Rito e Instrumento Adequados: Seguiu o procedimento previsto para sua criação, utilizando o instrumento jurídico apropriado. Por exemplo, a criação de uma lei exige o cumprimento do processo legislativo, conforme previsto na Constituição Federal.

3. Respeito às Normas Superiores: Está em conformidade com as normas de hierarquia superior no ordenamento jurídico, evitando contradições ou incompatibilidades. Uma norma infraconstitucional não pode contrariar a Constituição Federal.

4. Publicação: Foi devidamente publicada, tornando-se acessível ao conhecimento público. A publicação é um requisito formal essencial para assegurar a transparência e a publicidade das normas jurídicas.

Quando a norma preenche os requisitos técnicos, dizemos que ela é "legal". Fazemos uma análise quanto à "legalidade" da norma. Um decreto administrativo, por exemplo, será ilegal se contrariar os requisitos técnicos de validade.

Além disso, também podemos denominar "constitucional" uma norma, geralmente uma lei, que preencha os requisitos técnicos de validade. Por outro lado, quando dizemos que uma lei é inconstitucional, isso significa que ela não preenche tais requisitos.

Exemplo: Uma lei aprovada pelo Congresso Nacional, sancionada pelo Presidente da República e publicada no Diário Oficial, é tecnicamente válida, desde que respeite os limites constitucionais.

A **validade ética** vai além da análise técnica, considerando a legitimidade da norma sob a ótica da justiça e da aceitação social. Uma norma pode ser tecnicamente válida, vigente, eficaz e ter vigor, mas sua aplicação pode ser considerada injusta pela sociedade. Nesse contexto, a validade ética examina:

- **Justiça Substantiva:** O conteúdo da norma é analisado quanto à sua capacidade de promover valores éticos e sociais amplamente aceitos, como a igualdade, a liberdade e a dignidade humana.

- **Aceitação Social:** A "legitimidade" da norma está vinculada à sua aceitação pelos cidadãos. Uma norma que é amplamente rejeitada pela sociedade pode enfrentar dificuldades em sua implementação prática, mesmo que seja tecnicamente válida.

Importante ressaltar que a norma considerada justa pela sociedade, conforme mencionado acima, é chamada de "legítima". Com isso, podemos diferenciar dois conceitos: a legalidade liga-se à validade técnica; a legitimidade, liga-se à validade ética.

Exemplo: Normas que instituem tributos podem ser tecnicamente válidas, mas, se a carga tributária for considerada excessiva ou injusta, sua validade ética poderá ser questionada.

Diferenciação entre Validade Formal e Material

A validade técnica pode ser subdividida em:

1. Validade Formal: Diz respeito à observância dos procedimentos e instrumentos previstos no ordenamento jurídico. Sob o aspecto formal, a norma é válida quando criada por autoridade competente, utilizando o instrumento normativo adequado e obedecendo aos procedimentos estabelecidos. Por exemplo, uma lei federal deve ser criada pelo Congresso Nacional, seguindo o processo legislativo previsto na Constituição Federal, incluindo votação em ambas as casas legislativas e sanção presidencial. Normas editadas sem o devido processo, como decretos que extrapolam os limites conferidos ao Executivo, são inválidas formalmente.

Por exemplo, a aprovação de uma medida provisória deve seguir os requisitos específicos da Constituição.

2. Validade Material: Refere-se à compatibilidade do conteúdo da norma com o ordenamento jurídico. Seria a adequação material, ou seja, a compatibilidade do conteúdo normativo com normas hierarquicamente superiores ou de mesma hierarquia. Essa análise é crucial em um sistema hierárquico, onde a Constituição Federal ocupa o topo da pirâmide normativa, seguida por leis complementares, ordinárias e demais atos normativos.

Por exemplo, uma lei estadual que contrarie os princípios constitucionais será inválida, mesmo que tenha sido formalmente elaborada.

Relevância

A validade da norma jurídica é essencial para garantir a previsibilidade e a segurança jurídica. A análise de validade é frequentemente utilizada para contestar atos normativos, especialmente em casos de controle de constitucionalidade.

Exemplo: A decisão do Supremo Tribunal Federal de declarar a inconstitucionalidade de uma lei ou ato normativo ocorre quando se constata a ausência de validade material ou formal em relação à Constituição.

A validade da norma jurídica é um elemento essencial do ordenamento jurídico, assegurando que as normas criadas pelas autoridades competentes atendam aos requisitos formais e materiais exigidos. No entanto, a validade técnica, por si só, não garante a legitimidade ética da norma, que depende de sua aceitação social e conformidade com os valores de justiça. Essa dualidade reforça a importância de um ordenamento jurídico coerente e adaptado às necessidades da sociedade.

No cotidiano das atividades judiciais, envolvendo os profissionais do direito, a validade técnica absorve as preocupações dos juristas, que pouco se ocupam da validade ética. Em outras palavras, obtém-se decisão favorável em um processo recorrendo-se a uma argumentação que considera os aspectos técnicos da validade. Questões valorativas costumam entrar nessa argumentação na forma de princípios, absorvidos pelo ordenamento jurídico.

Validade	Descrição	Exemplos
Validade da Norma Jurídica	Determina se uma norma pertence ou não ao sistema jurídico; pré-requisito para a vigência, o vigor e a eficácia; pode ser analisada sob o ponto de vista técnico (formal e material) e ético.	-
Validade Técnica (Legalidade)	Conformidade da norma com os requisitos formais e materiais exigidos pelo ordenamento jurídico. Validade formal + validade material.	Uma lei aprovada pelo Congresso Nacional, sancionada pelo Presidente da República e publicada no Diário Oficial é tecnicamente válida, desde que respeite os limites constitucionais.
Validade Formal	Observância dos procedimentos e instrumentos previstos no ordenamento jurídico; criada por autoridade competente, utilizando o instrumento normativo adequado e obedecendo aos procedimentos estabelecidos.	Uma lei federal deve ser criada pelo Congresso Nacional, seguindo o processo legislativo previsto na Constituição, incluindo votação em ambas as casas legislativas e sanção presidencial.
Validade Material	Compatibilidade do conteúdo da norma com o ordenamento jurídico; adequação material à hierarquia normativa (compatibilidade do conteúdo normativo com normas hierarquicamente superiores ou de mesma hierarquia).	Uma lei estadual que contrarie os princípios constitucionais será inválida materialmente, mesmo que tenha sido formalmente elaborada.
Validade Ética (Legitimidade)	Legitimidade da norma sob a ótica da justiça e da aceitação social; analisa-se a capacidade de promover valores éticos e sociais (justiça substantiva) e a aceitação pelos cidadãos ("legitimidade").	Normas que instituem tributos podem ser tecnicamente válidas, mas, se a carga tributária for considerada excessiva ou injusta, sua validade ética (legitimidade) poderá ser questionada.
Legalidade	Relaciona-se à validade técnica; conformidade com os requisitos formais e materiais.	Um decreto administrativo será ilegal se contrariar os requisitos técnicos de validade.
Legitimidade	Relaciona-se à validade ética; aceitação social e conformidade com valores de justiça.	Uma norma considerada justa pela sociedade é chamada de legítima.
Relação entre Validade Técnica e Ética	Uma norma pode ser tecnicamente válida, mas eticamente questionável; a validade ética complementa a validade técnica, mas nem sempre coincide com ela.	Leis discriminatórias de gênero, formalmente válidas na época, mas eticamente questionáveis (e hoje, consideradas inconstitucionais e ilegítimas).

5.1.2 Vigência

Conceito e características

A vigência de uma norma jurídica refere-se à possibilidade de ela produzir efeitos jurídicos concretos a partir de sua publicação. É o momento em que a norma, já validada no ordenamento jurídico, torna-se obrigatória, limitando comportamentos e orientando a atuação dos tribunais e demais órgãos estatais. Assim, a vigência conecta a norma ao seu exercício prático no sistema jurídico, simbolizando sua capacidade de incidir sobre a realidade.

Nem toda norma válida está automaticamente vigente. Durante o processo legislativo, a norma é formalizada e publicada, adquirindo validade. Contudo, a vigência pode ser imediata ou sujeita a um período de vacância (*vacatio legis*), dependendo das disposições específicas da própria norma ou da legislação que regula sua elaboração, como a Lei Complementar 95/1998.

Quando vigente, uma norma torna-se obrigatória para todos os destinatários. O artigo 8º da LC 95/1998 reforça que a vigência deve ser indicada expressamente no texto normativo, contemplando prazo razoável para o amplo conhecimento da população. A ausência dessa indicação implica a aplicação subsidiária do artigo 1º da Lei de Introdução às Normas do Direito Brasileiro (LINDB), que fixa o prazo de 45 dias após a publicação oficial como regra geral de vacância.

A vigência imediata, sem vacância, é admitida em casos de leis de pequena repercussão, como aquelas que tratam de homenagens ou alterações formais, conforme previsto na LC 95/1998. Por outro lado, normas que introduzem mudanças estruturais ou afetam significativamente a sociedade e a economia devem prever prazos de adaptação mais longos, permitindo que os destinatários se ajustem às novas regras. Exemplos típicos são os códigos legais, que frequentemente estabelecem períodos de vacância de 180 ou 360 dias.

Durante o período de vacância, a norma é válida, mas ainda não está vigente. Nesse intervalo, ela não produz efeitos jurídicos, não podendo revogar normas anteriores nem fundamentar decisões judiciais. Apenas após o término desse período é que a norma ganha eficácia plena. Por exemplo, se uma lei publicada em 1º de janeiro determina um período de vacância de 90 dias, ela se torna vigente a partir de 1º de abril, momento em que passa a produzir efeitos.

No caso de conflito entre normas durante a vacatio legis, prevalece a norma vigente, ainda que a nova norma já tenha sido publicada e esteja válida. Assim, um contrato celebrado durante o período de vacância continua submetido à norma anterior, enquanto a norma em vacância ainda não tem força para revogar a antiga.

A vigência também pode variar conforme o território. O artigo 1º da LINDB permite que uma norma estipule períodos distintos de vacância para diferentes regiões ou localidades, considerando a necessidade de adaptação local às novas regras. Essa flexibilidade reforça o princípio da adequação legislativa às realidades sociais e econômicas locais.

Em suma, a vigência é o marco que delimita a obrigatoriedade de uma norma no ordenamento jurídico, separando o momento em que ela é válida daquele em que efetivamente incide sobre a realidade. Essa diferenciação é fundamental para assegurar a segurança jurídica e permitir a adequada adaptação dos destinatários às mudanças normativas.

Vigência	Descrição	Exemplos
Definição de Vigência	Possibilidade de a norma jurídica produzir efeitos jurídicos concretos a partir de sua publicação; momento em que a norma se torna obrigatória, limitando comportamentos e orientando a atuação dos tribunais e órgãos estatais; conecta a norma ao seu exercício prático no sistema jurídico.	-
Validade x Vigência	Nem toda norma válida está automaticamente vigente; a validade é a conformidade com o ordenamento jurídico; a vigência é a capacidade de produzir efeitos.	Uma lei pode ser válida (aprovada conforme o processo legislativo e publicada), mas não estar vigente se houver um período de *vacatio legis*.
Vacatio Legis (período de vacância)	Período entre a publicação da norma e sua entrada em vigor; pode ser imediata ou sujeita a um prazo, dependendo das disposições da própria norma ou da legislação que regula sua elaboração (LC 95/1998).	LC 95/98: início da vigência deve ser indicada expressamente e contemplar prazo razoável; ausência de indicação, que não deveria ocorrer, implica aplicação do art. 1º da LINDB (45 dias após publicação).
Efeitos durante a Vacatio Legis	A norma é válida, mas ainda não está vigente; não produz efeitos jurídicos, não podendo revogar normas anteriores nem fundamentar decisões judiciais.	Lei publicada em 1º de janeiro com *vacatio legis* de 90 dias: torna-se vigente a partir de 1º de abril; um contrato celebrado durante esse período continua submetido à norma anterior.

Contagem do Prazo para Início da Vigência

A contagem do prazo para o início da vigência das normas jurídicas é um elemento essencial para assegurar a previsibilidade e a segurança jurídica no ordenamento brasileiro. Esse prazo, que corresponde ao período de vacância ou vacatio legis, é o intervalo entre a publicação oficial de uma norma e o início de sua vigência, garantindo que os destinatários tenham tempo adequado para tomar conhecimento de suas disposições.

A Lei Complementar 95/1998, em seu artigo 8º, dispõe que a vigência das leis deve ser indicada de forma expressa e contemplar um prazo razoável para conhecimento público, salvo no caso de leis de pequena repercussão. Essas leis podem vigorar imediatamente a partir de sua publicação, desde que a cláusula expressa "entra em vigor na data de sua publicação" esteja presente em seu texto. Exemplos típicos incluem leis que instituem homenagens ou datas comemorativas.

Quando a norma não especifica um prazo de vacância, aplica-se a regra subsidiária do artigo 1º da Lei de Introdução às Normas do Direito Brasileiro (LINDB), que determina um prazo de 45 dias para início da vigência no território nacional. Para normas que se aplicam no exterior, esse prazo é de três meses. Contudo, em casos excepcionais, podem ocorrer correções de texto publicadas antes do início da vigência; nesses casos, o prazo reinicia a partir da nova publicação, conforme disposto no artigo 1º, § 3º, da LINDB.

O artigo 8º, § 1º, da LC 95/1998, estabelece a forma de contagem do prazo de vacância. O dia da publicação da norma é incluído na contagem, assim como o último dia do prazo, sendo a vigência iniciada no dia seguinte ao término integral do período de vacância. Por exemplo, se uma lei é publicada em 1º de março e prevê um prazo de 30 dias para início da vigência, o primeiro dia do prazo será 1º de março, e o último será 30 de março, com a norma entrando em vigor no dia 31 de março.

Esse método de contagem busca garantir a clareza e a uniformidade no início da aplicação das normas jurídicas. Contudo, pode haver variações no prazo de vacância entre diferentes regiões do país, caso a lei preveja desse modo. Essa possibilidade é contemplada pelo artigo 1º da LINDB, que permite interpretações segundo as necessidades locais. Por exemplo, uma norma pode começar a vigorar em determinadas localidades antes de ser aplicada nacionalmente, caso o legislador entenda que a adaptação a ela demanda prazos diferenciados.

Outro ponto relevante é a interação entre normas durante o período de vacância. Caso uma norma nova preveja a revogação de uma norma anterior, essa revogação só ocorre quando a nova norma se torna vigente. Durante o período de vacância, a norma anterior permanece válida e vigente, enquanto a nova é válida, mas ainda não tem eficácia prática. Em situações de conflito, o judiciário deve aplicar a norma vigente à época do caso concreto, garantindo a continuidade normativa.

Um exemplo prático pode ser observado na implementação de novos códigos legislativos. O Código Civil de 2002, por exemplo, teve um período de vacância de um ano para que operadores do direito, instituições e cidadãos pudessem se adequar às alterações significativas introduzidas.

Em síntese, o prazo de vacância é uma etapa crucial para a efetividade das normas jurídicas, permitindo que a sociedade se familiarize com as mudanças e que as instituições ajustem suas práticas à nova legislação. Esse período demonstra a preocupação do legislador com a disseminação do conteúdo normativo e a garantia da segurança jurídica, elementos fundamentais para a legitimidade do ordenamento jurídico brasileiro.

Período:

Prazo do Período de Vacância	Descrição	Exemplo
Período de Vacância (*Vacatio Legis*)	Período entre a publicação oficial de uma norma e o início de sua vigência; garante que os destinatários tenham tempo adequado para tomar conhecimento de suas disposições.	Código Civil de 2002 teve *vacatio legis* de um ano.
Regra Geral (LC 95/1998, art. 8º)	A vigência das leis deve ser indicada de forma expressa e contemplar um prazo razoável para conhecimento público.	-
Vigência Imediata (LC 95/1998)	Exceção para leis de pequena repercussão; cláusula expressa "entra em vigor na data de sua publicação".	Leis que instituem homenagens ou datas comemorativas.
Regra Subsidiária (LINDB, art. 1º)	Ausência de prazo especificado na norma: 45 dias para início da vigência no território nacional; 3 meses para normas que se aplicam no exterior.	-
Forma de Contagem (LC 95/1998, art. 8º, § 1º)	Inclui-se o dia da publicação da norma e o último dia do prazo; a vigência inicia-se no dia seguinte ao término integral do período de vacância.	Lei publicada em 1º de março, com prazo de 30 dias: o primeiro dia do prazo é 1º de março, o último é 30 de março, e a norma entra em vigor em 31 de março.
Variação Territorial da Vacatio Legis	Art. 1º da LINDB permite que uma norma estipule períodos distintos de vacância para diferentes regiões ou localidades.	Norma pode começar a vigorar em determinadas localidades antes de ser aplicada nacionalmente, se o legislador entender que a adaptação demanda prazos diferenciados. Lei que impõe mudanças na organização agrária pode ter diferentes prazos de vacância em áreas urbanas e rurais.

Vigência: Indicação Expressa, Período de Vacância e Revogação

A vigência de uma norma jurídica constitui um elemento indispensável para sua aplicabilidade no ordenamento jurídico. Conforme disposto no artigo 8º da Lei Complementar 95/1998, a vigência deve ser indicada de forma expressa, prevendo-se, sempre que necessário, um prazo razoável para que o texto normativo seja amplamente conhecido. Esse prazo é comumente chamado de **período de vacância**, ou *vacatio legis*, e reflete a necessidade de adequação social e institucional às novas disposições legislativas.

A obrigatoriedade da indicação da vigência nas normas brasileiras reforça a previsibilidade e a organização jurídica. O artigo 8º, § 2º, da LC 95/1998, determina que, nos casos em que houver período de vacância, o texto deve incluir a cláusula "esta lei entra em vigor após decorridos [número de dias] de sua publicação oficial". Normas que não indicam explicitamente o início de sua vigência recorrem à regra subsidiária prevista no artigo 1º da Lei de Introdução às Normas do Direito Brasileiro (LINDB), de 1942, que estabelece a vigência 45 dias após a publicação oficial no território nacional, salvo disposição contrária.

Normas de **pequena repercussão**, por sua vez, como aquelas que criam datas comemorativas ou concedem homenagens, podem ter vigência imediata, desde que contenham a cláusula "entra em vigor na data de sua publicação". Por exemplo, a lei que institui uma nova data comemorativa entra em vigor imediatamente, não gera impacto econômico ou social significativo que justifique um período de vacância.

O período de vacância é fundamental para normas que geram alterações substanciais na sociedade, como novos códigos legislativos. Durante esse intervalo, que deve ser "razoável", a população, as instituições públicas e privadas e os operadores do Direito têm a oportunidade de compreender e adaptar-se às novas regras. A Lei Complementar 95/1998, em seu artigo 8º, § 1º, estabelece a metodologia para contagem do prazo: o dia da publicação e o último dia do período de vacância são incluídos no cômputo, iniciando-se a vigência no dia subsequente ao término do prazo.

Exemplo: Se uma lei publicada em 1º de junho estipula um período de vacância de 30 dias, o prazo contará a partir da data de publicação, incluindo-se o último dia, ou seja, 30 de junho. A norma entra em vigor em 1º de julho.

Essa metodologia é complementada pelo § 3º do artigo 1º da LINDB, que trata das republicações destinadas à correção de erros no texto normativo. Nesses casos, o prazo de vacância recomeça a partir da data da nova publicação.

Uma questão relevante no estudo da vigência é a interação entre normas antigas e novas, especialmente quando a norma recente determina a revogação de outra. A revogação, enquanto efeito jurídico, somente pode ocorrer quando a nova norma já estiver vigente. Durante o período de vacância da norma revogadora, portanto, a norma anterior permanece válida e vigente. Somente no primeiro dia de vigência da nova norma é que a antiga perde sua validade e, consequentemente, sua vigência.

Exemplo prático: Suponha que uma lei publicada em 10 de agosto revogue expressamente outra norma e estipule um período de vacância de 30 dias. Até 9 de setembro, a norma antiga continuará válida e vigente, sendo aplicável nos casos concretos. Apenas a partir de 10 de setembro, a norma antiga será revogada, e a nova começará a produzir efeitos.

Essa dinâmica reforça a distinção entre os conceitos de validade, vigência e eficácia. Enquanto a validade determina a permanência de uma norma no ordenamento jurídico, a vigência estabelece sua capacidade de produzir efeitos em tese, e a eficácia aborda a possibilidade concreta de aplicação.

O artigo 1º da LINDB permite a interpretação de que normas podem ter períodos de vigência diferenciados para distintas regiões do país, considerando especificidades locais. Essa hipótese é coerente com a necessidade de garantir amplo conhecimento das normas. Por exemplo, uma lei que impõe mudanças significativas na organização agrária pode ter diferentes prazos de vacância em áreas urbanas e rurais, permitindo uma transição mais gradual.

A vigência de uma norma jurídica, marcada pela obrigatoriedade de indicação expressa e pelo respeito ao período de vacância, é um elemento essencial para a organização do ordenamento jurídico e a segurança das relações sociais. Ela assegura que os destinatários tenham tempo suficiente para compreender e se ajustar às novas disposições, enquanto preserva a continuidade normativa ao estabelecer critérios claros para a coexistência e a substituição de normas antigas. Tal estrutura reflete a racionalidade e a previsibilidade que sustentam o Direito como instrumento de organização social.

Aspecto	Descrição	Exemplo
Indicação Expressa da Vigência	Obrigatória (art. 8º, LC 95/1998); deve prever prazo razoável para conhecimento do texto normativo (vacatio legis).	Cláusula em lei: "Esta lei entra em vigor após decorridos 30 dias de sua publicação oficial".
Republicação para Correção (LINDB, art. 1º, § 3º)	Se houver correções no texto antes do início da vigência, o prazo de vacância recomeça a partir da nova publicação.	-
Interação entre Normas na Vacatio Legis	A revogação de uma norma por outra só ocorre quando a nova norma entra em vigor; durante a vacatio legis da norma revogadora, a norma anterior permanece válida e vigente; em caso de conflito, aplica-se a norma vigente à época do caso concreto.	Lei publicada em 10 de agosto revoga outra norma e estipula vacatio legis de 30 dias. Até 9 de setembro, a norma antiga continua válida e vigente. A partir de 10 de setembro, a norma antiga é revogada e a nova começa a produzir efeitos.

A Importância do Período de Vacância e a Interação entre Normas no Ordenamento Jurídico

A vigência desempenha um papel fundamental no equilíbrio do ordenamento jurídico. Ela estabelece o momento em que a norma se torna obrigatória, impondo comportamentos e servindo de base para decisões judiciais. Durante o período de vacância, as partes afetadas pela norma têm a oportunidade de se adaptar às novas regras, enquanto o sistema jurídico mantém a estabilidade, aplicando as normas antigas até que sejam formalmente substituídas.

5 • DINÂMICA DO ORDENAMENTO JURÍDICO   **175**

A compreensão da vigência e de suas nuances permite que operadores do Direito lidem com situações de transição normativa de maneira eficaz e alinhada aos princípios de segurança jurídica e previsibilidade, essenciais para a credibilidade do sistema jurídico.

5.1.3 Vigor, retroatividade, ultratividade

Vigor ou Força Obrigatória

O vigor, ou força obrigatória, de uma norma jurídica representa sua capacidade de impor condutas e gerar efeitos concretos na sociedade. É a energia que impulsiona a norma, fazendo com que seus comandos sejam observados e suas sanções aplicadas.

Em geral, uma norma válida adquire vigor ao ser publicada, momento em que se torna obrigatória para todos aqueles a quem se destina. No entanto, existem situações em que uma norma pode ter vigor mesmo sem estar tecnicamente válida ou vigente, como nos casos de ultratividade e retroatividade, que exploraremos mais adiante.

Imagine, por exemplo, uma lei que estabelece novas regras para o pagamento de impostos. Ao entrar em vigor, essa lei passa a ter força obrigatória, exigindo que os contribuintes se adequem às novas normas. Se um cidadão descumprir a lei, o Estado poderá aplicar as sanções previstas, como multas ou outras penalidades.

O vigor da norma se manifesta não apenas na imposição de deveres, mas também na garantia de direitos. Uma lei que garante o direito à educação, por exemplo, possui vigor na medida em que impõe ao Estado o dever de assegurar o acesso à educação para todos os cidadãos.

É importante destacar que o vigor de uma norma não depende apenas de sua validade formal, mas também de sua aceitação social e de sua efetividade na prática. Uma lei que é ignorada ou descumprida pela maioria da população, ou que não é aplicada pelos órgãos estatais, terá seu vigor enfraquecido, mesmo que seja formalmente válida.

Exemplos:

- Uma lei que proíbe o trabalho infantil tem vigor na medida em que impõe aos empregadores o dever de não contratar crianças e adolescentes.
- Uma lei que garante a liberdade de expressão tem vigor na medida em que protege os cidadãos contra a censura e a perseguição por suas opiniões.
- Uma lei que estabelece penas para crimes de corrupção tem vigor na medida em que permite a punição daqueles que praticam atos de corrupção.

O vigor da norma, portanto, é um elemento essencial para a efetividade do Direito, garantindo que as normas jurídicas cumpram seu papel de regular a vida social, promover a justiça e garantir a segurança jurídica.

Retroatividade da Norma

A retroatividade é um fenômeno jurídico que ocorre quando uma nova norma jurídica produz efeitos sobre situações que ocorreram **antes** de sua vigência começar. Em outras palavras, é a capacidade da norma de regular fatos passados, modificando situações que já estavam consolidadas sob a égide da lei anterior.

Imagine, por exemplo, que uma nova lei seja criada, reduzindo a idade mínima para a aposentadoria. Se essa lei tiver efeitos retroativos, pessoas que já haviam completado a idade antiga, mas ainda não se aposentaram, poderão se beneficiar da nova regra e se aposentar mais cedo.

A retroatividade, embora possa parecer justa em alguns casos, gera grande **incerteza e insegurança jurídica**. As pessoas passam a agir sem a certeza de que as consequências de seus atos serão regidas pelas leis vigentes no momento, pois uma nova norma pode surgir e modificar o passado, desfazendo ou refazendo situações já consolidadas.

Essa incerteza pode prejudicar as relações sociais e econômicas, desestimulando investimentos e a celebração de contratos, já que as partes não podem ter certeza de quais regras serão aplicadas no futuro.

Por conta disso, diversos ordenamentos jurídicos, incluindo o brasileiro, adotam o princípio da **irretroatividade** como regra geral. Isso significa que, em princípio, as normas jurídicas só produzem efeitos a partir de sua entrada em vigor, não se aplicando a fatos passados.

No entanto, a retroatividade não é completamente proibida. Existem situações em que ela é admitida, desde que respeitados certos limites e garantias, como veremos adiante.

Exemplos:

- Uma nova lei que aumenta a pena para um determinado crime não pode retroagir para prejudicar o réu, mas pode retroagir para beneficiá-lo, se a nova pena for menor.
- Uma nova lei que concede anistia a crimes políticos pode ter efeitos retroativos, extinguindo a punibilidade de crimes cometidos antes de sua vigência.

5 • DINÂMICA DO ORDENAMENTO JURÍDICO

A retroatividade é um tema complexo e controverso, que exige uma análise cuidadosa de seus benefícios e riscos, a fim de garantir a segurança jurídica e a justiça nas relações sociais.

Vigor	Descrição	Exemplos
Vigor (Força Obrigatória)	Capacidade de a norma jurídica impor condutas e gerar efeitos concretos na sociedade; energia que impulsiona a norma, fazendo com que seus comandos sejam observados e suas sanções aplicadas; manifesta-se na imposição de deveres e na garantia de direitos.	Lei que estabelece novas regras para o pagamento de impostos e impõe aos contribuintes o dever de se adequar; lei que garante o direito à educação e impõe ao Estado o dever de assegurar o acesso à educação para todos; lei que estabelece penas para crimes de corrupção.
Relação com Validade e Vigência	Em geral, uma norma válida adquire vigor ao ser publicada (início da vigência); no entanto, há situações em que uma norma pode ter vigor mesmo sem estar tecnicamente válida ou vigente (ultratividade e retroatividade).	-
Retroatividade: Definição	Fenômeno jurídico que ocorre quando uma nova norma jurídica produz efeitos sobre situações que ocorreram antes de sua vigência começar; capacidade de a norma regular fatos passados, modificando situações consolidadas sob a égide da lei anterior.	Nova lei que reduz a idade mínima para aposentadoria e beneficia pessoas que já haviam completado a idade antiga, mas não se aposentaram.
Retroatividade: Impactos	Pode gerar incerteza e insegurança jurídica, pois as pessoas passam a agir sem a certeza de que as consequências de seus atos serão regidas pelas leis vigentes no momento; pode prejudicar relações sociais e econômicas, desestimulando investimentos e a celebração de contratos.	-
Princípio Geral: Irretroatividade	Diversos ordenamentos jurídicos, incluindo o brasileiro, adotam a irretroatividade como regra geral; as normas jurídicas, em princípio, só produzem efeitos a partir de sua entrada em vigor, não se aplicando a fatos passados.	-

Retroatividade no Brasil

Como vimos, a retroatividade das normas jurídicas pode gerar incerteza e insegurança, comprometendo a estabilidade das relações sociais. Por isso, o ordenamento jurídico brasileiro, como regra geral, adota o princípio da irretroatividade, estabelecendo que as leis só produzem efeitos a partir de sua entrada em vigor, não se aplicando a fatos passados.

Essa regra geral, contudo, não é absoluta. A Constituição Federal, em seu artigo 5º, inciso XXXVI, prevê **três situações** que são protegidas da retroatividade das leis, garantindo a segurança jurídica e a estabilidade das relações sociais:

- **Direito adquirido:** É o direito que já se incorporou ao patrimônio jurídico de uma pessoa, tornando-se definitivo e insuscetível de ser afetado por leis posteriores. A Lei de Introdução às Normas do Direito Brasileiro (LINDB), em seu artigo 6º, § 2º, define direito adquirido como "aqueles direitos que o seu titular, ou alguém por ele, possa exercer, como aqueles cujo começo do exercício tenha termo prefixo, ou condição preestabelecida inalterável, a arbítrio de outrem." Imagine, por exemplo, que uma pessoa tenha preenchido todos os requisitos para se aposentar por tempo de contribuição sob a lei vigente. Mesmo que uma nova lei aumente o tempo de contribuição, essa pessoa terá o direito adquirido de se aposentar pelas regras antigas.

- **Ato jurídico perfeito:** É o ato jurídico já consumado de acordo com a lei vigente no momento de sua realização. A LINDB, em seu artigo 6º, § 1º, define ato jurídico perfeito como "o já consumado segundo a lei vigente ao tempo em que se efetuou". Um contrato de compra e venda de um imóvel, por exemplo, é um ato jurídico perfeito que não pode ser afetado por leis posteriores que alterem as regras de compra e venda de imóveis.

- **Coisa julgada:** É a decisão judicial da qual não cabe mais recurso, tornando-se definitiva e imutável. A LINDB, em seu artigo 6º, § 3º, define coisa julgada como "a decisão judicial de que já não caiba recurso". Uma sentença judicial que condenou uma pessoa ao pagamento de uma indenização, por exemplo, se não for mais passível de recurso, torna-se coisa julgada e não pode ser modificada por leis posteriores.

O artigo 6º da LINDB reforça o princípio da irretroatividade, estabelecendo que "a lei em vigor terá efeito imediato e geral, respeitados o ato jurídico perfeito, o direito adquirido e a coisa julgada".

É importante destacar que a Constituição Federal não proíbe completamente a retroatividade. Uma lei pode retroagir, desde que respeite os limites dos direitos adquiridos, atos jurídicos perfeitos e coisa julgada. No entanto, a regra geral é a irretroatividade, e a retroatividade só é admitida em casos excepcionais, expressamente previstos em lei.

Exemplos:

- Uma nova lei que reduz a maioridade penal não pode retroagir para atingir atos praticados por menores de idade antes de sua vigência.
- Uma nova lei que aumenta os impostos sobre a propriedade de imóveis não pode retroagir para atingir imóveis adquiridos antes de sua vigência.
- Uma nova lei que altera as regras de divórcio não pode retroagir para atingir divórcios já realizados sob a égide da lei anterior.

A proteção do direito adquirido, do ato jurídico perfeito e da coisa julgada é essencial para garantir a segurança jurídica e a estabilidade das relações sociais, permitindo que as pessoas confiem na lei e planejem suas ações com previsibilidade.

Aspecto	Descrição	Exemplos
Princípio Geral: Irretroatividade	As leis só produzem efeitos a partir de sua entrada em vigor, não se aplicando a fatos passados; visa garantir a segurança jurídica e a estabilidade das relações sociais. Mas uma nova lei pode prever a retroatividade desde que respeite três limites constitucionais.	Uma nova lei que altera as condições para pessoa adquirir determinado *status* pode retroagir, respeitando os limites abaixo.
Proteções Constitucionais (Art. 5º, XXXVI, CF)	**Direito Adquirido:** Direito já incorporado ao patrimônio jurídico da pessoa, tornando-se definitivo e insuscetível de ser afetado por leis posteriores (art. 6º, § 2º, LINDB). **Ato Jurídico Perfeito:** Ato jurídico já consumado de acordo com a lei vigente no momento de sua realização (art. 6º, § 1º, LINDB). **Coisa Julgada:** Decisão judicial da qual não cabe mais recurso, tornando-se definitiva e imutável (art. 6º, § 3º, LINDB).	**Direito Adquirido:** Pessoa que preencheu requisitos para aposentadoria sob lei antiga tem direito adquirido de se aposentar pelas regras antigas, mesmo que nova lei aumente o tempo de contribuição. **Ato Jurídico Perfeito:** Contrato de compra e venda de imóvel não pode ser afetado por leis posteriores. **Coisa Julgada:** Sentença que condenou alguém ao pagamento de indenização, sem mais recursos cabíveis, não pode ser modificada por leis posteriores.
Art. 6º da LINDB	Reforça o princípio da irretroatividade: "A lei em vigor terá efeito imediato e geral, respeitados o ato jurídico perfeito, o direito adquirido e a coisa julgada".	-

Ultratividade da Norma Jurídica

A ultratividade é um fenômeno jurídico que ocorre quando uma norma jurídica **continua a produzir efeitos** mesmo após ter deixado de vigorar. Em outras palavras, é a capacidade da norma de se aplicar a situações que surgiram durante sua vigência, mesmo após sua revogação ou perda de validade.

Imagine, por exemplo, um contrato de aluguel firmado sob a vigência de uma lei que permitia o reajuste anual do valor do aluguel com base em um determinado índice. Se essa lei for revogada e uma nova lei entrar em vigor, estabelecendo um novo índice de reajuste, o contrato de aluguel continuará sendo regido pela lei antiga, que lhe era aplicável no momento de sua celebração. Isso ocorre porque o contrato de aluguel, firmado sob a égide da lei antiga, constitui um **ato jurídico perfeito**, e a lei nova não pode retroagir para prejudicar esse ato.

A ultratividade é uma exceção à regra geral de que as normas jurídicas só produzem efeitos durante sua vigência. Ela se justifica pela necessidade de garantir a **segurança jurídica** e a **estabilidade das relações sociais**, protegendo as expectativas legítimas das pessoas que celebraram atos jurídicos sob a vigência da norma ultrativa.

No direito brasileiro, a ultratividade é frequentemente aplicada aos **direitos adquiridos, atos jurídicos perfeitos e coisa julgada**, conforme prevê o artigo 5º, inciso XXXVI, da Constituição Federal e o artigo 6º da LINDB.

Exemplos:

- Uma lei que concede isenção de impostos por um determinado período terá ultratividade em relação aos atos praticados durante sua vigência, mesmo após sua revogação.

- Uma lei que estabelece regras para a concessão de licenças ambientais terá ultratividade em relação às licenças concedidas durante sua vigência, mesmo que a lei seja posteriormente modificada.

- Uma lei que regulamenta o regime previdenciário terá ultratividade em relação aos direitos previdenciários adquiridos sob sua vigência, mesmo após sua alteração.

A ultratividade é um importante mecanismo de proteção da segurança jurídica, garantindo que as relações jurídicas estabelecidas sob a vigência de uma norma não sejam prejudicadas por mudanças legislativas posteriores.

5.1.4 Eficácia

A eficácia da norma jurídica trata da sua capacidade de produzir efeitos concretos no mundo real. Em outras palavras, é a possibilidade de a norma gerar as consequências para as quais foi criada, influenciando o comportamento das pessoas e a organização da sociedade.

É crucial distinguir a eficácia de outros conceitos como validade e vigência. Enquanto a validade se refere à pertinência da norma ao ordenamento jurídico e a vigência trata da sua aptidão para produzir efeitos em tese, a eficácia se concentra na realidade da produção desses efeitos.

A análise da eficácia pode ser desdobrada em três dimensões:

- **Eficácia técnica:** Refere-se ao preenchimento dos requisitos formais para que a norma possa produzir efeitos. Isso inclui sua correta elaboração, publicação e integração ao sistema jurídico, bem como a existência dos mecanismos estatais necessários para sua aplicação. Por exemplo, uma lei que cria um novo programa social só terá eficácia técnica se forem criados os órgãos e procedimentos para sua implementação.

- **Eficácia fática:** Diz respeito à existência das condições materiais para que a norma produza efeitos. Isso significa que os elementos sobre os quais a norma incide devem existir na realidade social. Por exemplo, uma lei que regulamenta o uso de drones só terá eficácia fática se a tecnologia de drones estiver disponível e acessível à população.

- **Eficácia social:** Refere-se ao grau de aceitação e cumprimento da norma pela sociedade. Uma norma eficaz socialmente é aquela que influencia o comportamento das pessoas, seja por adesão espontânea, seja por temor à sanção. Por exemplo, uma lei que proíbe o fumo em locais fechados terá eficácia social se for respeitada pela maioria da população.

Eficácia	Descrição	Exemplos
Definição de Eficácia	Capacidade de a norma jurídica produzir efeitos concretos no mundo real; possibilidade de gerar as consequências para as quais foi criada, influenciando o comportamento das pessoas e a organização da sociedade.	-
Eficácia Técnica	Preenchimento dos requisitos formais para que a norma possa produzir efeitos; correta elaboração, publicação e integração ao sistema jurídico; existência de mecanismos estatais para sua aplicação.	Lei que cria um novo programa social só terá eficácia técnica se forem criados os órgãos e procedimentos para sua implementação (ex: dotação orçamentária, estrutura administrativa).

Eficácia Fática	Existência das condições materiais para que a norma produza efeitos; os elementos sobre os quais a norma incide devem existir na realidade social.	Lei que regula o uso de drones só terá eficácia fática se a tecnologia de drones estiver disponível e acessível à população.
Eficácia Social	Grau de aceitação e cumprimento da norma pela sociedade; influência da norma no comportamento das pessoas, seja por adesão espontânea, seja por temor à sanção.	Lei que proíbe o fumo em locais fechados terá eficácia social se for respeitada pela maioria da população (ex: efetiva redução do fumo em locais fechados; aplicação de multas a infratores e sua aceitação social como medida correta).

Relação entre norma jurídica e comportamento:

A eficácia social da norma está intimamente ligada ao comportamento dos indivíduos. Podemos identificar quatro cenários distintos:

1. Norma respeitada espontaneamente: As pessoas seguem a norma por convicção própria ou por hábito, sem a necessidade de coerção. Isso ocorre quando a norma reflete valores e costumes arraigados na sociedade, ou quando há ampla conscientização sobre sua importância.

2. Norma respeitada por medo da punição: As pessoas cumprem a norma apenas por temor às sanções previstas, mesmo que discordem de seu conteúdo. Nesse caso, a eficácia se dá pela coerção, e não pela adesão voluntária.

3. Norma violada com aplicação da sanção: As pessoas descumprem a norma e sofrem as consequências previstas. A eficácia, nesse caso, se manifesta pela aplicação da sanção, que reforça a força da norma.

4. Norma violada sem aplicação da sanção: As pessoas descumprem a norma e não sofrem qualquer punição. Nesse caso, a norma perde sua eficácia social, tornando-se "letra morta".

Exemplos:

- Uma lei que obriga o uso de capacete por motociclistas terá eficácia social se a maioria dos motociclistas utilizar o capacete, seja por conscientização, seja por medo da multa.

- Uma lei que proíbe a discriminação racial terá eficácia social se as pessoas respeitarem o direito à igualdade, e se o Estado punir os atos de discriminação.

- Uma lei que estabelece regras para a proteção ambiental terá eficácia social se as empresas e cidadãos cumprirem suas determinações, e se o Estado fiscalizar e punir os infratores.

A eficácia da norma jurídica é um tema complexo e multifacetado, que depende de diversos fatores, como a clareza e precisão da norma, a legitimidade do sistema jurídico, a conscientização da população e a atuação dos órgãos estatais.

5 • DINÂMICA DO ORDENAMENTO JURÍDICO 183

A compreensão da eficácia é fundamental para avaliar o impacto do Direito na sociedade e buscar soluções para os problemas sociais.

Situação:

Cenário	Descrição	Exemplos
Norma Respeitada Espontaneamente (há eficácia social)	As pessoas seguem a norma por convicção própria ou por hábito, sem necessidade de coerção; a norma reflete valores e costumes arraigados na sociedade ou há ampla conscientização sobre sua importância.	Maioria dos motoristas respeita os limites de velocidade por entender que isso é importante para a segurança no trânsito; pessoas não jogam lixo no chão por considerarem isso um comportamento inadequado.
Norma Respeitada por Medo da Punição (há eficácia social)	As pessoas cumprem a norma apenas por temor às sanções previstas, mesmo que discordem de seu conteúdo; a eficácia se dá pela coerção, e não pela adesão voluntária.	Motoristas que só usam cinto de segurança para evitar multas; empresas que cumprem normas ambientais apenas para evitar sanções, mesmo sem acreditar na importância da preservação ambiental.
Norma Violada com Aplicação da Sanção (há eficácia social)	As pessoas descumprem a norma e sofrem as consequências previstas; a eficácia se manifesta pela aplicação da sanção, que reforça a força da norma.	Pessoa que é multada por dirigir acima da velocidade permitida; empresa que é punida por poluir o meio ambiente; indivíduo condenado por furto após violar a norma que proíbe essa conduta.
Norma Violada sem Aplicação da Sanção (não há eficácia social)	As pessoas descumprem a norma e não sofrem qualquer punição; a norma perde sua eficácia social, tornando-se "letra morta"; indica falha na fiscalização ou na aplicação da lei, ou ainda, possível inadequação da norma à realidade social.	Lei que proíbe a venda de bebidas alcoólicas para menores, mas que não é fiscalizada e, pois, não é cumprida; norma que exige o uso de um determinado equipamento de segurança, mas que não é seguida por falta de fiscalização.

5.1.5   Panorama: Validade, Vigência, Eficácia e Vigor

Após explorarmos os conceitos de validade, vigência, eficácia e vigor, é crucial recapitular seus significados e relações, a fim de consolidar a compreensão da dinâmica das normas jurídicas.

Lembremos que esses quatro conceitos, embora distintos, estão interligados e desempenham papéis fundamentais na aplicação do Direito.

Validade:

A validade é o critério básico que define se uma norma pertence ao ordenamento jurídico. Uma norma válida é aquela que foi criada em conformidade com as regras e procedimentos estabelecidos pelo sistema jurídico, respeitando a hierarquia das normas e os limites de competência das autoridades.

A validade pode ser formal, quando se refere aos aspectos externos da norma, como sua origem e processo de criação, ou material, quando se refere à compatibilidade de seu conteúdo com as normas superiores.

Vigência:

A vigência indica o período em que a norma está apta a produzir efeitos jurídicos. Uma norma vigente é aquela que está em vigor, ou seja, que pode ser aplicada aos casos concretos. A vigência se inicia em um momento específico, definido pela própria norma ou pela legislação, e perdura até que a norma seja revogada ou tenha seu prazo de vigência esgotado.

Eficácia:

A eficácia trata da capacidade da norma de produzir efeitos concretos na realidade social. Uma norma eficaz é aquela que alcança seus objetivos, influenciando o comportamento das pessoas e a organização da sociedade. A eficácia pode ser técnica, quando depende do preenchimento de requisitos formais; fática, quando depende da existência de condições materiais; ou social, quando depende do grau de aceitação e cumprimento da norma pela sociedade.

Vigor:

O vigor, ou força obrigatória, é a característica da norma que a torna impositiva, capaz de gerar obrigações e direitos. Uma norma vigorosa é aquela que tem o poder de influenciar o comportamento das pessoas e das autoridades, seja por adesão espontânea, seja por temor à sanção.

Relações entre os conceitos:

Em geral, uma norma válida e vigente também é eficaz e tem vigor. No entanto, existem situações em que esses conceitos podem se dissociar.

- Uma norma pode ser válida e vigente, mas não ser eficaz socialmente, se for ignorada ou descumprida pela população.
- Da mesma forma, uma norma pode ter vigor mesmo após deixar de ser vigente, como nos casos de ultratividade.
- É importante destacar a situação em que a norma possui **validade**, mas ainda **não é vigente**. Isso ocorre quando há um período de *vacatio legis*, ou seja, um intervalo entre a publicação da norma e o início de sua vigência. Durante esse período, a norma já integra o ordenamento jurídico, mas ainda não produz efeitos.

Exemplos:

- Uma lei que estabelece a obrigatoriedade do voto é válida, vigente, eficaz e tem vigor, pertence ao ordenamento jurídico, está em vigor, é cumprida pela maioria dos cidadãos e impõe a obrigação de votar.

- Uma lei que proíbe o uso de entorpecentes pode ser válida e vigente, mas ter baixa eficácia social, se o consumo de drogas continuar elevado e as autoridades não conseguirem coibir o tráfico.

- Uma lei que garante a licença-maternidade tem vigor mesmo após a mulher retornar ao trabalho, seus efeitos se prolongam no tempo, garantindo direitos como a estabilidade no emprego.

- Uma nova lei trabalhista publicada em 1º de janeiro, com *vacatio legis* de 90 dias, será válida a partir de 1º de janeiro, mas só entrará em vigor em 1º de abril.

Compreender as nuances e inter-relações entre validade, vigência, eficácia e vigor é essencial para a análise e aplicação do Direito, permitindo aos juristas interpretar as normas e solucionar conflitos de forma adequada e justa.

Conceito	Descrição	Relação com Outros Conceitos	Exemplos
Validade	Pertinência da norma ao ordenamento jurídico; conformidade com regras e procedimentos do sistema jurídico; respeito à hierarquia das normas e aos limites de competência das autoridades; pode ser **formal** (origem e processo) ou **material** (conteúdo).	Idealmente, uma norma válida e vigente também é eficaz e tem vigor. Pode ser válida, mas não vigente (ex: durante *vacatio legis*). A norma válida e vigente pode não ser eficaz.	Lei aprovada pelo Congresso, sancionada pelo Presidente e publicada no Diário Oficial, respeitando a Constituição (válida formal e materialmente).
Vigência	Aptidão da norma para produzir efeitos jurídicos; período em que a norma está em vigor e pode ser aplicada aos casos concretos; inicia-se em momento específico (definido pela norma ou legislação) e perdura até revogação ou esgotamento do prazo.	Relaciona-se com a validade (norma precisa ser válida para ser vigente). Pode haver validade sem vigência (*vacatio legis*). Uma norma vigente, idealmente, é eficaz e tem vigor. Mas a norma pode ser válida, vigente e não ser eficaz.	Lei que entra em vigor na data de sua publicação; lei que entra em vigor 180 dias após sua publicação (*vacatio legis*).
Eficácia	Capacidade de a norma produzir efeitos concretos na realidade social; influência no comportamento das pessoas e na organização da sociedade; pode ser **técnica** (requisitos formais), **fática** (condições materiais) ou **social** (aceitação e cumprimento).	Relaciona-se com a validade e a vigência (em tese, norma precisa ser válida e vigente para ser eficaz). Uma norma pode ser válida e vigente, mas não ser eficaz, não produzindo efeitos.	Lei que obriga o uso de cinto de segurança e é efetivamente cumprida pela população (eficácia social); lei que cria um programa social, mas não é implementada por falta de recursos (sem eficácia fática).

| Vigor (Força Obrigatória) | Característica da norma que a torna impositiva, capaz de gerar obrigações e direitos; poder de influenciar o comportamento das pessoas e autoridades, por adesão espontânea ou temor à sanção; relaciona-se com a capacidade de fazer cumprir seus comandos. | Em geral, uma norma válida e vigente tem vigor. Pode haver vigor mesmo após o fim da vigência (ultratividade) ou antes do início da vigência (retroatividade, em casos excepcionais). Uma norma sem eficácia social tende a perder seu vigor. | Lei que garante a licença-maternidade tem vigor mesmo após a mulher retornar ao trabalho (estabilidade no emprego); lei que, mesmo revogada, continua a reger contratos celebrados durante sua vigência (ultratividade). |

5.2 PERDA DA VALIDADE DA NORMA JURÍDICA

5.2.1 Aspectos gerais

A estabilidade das relações sociais e a imutabilidade não são características marcantes da sociedade contemporânea. Ao contrário, nossa era é definida pela constante busca por novidade e transformação. As relações sociais evoluem rapidamente, exigindo que as normas jurídicas, especialmente as legislativas, estejam em constante atualização. Os ordenamentos jurídicos devem prever mecanismos que permitam a criação de novas normas válidas e o desaparecimento daquelas que se tornam obsoletas.

Uma norma jurídica deixa de existir quando perde sua validade, ou seja, quando não mais pertence ao ordenamento. Em tese, a perda de validade pode ocorrer de três formas: revogação, caducidade e ineficácia.

Revogação: Ocorre quando uma nova norma jurídica retira a validade de uma norma anterior. É o mecanismo mais comum de perda de validade no direito brasileiro, como veremos em detalhes no item 5.2.2. A revogação é um instrumento essencial para a atualização do ordenamento jurídico, permitindo que normas ultrapassadas sejam substituídas por outras mais adequadas às necessidades sociais contemporâneas. Por exemplo, imagine que uma lei de 1950 regulamente o uso de carruagens como meio de transporte urbano. Com a evolução dos meios de transporte, uma nova lei, em 2023, poderia revogar a antiga, estabelecendo regras para o uso de veículos automotores, patinetes elétricos e bicicletas.

Caducidade: Ocorre quando a própria norma jurídica prevê um prazo para sua validade ou uma condição que, uma vez ocorrida, resulta em sua extinção. É o caso das normas temporárias, que abordaremos no item 5.2.3. Um exemplo seria uma lei que estabelecesse medidas emergenciais durante uma pandemia, com vigência limitada ao período de calamidade pública. Terminada a situação emergencial, a lei perderia sua validade automaticamente, sem necessidade de outra norma para revogá-la.

Ineficácia: Uma norma jurídica, em tese, poderia perder sua validade se, durante um período prolongado, deixasse de ser aplicada pelo Estado e respeitada pela população. Essa perda de validade ocorreria pelo seu desuso, não pela criação de uma nova norma. No entanto, como veremos adiante, o direito brasileiro não adota, em regra, a ineficácia como forma de perda de validade. Assim, mesmo que uma lei não seja aplicada na prática, ela permanece válida até que seja formalmente revogada ou que ocorra sua caducidade, em caso de norma temporária.

Essas três formas de perda de validade da norma jurídica – revogação, caducidade e ineficácia – garantem a dinâmica do ordenamento jurídico. A revogação permite a substituição de normas obsoletas por novas, a caducidade regula a vigência de normas temporárias, e a ineficácia, embora não seja adotada como regra no Brasil, representa uma possibilidade teórica de perda de validade pelo desuso. Nos próximos itens, aprofundaremos cada uma dessas formas, explorando suas nuances e implicações para a compreensão do direito como um sistema em constante evolução.

5.2.2 Revogação

A revogação é o principal mecanismo de perda de validade de uma norma jurídica no ordenamento brasileiro. Ela ocorre quando uma nova norma, válida e pertencente ao mesmo ordenamento, retira a validade de uma norma anterior. A revogação é um instrumento fundamental para a atualização e aprimoramento do Direito, possibilitando a substituição de normas defasadas por outras mais condizentes com a realidade social e os valores vigentes.

A Lei de Introdução às Normas do Direito Brasileiro (LINDB), em seu artigo 2º, estabelece a regra geral da revogação: "Não se destinando à vigência temporária, a lei terá vigor até que outra a modifique ou revogue." O § 1º do mesmo artigo apresenta três modalidades de revogação:

- **Revogação Expressa:** ocorre quando a nova norma declara, de forma explícita, que a norma anterior, ou parte dela, está revogada. É a forma mais clara e direta de revogação, não deixa margem para dúvidas sobre a intenção do legislador. A Lei Complementar 95/1998, que dispõe sobre a elaboração, a redação, a alteração e a consolidação das leis, reforça a importância da revogação expressa. Seu artigo 9º determina que "A cláusula de revogação deverá enumerar, expressamente, as leis ou disposições legais revogadas". Portanto, a partir de 1998, a revogação expressa passou a ser a regra, exigindo do legislador maior precisão e cuidado na elaboração de novas leis.

- Exemplo clássico de revogação expressa é encontrado no artigo 2.045 do Código Civil de 2002: "Revogam-se a Lei 3.071, de 1º de janeiro de 1916 – Código Civil e a Parte Primeira do Código Comercial, Lei 556, de 25 de junho de 1850". Aqui, o legislador, de forma inequívoca, retirou a validade do antigo Código Civil e da Parte Primeira do Código Comercial.

- Outro exemplo é a Lei 13.467/2017 (Reforma Trabalhista), que em seu artigo 5º, elencou diversos dispositivos da Consolidação das Leis do Trabalho (CLT) que estavam sendo expressamente revogados.

- **Revogação Tácita por Incompatibilidade**: Ocorre quando a nova norma, mesmo sem declarar expressamente a revogação, é incompatível com a norma anterior. Nesse caso, a norma anterior perde sua validade naquilo em que for contraditória à nova norma. A revogação tácita por incompatibilidade exige uma análise criteriosa para identificar as normas conflitantes e determinar qual deve prevalecer. Para isso, utiliza-se critérios como a hierarquia, a cronologia e a especialidade das normas.

- **Hierarquia**: Se as normas conflitantes possuírem hierarquias diferentes, a norma superior prevalece sobre a inferior. Por exemplo, uma lei ordinária que contrarie a Constituição Federal será tacitamente revogada por esta, por ser hierarquicamente inferior.

- **Cronologia**: Se as normas conflitantes possuírem a mesma hierarquia, a norma mais recente prevalece sobre a mais antiga (*lex posterior derogat legi priori*). Por exemplo, se uma lei de 2020 estabelece uma regra e uma lei de 2023, sobre o mesmo assunto, estabelece uma regra incompatível, a lei de 2023 revoga tacitamente a de 2020.

- **Especialidade**: A norma especial prevalece sobre a norma geral no que se refere ao seu campo específico de aplicação (*lex specialis derogat legi generali*). Por exemplo, se uma lei geral trata da compra e venda de bens móveis, mas uma lei especial regula a compra e venda de veículos automotores, esta última prevalecerá nos casos que envolvam veículos, revogando tacitamente a lei geral nesse ponto específico.

- Exemplo: Suponha que uma lei de 2010 permita a pesca em um determinado rio durante todo o ano. Em 2022, uma nova lei, visando à preservação ambiental, proíbe a pesca no mesmo rio durante o período de reprodução dos peixes. Embora a lei de 2022 não mencione a lei de 2010, ela a revoga tacitamente no que se refere ao período de defeso, há uma incompatibilidade entre as duas normas.

- **Revogação Global (ou Sistemática)**: ocorre quando a nova norma regula inteiramente a matéria tratada pela norma anterior. Nesse caso, a norma anterior é revogada em sua totalidade, mesmo que não haja incompatibilidade ponto a ponto entre as duas normas. A revogação global visa evitar a coexistência de normas que tratem do mesmo assunto de forma fragmentada, promovendo a unidade e a coerência do ordenamento jurídico.

  - Exemplo: Se for promulgado um novo Código de Processo Civil que discipline integralmente a matéria processual civil, o antigo Código de Processo Civil será globalmente revogado, mesmo que alguns de seus artigos não sejam diretamente incompatíveis com as novas disposições.

Embora a LINDB preveja essas três modalidades de revogação, a LC 95/1998, como já mencionado, determina que a revogação deve ser expressa. Isso significa que, a partir de 1998, o legislador, ao criar uma nova lei, deve indicar com precisão quais normas anteriores estão sendo revogadas. A revogação tácita e a global, embora ainda sejam teoricamente possíveis, tornaram-se excepcionais. Na prática, a revogação tácita ainda ocorre, especialmente em virtude da grande quantidade de leis existentes no Brasil (inflação legislativa) e de possíveis descuidos do legislador. Nesses casos, cabe à parte interessada demonstrar a ocorrência da revogação tácita, explicitando as normas conflitantes e justificando a incompatibilidade com base nos critérios de hierarquia, cronologia e especialidade.

Alcance da Revogação: Ab-rogação e Derrogação

A revogação pode ser total ou parcial, dependendo da extensão da norma que é retirada do ordenamento jurídico.

- **Ab-rogação**: ocorre quando a norma anterior é revogada em sua totalidade, perdendo completamente sua validade. É o caso, por exemplo, da revogação do Código Civil de 1916 pelo Código Civil de 2002.

- **Derrogação**: ocorre quando apenas parte da norma anterior é revogada, permanecendo o restante válido e eficaz. Por exemplo, se uma lei possui dez artigos e uma nova lei revoga apenas os artigos 5º e 6º, os demais artigos continuam em vigor.

Em resumo, a revogação é um mecanismo dinâmico que permite a constante renovação do ordenamento jurídico brasileiro. Ela pode ser expressa, tácita ou global, e seu alcance pode ser total (ab-rogação) ou parcial (derrogação). A compreensão dessas nuances é fundamental para a correta interpretação e aplicação do Direito, garantindo a segurança jurídica e a justiça nas relações sociais.

Revogação	Descrição	Exemplos
Definição de Revogação	Principal mecanismo de perda de validade de uma norma jurídica no Brasil; ocorre quando uma nova norma, válida e pertencente ao mesmo ordenamento, retira a validade de uma norma anterior; instrumento de atualização e aprimoramento do Direito.	-
Fundamento Legal	Art. 2º da LINDB: "Não se destinando à vigência temporária, a lei terá vigor até que outra a modifique ou revogue".	-
Modalidades de Revogação (LINDB, art. 2º, § 1º)	**Revogação Expressa:** Nova norma declara, de forma explícita, que a norma anterior, ou parte dela, está revogada (regra a partir da LC 95/1998, art. 9º). **Revogação Tácita por Incompatibilidade:** Nova norma, mesmo sem declarar expressamente a revogação, é incompatível com a norma anterior. **Revogação Global (Sistemática):** Nova norma regula inteiramente a matéria tratada pela norma anterior.	**Expressa:** Art. 2.045 do CC/2002 revogou expressamente o CC/1916 e a Parte Primeira do Código Comercial. **Tácita:** Lei de 2022 proíbe a pesca em período de reprodução, revogando tacitamente lei de 2010 que permitia a pesca o ano todo. **Global:** Novo Código de Processo Civil revoga o antigo.
Critérios para Revogação Tácita	**Hierarquia:** Norma superior prevalece sobre a inferior. **Cronologia:** Norma mais recente prevalece sobre a mais antiga. **Especialidade:** Norma especial prevalece sobre a norma geral.	**Hierarquia:** Lei ordinária que contraria a CF é tacitamente revogada. **Cronologia:** Lei de 2023 revoga tacitamente lei de 2020 sobre o mesmo assunto, se incompatível. **Especialidade:** Lei especial sobre compra e venda de veículos prevalece sobre lei geral de compra e venda.
Alcance da Revogação	**Ab-rogação:** Revogação total da norma anterior. **Derrogação:** Revogação parcial da norma anterior.	**Ab-rogação:** Revogação do CC/1916 pelo CC/2002. **Derrogação:** Lei nova revoga apenas alguns artigos de lei anterior.
Revogação Expressa como Regra (LC 95/1998)	A partir de 1998, a revogação deve ser expressa (art. 9º, LC 95/1998); legislador deve indicar com precisão quais normas anteriores estão sendo revogadas; revogação tácita e global tornaram-se excepcionais.	Lei 13.467/2017 (Reforma Trabalhista) elencou em seu artigo 5º diversos dispositivos da CLT que estavam sendo expressamente revogados.
Revogação Tácita na Prática	Ainda ocorre devido à inflação legislativa e possíveis descuidos do legislador; cabe à parte interessada demonstrar a ocorrência da revogação tácita, explicitando as normas conflitantes e justificando a incompatibilidade com base nos critérios de hierarquia, cronologia e especialidade.	-

5.2.3 Caducidade

Enquanto a revogação decorre da criação de uma nova norma jurídica que retira a validade de uma anterior, a **caducidade** representa outra forma de perda de validade, mas que opera de maneira diversa. A caducidade ocorre quando a própria norma jurídica estabelece, em seu texto, um prazo de duração (prazo determinado) ou uma condição (evento futuro e certo ou incerto) para a cessação de sua validade. Nesses casos, a norma é considerada **temporária**, ou seja, sua existência é, desde o início, limitada a um período específico ou à ocorrência de uma situação determinada.

A caducidade é a perda de validade da norma jurídica em virtude da **superveniência da situação fática ou temporal prevista em seu próprio texto**. Uma vez transcorrido o prazo ou ocorrida a condição, a norma perde sua validade automaticamente, sem necessidade de qualquer ato legislativo posterior, como ocorre na revogação. A caducidade opera *ex lege*, ou seja, por força da própria lei, diferentemente da revogação que opera por força de outra norma.

Normas temporárias são aquelas que trazem em si a previsão de sua própria extinção. Elas podem ser classificadas de acordo com o critério que determina o fim de sua vigência:

- **Decurso de tempo**: A norma estabelece um prazo determinado para sua vigência, seja por meio da fixação de um número específico de dias, meses ou anos, seja pela indicação de uma data final.

  - **Exemplo 1**: Uma lei que estabeleça benefícios fiscais para um determinado setor da economia por um período de dois anos. Ao final desse período, a lei caduca, perdendo sua validade.

  - **Exemplo 2**: Uma lei orçamentária anual, que tem sua vigência limitada ao exercício financeiro a que se refere (normalmente, o ano civil). Ao final do ano, a lei orçamentária caduca, sendo substituída pela lei orçamentária do ano seguinte.

  - **Exemplo 3**: Uma lei que determine a vigência de certas regras até o dia 31 de dezembro de 2024. Chegado esse dia, a lei perde sua validade automaticamente.

- **Ocorrência de um fenômeno previsto**: A norma vincula sua validade à duração de uma situação específica ou à ocorrência de um evento futuro, que pode ser certo (quando se sabe que ocorrerá e quando ocorrerá) ou incerto (quando não se tem certeza se ocorrerá ou quando ocorrerá).

  - **Exemplo de evento certo**: Uma lei que estabeleça regras especiais para a realização da Copa do Mundo de Futebol em um determinado país, prevendo que sua vigência se encerrará 30 dias após o término do evento. Sabe-se que a Copa do Mundo ocorrerá e quando terminará; a caducidade está vinculada a um evento certo.

- **Exemplo de evento incerto**: Uma lei que decrete estado de calamidade pública em razão de uma pandemia, com validade atrelada à duração da situação emergencial. Nesse caso, não se sabe, de antemão, quando a pandemia terminará. A lei caducará quando a situação de calamidade for oficialmente encerrada pelas autoridades competentes. Outro exemplo seria uma lei que estabeleça medidas de combate à seca em uma região, com vigência enquanto perdurar a estiagem.

A caducidade é um importante instrumento de flexibilidade do ordenamento jurídico, permitindo a criação de normas que atendam a necessidades transitórias ou emergenciais, sem que elas se perpetuem indefinidamente no tempo. Ao prever sua própria extinção, a norma temporária evita a necessidade de um processo legislativo específico para sua revogação, simplificando a dinâmica do Direito.

Em suma, a caducidade é a perda automática da validade de uma norma jurídica temporária, em decorrência do transcurso do prazo ou da ocorrência da condição previstos em seu próprio texto. Ela se diferencia da revogação por não depender de uma nova norma para produzir efeitos, operando *ex lege* a partir da verificação da situação que lhe dá causa. A caducidade é um mecanismo essencial para a adaptabilidade do ordenamento jurídico a situações específicas e transitórias.

Aspecto	Descrição	Exemplos
Definição de Caducidade	Perda de validade da norma jurídica em virtude da superveniência da situação fática ou temporal prevista em seu próprio texto; opera *ex lege* (por força da própria lei).	-
Diferença em relação à Revogação	**Caducidade:** Perda de validade automática, sem necessidade de ato legislativo posterior. **Revogação:** Exige uma nova norma que retire a validade da anterior.	-
Normas Temporárias	Trazem em si a previsão de sua própria extinção; classificadas de acordo com o critério que determina o fim de sua vigência: **1. Decurso de tempo:** Prazo determinado (dias, meses, anos) ou data final. **2. Ocorrência de um fenômeno previsto:** Evento futuro certo ou incerto.	**1. Decurso de tempo:** Lei de benefícios fiscais por 2 anos; Lei orçamentária anual; Lei com vigência até 31/12/2024. **2. Ocorrência de um fenômeno:** Lei com regras para a Copa do Mundo (evento certo); Lei de calamidade pública por pandemia (evento incerto).

5.2.4 Revogação por Ineficácia

Diferentemente da revogação e da caducidade, que são mecanismos formais de perda de validade da norma jurídica, a **ineficácia** surge como uma possibilidade teórica de extinção da validade com base na ausência prolongada de sua aplicação e observância. Em outras palavras, discute-se se uma norma jurídica, mesmo sem ser formalmente revogada ou sem ter seu prazo de vigência expirado (caducidade), poderia perder sua validade por não ser efetivamente aplicada pelo Estado e respeitada pela população durante um longo período.

A ideia por trás da perda de validade por ineficácia reside na premissa de que o Direito deve refletir a realidade social e os comportamentos efetivamente praticados. Portanto, uma norma que caísse em **desuso**, ou seja, que deixasse de ser aplicada na prática, perderia sua razão de ser e, consequentemente, sua validade.

Diversos termos são utilizados para descrever esse fenômeno, como:

- **Ineficácia**: termo genérico que indica a ausência de produção de efeitos por parte da norma jurídica. Fala-se, aqui, de uma **ineficácia social** ou **ineficácia fática**, em contraposição à **eficácia técnica**, que se refere à aptidão, em abstrato, para a produção de efeitos (conforme estudado em 5.1.4).

- **Desuso** (*desuetudo*): termo que remete à ideia de obsolescência da norma, que se torna ultrapassada e incompatível com as práticas sociais vigentes. É a inércia, a inatividade prolongada e ininterrupta da norma, que leva à convicção de que ela não está mais em vigor. Um exemplo frequentemente citado é o de uma norma do século XIX que proibisse a alimentação de cavalos em praças públicas. Com o desaparecimento desse meio de transporte, a norma, embora formalmente válida, cairia em desuso por não encontrar mais correspondência na realidade social.

- **Costume negativo** (*consuetudo abrogatoria*): situação na qual a população, de forma reiterada e uniforme, adota um comportamento contrário ao que a norma determina, criando um costume que se opõe à lei. Não se trata de mero desuso, mas de uma conduta ativa e contrária ao comando normativo. Poderia ser considerado um costume negativo, por exemplo, a prática disseminada e tolerada do "jogo do bicho", que, embora seja tipificado como contravenção penal, persiste em muitas localidades brasileiras, demonstrando a ineficácia da norma proibitiva.

No Brasil, tecnicamente, a perda de validade da norma jurídica por ineficácia não é admitida. Prevalece o entendimento de que apenas a revogação expressa ou a caducidade, nos casos de normas temporárias, são aptas a retirar a validade de uma norma. Mesmo que uma lei não seja aplicada na prática, ela permanece formalmente válida e, em tese, pode voltar a ser aplicada a qualquer momento.

A LINDB, em seu artigo 2º, reforça essa posição ao estabelecer que a lei "terá vigor até que outra a modifique ou revogue", não prevendo a ineficácia como forma de perda de validade. A rigidez desse sistema visa garantir a **segurança jurídica** e a **estabilidade do ordenamento**, evitando que a validade das normas fique sujeita a interpretações subjetivas sobre seu grau de aplicação e observância.

Contudo, embora não se reconheça a perda de validade por ineficácia, é inegável que o desuso prolongado ou a formação de um costume negativo geram um **distanciamento entre a norma jurídica e a realidade social**. Nesses casos, a aplicação da norma, mesmo que formalmente válida, pode gerar **injustiças** ou **inadequações**.

Nessas situações, cabe aos operadores do Direito, especialmente aos advogados, demonstrar a ineficácia social da norma em questão, buscando afastar sua aplicação ao caso concreto. Argumentos baseados na **evolução dos costumes**, na **mudança dos valores sociais** e na **inadequação da norma à realidade contemporânea** podem ser utilizados para convencer o julgador a não aplicar a norma, ainda que ela permaneça formalmente válida. Além disso, o reconhecimento da ineficácia social de uma norma pode servir como um importante **estímulo para a atualização legislativa**, incentivando o legislador a revogar formalmente a norma obsoleta ou inadequada, adequando o ordenamento jurídico à realidade social.

Em conclusão, embora a ineficácia, o desuso ou o costume negativo não sejam reconhecidos, tecnicamente, como causas de perda de validade da norma jurídica no Brasil, eles representam um importante termômetro da **desconexão entre o Direito e a realidade social**. Cabe aos operadores do Direito estarem atentos a essas situações, buscando soluções que promovam a justiça e a adequação do ordenamento jurídico às transformações sociais, seja pela não aplicação da norma no caso concreto, seja pelo incentivo à sua revogação formal pelo legislador.

Direito:

Aspecto	Descrição	Exemplos
Ineficácia (Social ou Fática)	Ausência prolongada de aplicação e observância da norma jurídica; norma não é aplicada pelo Estado nem respeitada pela população; difere da eficácia técnica (aptidão abstrata para produzir efeitos).	Norma do século XIX que proibisse a alimentação de cavalos em praças públicas (desuso com o desaparecimento desse meio de transporte).

	Obsolescência da norma; inércia, inatividade prolongada e ininterrupta da norma; incompatibilidade com as práticas sociais vigentes; leva à convicção de que ela não está mais em vigor.	Norma que regulamente profissão extinta ou tecnologia obsoleta.
Desuso (Desuetudo)		
Costume Negativo (Consuetudo Abrogatoria)	Adoção, pela população, de forma reiterada e uniforme, de um comportamento contrário ao que a norma determina; conduta ativa e contrária ao comando normativo.	Prática disseminada e tolerada do "jogo do bicho" (contravenção penal).
Posição do Ordenamento Brasileiro	Tecnicamente, a perda de validade por ineficácia (fática, social, desuso, costume negativo) não é admitida; apenas a revogação expressa ou a caducidade (normas temporárias) retiram a validade de uma norma (art. 2º, LINDB); mesmo que uma lei não seja aplicada, ela permanece formalmente válida.	-

5.2.5 Repristinação

A **repristinação** é o fenômeno jurídico que ocorre quando uma norma jurídica revogada volta a ter validade em razão da perda de validade da norma que a havia revogado. Em termos simples, é como se a norma revogada "ressurgisse" após a "morte" da norma revogadora. Imagine o seguinte cenário: a Lei A está em vigor. Então, a Lei B é promulgada e revoga expressamente a Lei A. Posteriormente, a Lei C é promulgada e revoga a Lei B. A repristinação ocorreria se, com a revogação da Lei B, a Lei A automaticamente voltasse a ter validade.

No Brasil, a **repristinação tácita**, também chamada de **repristinação propriamente dita, não é admitida**. Isso significa que a revogação de uma norma revogadora não faz com que a norma anteriormente revogada recupere automaticamente sua validade. Essa vedação está expressamente prevista no artigo 2º, § 3º, da Lei de Introdução às Normas do Direito Brasileiro (LINDB): "Salvo disposição em contrário, a lei revogada não se restaura por ter a lei revogadora perdido a vigência".

A **repristinação tácita** é aquela que ocorreria de forma automática, sem necessidade de qualquer manifestação expressa do legislador. No exemplo acima, a Lei A voltaria a vigorar no exato momento em que a Lei B fosse revogada, simplesmente pelo fato de a Lei B ter perdido sua validade. Esse tipo de repristinação, como mencionado, é **proibido** em nosso ordenamento.

O objetivo dessa proibição é garantir a **segurança jurídica** e a **estabilidade do ordenamento**. Se a repristinação tácita fosse admitida, a revogação de uma lei poderia gerar incertezas sobre a validade de normas anteriores, criando um cenário de imprevisibilidade e dificultando a aplicação do Direito. Imagine a complexidade de ter que verificar, a cada revogação, quais normas revogadas em um passado distante poderiam ser ressuscitadas.

Contudo, a LINDB abre uma exceção: "salvo disposição em contrário". Isso significa que a **repristinação expressa**, também chamada de **repristinação imprópria**, é **permitida**. Nesse caso, a norma que revoga a lei revogadora (no exemplo acima, a Lei C) deve determinar, **de forma clara e inequívoca**, que a norma anteriormente revogada (a Lei A) voltará a ter validade. Não basta uma simples menção; é necessário que haja uma **declaração expressa de vontade do legislador** nesse sentido.

Exemplos de **repristinação expressa**:

- **Exemplo 1**: A Lei 10/2000 (Lei A) regulamenta determinada matéria. Posteriormente, a Lei 20/2010 (Lei B) é publicada e revoga expressamente a Lei 10/2000. Anos depois, o legislador entende que a Lei 10/2000 era mais adequada e, ao publicar a Lei 30/2023 (Lei C), que revoga a Lei 20/2010, inclui um artigo com a seguinte redação: "Art. X – Fica revogada a Lei 20/2010. Art. Y – A Lei 10/2000 volta a vigorar a partir da publicação desta lei". Nesse caso, a Lei 10/2000 é expressamente restaurada pela Lei 30/2023.

- **Exemplo 2**: A Lei 40/2015 (Lei A) estabelece regras para um concurso público. A Lei 50/2018 (Lei B) revoga a Lei 40/2015. Posteriormente, a Lei 60/2022 (Lei C) é promulgada com o seguinte teor: "Art. X – Fica revogada a Lei 50/2018. Art. Y – A Lei 40/2015, que estabelece regras para o concurso público X, volta a ter validade a partir da publicação desta lei". Novamente, há uma determinação expressa para a volta da vigência da Lei 40/2015.

É importante ressaltar que, na repristinação expressa, a norma revogada não volta a ter validade por força própria, mas sim em razão da **determinação expressa contida na nova lei**. Ou seja, a validade da norma revogada é "recriada" pela nova lei, e não restaurada automaticamente. A repristinação expressa é uma **nova manifestação legislativa** que concede novamente validade a uma norma que havia sido revogada.

Em síntese, a repristinação é um fenômeno complexo que envolve a interação entre normas jurídicas ao longo do tempo. No Brasil, a repristinação tácita é vedada, privilegiando-se a segurança jurídica. A repristinação expressa, por outro lado, é permitida, desde que haja uma manifestação clara e inequívoca do legislador nesse sentido, garantindo que a restauração da validade de uma norma revogada seja fruto de uma decisão consciente e deliberada, e não de um efeito automático e imprevisível.

5 • DINÂMICA DO ORDENAMENTO JURÍDICO

Aspecto	Descrição	Exemplo
Definição de Repristinação	Fenômeno jurídico em que uma norma revogada volta a ter validade em razão da perda de validade da norma que a havia revogado.	Lei A é revogada pela Lei B. Lei C revoga Lei B. Repristinação: Lei A volta a ter validade.
Repristinação Tácita (ou Própria)	Ocorre de forma automática, sem necessidade de manifestação expressa do legislador; a norma revogada recupera sua validade automaticamente com a revogação da norma revogadora.	No exemplo acima, a Lei A voltaria a vigorar automaticamente com a revogação da Lei B.
Vedação no Brasil (Art. 2º, § 3º, LINDB)	A repristinação tácita não é admitida no Brasil: "Salvo disposição em contrário, a lei revogada não se restaura por ter a lei revogadora perdido a vigência".	-
Objetivo da Vedação	Garantir a segurança jurídica e a estabilidade do ordenamento; evitar incertezas sobre a validade de normas anteriores; impedir a complexidade de verificar, a cada revogação, quais normas revogadas poderiam ser ressuscitadas.	-
Repristinação Expressa (ou Imprópria)	Permitida; a norma que revoga a lei revogadora deve determinar, de forma clara e inequívoca, que a norma anteriormente revogada voltará a ter validade; exige declaração expressa de vontade do legislador.	Lei C revoga Lei B e inclui artigo determinando expressamente que a Lei A (revogada por B) volta a vigorar. Ex: "Art. X – Fica revogada a Lei 50/2018. Art. Y – A Lei 40/2015, que estabelece regras para o concurso público X, volta a ter validade a partir da publicação desta lei".
Natureza da Repristinação Expressa	A norma revogada não volta a ter validade por força própria, mas sim em razão da determinação expressa contida na nova lei; é uma nova manifestação legislativa que concede novamente validade à norma.	-
Função da Repristinação Expressa	Permitir que o legislador, de forma consciente e deliberada, restaure a validade de uma norma revogada, quando entender que ela é mais adequada que a norma revogadora ou que a ausência de regulamentação gera insegurança jurídica.	-

5.3 CONFLITO DE NORMAS JURÍDICAS (ANTINOMIA)

5.3.1 Conceito e requisitos

Na prática jurídica, o ordenamento jurídico é concebido como um sistema **hierárquico, coerente e consistente de normas**. Isso significa que, idealmente, as normas que o compõem devem estar organizadas de forma lógica e harmônica, sem contradições internas. A imagem da pirâmide, frequentemente utilizada para representar essa estrutura, reflete a ideia de hierarquia e subordinação entre as normas, com as normas constitucionais ocupando o topo e as demais normas se subordinando a elas em diferentes níveis.

Dentro dessa perspectiva, a **antinomia**, que se configura como um **conflito entre duas ou mais normas** pertencentes ao mesmo ordenamento, é vista como uma **patologia**, uma falha que precisa ser resolvida para que a integridade e a coerência do sistema sejam preservadas. O termo "antinomia" deriva do grego *anti* (contra) + *nomos* (lei, norma), indicando uma oposição entre normas.

Para que se configure uma antinomia jurídica, três requisitos essenciais devem estar presentes:

1. Normas conflitantes devem pertencer ao mesmo ordenamento jurídico e possuir o mesmo âmbito de validade espacial: As normas em conflito devem ser aplicáveis ao mesmo grupo de pessoas, em um mesmo território e, como regra, em um mesmo período temporal. Isso significa que ambas as normas disputam a regulação de uma mesma situação fática, dentro de um mesmo contexto espacial e temporal. Não há antinomia, por exemplo, entre uma lei municipal de São Paulo e uma lei estadual do Rio de Janeiro, elas possuem âmbitos de validade espacial distintos. Da mesma forma, em regra, não há antinomia quando uma lei federal de 2010 proíbe algo e uma lei federal de 2020 permite, pois se aplicam em períodos diferentes, sendo a mais recente revogadora da mais antiga.

- **Exemplo:** Uma lei federal e um decreto do Presidente da República que regulamentem a mesma matéria de forma contraditória, ambos aplicáveis em todo o território nacional, configuram uma potencial antinomia.

2. Incompatibilidade de Conteúdo: As normas devem apresentar comandos **contraditórios** ou **incompatíveis** entre si, gerando uma situação de impasse para o aplicador do Direito. Essa incompatibilidade pode se manifestar de três formas principais:

- **Contrariedade (uma norma obriga e a outra proíbe a mesma conduta):** Uma norma determina que uma conduta "X" é obrigatória, enquanto outra norma proíbe a realização da mesma conduta "X". O cumprimento de uma implica necessariamente o descumprimento da outra.

- **Exemplo**: Uma lei determina que todos os cidadãos devem votar nas eleições, enquanto outra lei proíbe o voto nas eleições.

- **Contraditoriedade (uma norma permite e a outra proíbe a mesma conduta)**: Uma norma garante a liberdade de realizar ou não determinada conduta "X" (permissão), enquanto outra norma proíbe a realização da mesma conduta "X". A opção pela permissão significa o descumprimento da proibição.

  - **Exemplo**: Um decreto permite a importação de determinado produto, enquanto uma lei proíbe a importação do mesmo produto.

- **Implicação (uma norma permite e a outra obriga a mesma conduta)**: Uma norma garante a liberdade de realizar ou não determinada conduta "X" (permissão), enquanto outra norma obriga a realização da mesma conduta "X". A opção pela não realização, permitida por uma norma, implica o descumprimento da obrigação imposta por outra.

  - **Exemplo**: Uma lei permite que as empresas funcionem aos domingos, enquanto outra lei determina que todas as empresas devem funcionar aos domingos.

3. Impossibilidade de Ação ou Decisão: A antinomia deve gerar uma **situação insustentável** para o destinatário da norma ou para o aplicador do Direito, que se vê diante de um impasse, sem saber qual norma deve ser seguida. A antinomia impede uma ação em conformidade com ambas as normas ou uma decisão judicial fundamentada em ambas as normas.

- **Exemplo**: Um cidadão que se vê obrigado por uma lei a prestar serviço militar, mas impedido por outra lei que proíbe o serviço militar para pessoas com determinadas características que ele possui, encontra-se em uma situação insustentável gerada pela antinomia. O juiz, ao julgar esse caso, também se deparará com uma antinomia que o impede de tomar uma decisão com base em ambas as normas.

- Se uma norma federal permite a mineração em áreas protegidas e uma norma do Estado do Paraná proíbe, um juiz que precise decidir se concede uma liminar para uma empresa mineradora não saberá como julgar, se aplicar as duas normas ao mesmo tempo.

A presença desses três requisitos caracteriza a antinomia como um problema a ser resolvido, que compromete a **coerência**, a **segurança jurídica** e a **aplicabilidade** do ordenamento jurídico. Nos próximos itens, analisaremos os tipos de antinomia e os critérios utilizados para sua resolução.

Aspecto	Descrição	Exemplos
Definição de Antinomia	Conflito entre duas ou mais normas pertencentes ao mesmo ordenamento jurídico, que possuem o mesmo âmbito de validade espacial e temporal e que apresentam comandos contraditórios ou incompatíveis entre si; é vista como uma patologia, uma falha que precisa ser resolvida para preservar a integridade e a coerência do sistema.	-
Requisitos para Configuração	1. Normas conflitantes devem pertencer ao mesmo ordenamento jurídico e possuir o mesmo âmbito de validade espacial. 2. Incompatibilidade de Conteúdo (contrariedade, contraditoriedade ou implicação). 3. Impossibilidade de Ação ou Decisão: A antinomia deve gerar uma situação insustentável para o destinatário da norma ou para o aplicador do Direito.	1. Lei federal e decreto presidencial regulamentando a mesma matéria de forma contraditória, aplicáveis em todo território nacional. 2. Lei estadual de SP permitindo algo proibido por lei federal, sendo ambas aplicáveis em SP. 3. Juiz obrigado a aplicar lei federal e lei estadual (SP) conflitantes, sem saber qual seguir.
Tipos de Incompatibilidade	**Contrariedade:** Uma norma obriga e a outra proíbe a mesma conduta. **Contraditoriedade:** Uma norma permite e a outra proíbe a mesma conduta. **Implicação:** Uma norma permite e a outra obriga a mesma conduta.	**Contrariedade:** Lei A obriga o voto; Lei B proíbe o voto. **Contraditoriedade:** Decreto permite a importação de um produto; Lei proíbe a importação do mesmo produto. **Implicação:** Lei A permite que empresas funcionem aos domingos; Lei B obriga que todas as empresas funcionem aos domingos.
Impossibilidade de Ação ou Decisão	A antinomia impede uma ação em conformidade com ambas as normas ou uma decisão judicial fundamentada em ambas as normas; gera uma situação insustentável para o destinatário da norma ou para o aplicador do Direito.	Cidadão obrigado por uma lei a prestar serviço militar, mas impedido por outra que proíbe o serviço para pessoas com suas características. Juiz sem saber como julgar se concede liminar para mineradora em área protegida, se aplicar lei federal e lei estadual do Paraná conflitantes.

5.3.2 Tipos de Antinomia

As antinomias podem ser classificadas de acordo com diferentes critérios, permitindo uma compreensão mais aprofundada de suas características e dos desafios que impõem à aplicação do Direito. Vejamos as principais classificações:

A) Quanto à natureza do conflito (próprias e impróprias)

- **Antinomias Próprias**: São aquelas que ocorrem no nível das normas prescritivas, ou seja, entre normas que impõem obrigações, proibições ou permissões. São as antinomias em sentido estrito, conforme os requisitos analisados no item 5.3.1. Elas se configuram quando há uma **incompatibilidade direta entre os comandos normativos**, gerando uma impossibilidade de cumprimento simultâneo ou de aplicação conjunta das normas em conflito.

- **Exemplo:** Uma lei que obriga o uso de cinto de segurança em veículos automotores (norma obrigatória) e outra que proíbe o uso de cinto de segurança nos mesmos veículos (norma proibitiva) configuram uma antinomia própria.

- **Antinomias Impróprias:** Ocorrem em um nível axiológico ou teleológico, envolvendo **valores, princípios ou finalidades** consagrados pelo ordenamento jurídico. Não se trata de uma incompatibilidade direta entre comandos normativos, mas sim de uma tensão entre os valores ou objetivos que as normas buscam realizar.

  - **Antinomias de Princípios:** Ocorrem quando dois ou mais princípios constitucionais colidem em um caso concreto, exigindo uma ponderação para determinar qual deve prevalecer.

  - **Exemplo:** O conflito entre o princípio da liberdade de expressão e o princípio da proteção à honra, em um caso de publicação de notícia supostamente ofensiva.

  - **Antinomias de Valorações (ou Axiológicas):** Ocorrem quando o ordenamento jurídico atribui **valorações distintas e incompatíveis** a uma mesma situação ou conduta.

  - **Exemplo:** Duas leis que preveem penas diferentes para o mesmo crime, revelando uma valoração distinta da gravidade da conduta.

  - **Antinomias de Finalidades (ou Teleológicas):** Ocorrem quando uma norma estabelece um determinado fim a ser alcançado, mas outra norma estabelece **meios inadequados ou contraproducentes** para a consecução desse fim.

  - **Exemplo:** Uma lei que visa incentivar a produção agrícola nacional e outra que impõe pesadas taxas de importação sobre insumos agrícolas essenciais, dificultando a atividade dos produtores nacionais.

B) Quanto ao âmbito de validade (internas e externas)

- **Antinomias Internas:** São aquelas que ocorrem entre normas pertencentes ao **mesmo ordenamento jurídico**, ou seja, dentro do âmbito de validade de um mesmo Estado soberano.

- **Exemplo:** Uma lei federal e um decreto regulamentar do Presidente da República que, no Brasil, tratem do mesmo assunto de forma contraditória.

- **Antinomias Externas:** São aquelas que envolvem normas de **ordenamentos jurídicos distintos**, como as de diferentes países ou as de um Estado soberano e normas de Direito Internacional. Sua resolução é mais complexa e exige a aplicação de regras de Direito Internacional Privado ou de Direito Internacional Público, conforme o caso.

- **Exemplo:** Um tratado internacional ratificado pelo Brasil que garanta um direito e uma lei brasileira que restrinja o exercício desse mesmo direito.

C) Quanto à extensão do conflito (total-total, total-parcial e parcial-parcial)

Essa classificação se refere ao **grau de sobreposição** entre as normas conflitantes, considerando a amplitude de seus âmbitos de aplicação.

- **Antinomia Total-Total:** Ocorre quando **todo o conteúdo** de uma norma é incompatível com **todo o conteúdo** de outra norma. Há uma sobreposição total dos âmbitos de validade de ambas as normas, de modo que a aplicação de uma exclui completamente a aplicação da outra.

- **Exemplo:** A norma A estabelece que "É proibido fumar em locais fechados". A norma B estabelece que "É permitido fumar em locais fechados".

- **Antinomia Total-Parcial:** Ocorre quando **todo o conteúdo** de uma norma é incompatível com **parte do conteúdo** de outra norma. O âmbito de validade de uma das normas está integralmente contido no âmbito de validade da outra, que é mais abrangente.

- **Exemplo:** A norma A estabelece que "É proibido fumar em locais fechados". A norma B estabelece que "É permitido fumar em locais fechados e em locais abertos, desde que haja ventilação adequada". A norma A está integralmente contida na abrangência da norma B.

- **Antinomia Parcial-Parcial:** Ocorre quando **parte do conteúdo** de uma norma é incompatível com **parte do conteúdo** de outra norma. Há uma sobreposição parcial dos âmbitos de validade das normas, que possuem, cada uma, um campo de aplicação exclusivo, além da área de intersecção conflitante.

- **Exemplo:** A norma A estabelece que "É proibido fumar em restaurantes e bares". A norma B estabelece que "É permitido fumar em bares e casas noturnas". Há uma sobreposição no que se refere aos "bares".

Essa classificação é importante para a aplicação dos critérios de resolução de antinomias, como veremos adiante. Em especial, a distinção entre antinomias

5 • DINÂMICA DO ORDENAMENTO JURÍDICO

totais e parciais é relevante para determinar se a solução do conflito exigirá a revogação total (ab-rogação) ou parcial (derrogação) de uma das normas envolvidas.

Critério	Classificação	Descrição	Exemplos
Natureza do Conflito	Antinomias Próprias	Ocorrem entre normas prescritivas (obrigações, proibições, permissões); incompatibilidade direta entre comandos normativos; impossibilidade de cumprimento simultâneo ou aplicação conjunta.	Lei que obriga o uso de cinto de segurança em veículos e outra que proíbe o uso de cinto nos mesmos veículos.
	Antinomias Impróprias	Ocorrem em nível axiológico ou teleológico; tensão entre valores, princípios ou finalidades; não há incompatibilidade direta entre comandos normativos.	**De Princípios:** Conflito entre liberdade de expressão e proteção à honra. **De Valorações:** Duas leis com penas diferentes para o mesmo crime. **De Finalidades:** Lei que incentiva produção agrícola e outra que taxa insumos agrícolas.
Âmbito de Validade	Antinomias Internas	Ocorrem entre normas do mesmo ordenamento jurídico.	Lei federal e decreto presidencial sobre o mesmo assunto, de forma contraditória, no Brasil.
	Antinomias Externas	Envolvem normas de ordenamentos jurídicos distintos.	Tratado internacional ratificado pelo Brasil que garante um direito e lei brasileira que o restringe.
Extensão do Conflito	Antinomia Total-Total	Todo o conteúdo de uma norma é incompatível com todo o conteúdo de outra; sobreposição total dos âmbitos de validade; aplicação de uma exclui completamente a outra.	Norma A: "É proibido fumar em locais fechados". Norma B: "É permitido fumar em locais fechados".
	Antinomia Total-Parcial	Todo o conteúdo de uma norma é incompatível com parte do conteúdo de outra; âmbito de validade de uma norma está integralmente contido no âmbito de validade da outra (mais abrangente).	Norma A: "É proibido fumar em locais fechados". Norma B: "É permitido fumar em locais fechados e em locais abertos, desde que haja ventilação adequada".
	Antinomia Parcial-Parcial	Parte do conteúdo de uma norma é incompatível com parte do conteúdo de outra; sobreposição parcial dos âmbitos de validade; cada norma possui um campo de aplicação exclusivo, além da área de intersecção conflitante.	Norma A: "É proibido fumar em restaurantes e bares". Norma B: "É permitido fumar em bares e casas noturnas".

5.3.3 Critérios para Resolver Antinomias

A existência de antinomias, embora indesejada, é uma realidade nos ordenamentos jurídicos. Para lidar com essas situações de conflito normativo, a doutrina e a legislação desenvolveram critérios que auxiliam na determinação de qual norma deve prevalecer. Esses critérios visam restaurar a coerência e a consistência do sistema jurídico, permitindo a correta aplicação do Direito.

O art. 2º, § 1º, da Lei de Introdução às Normas do Direito Brasileiro (LINDB) estabelece o critério da **revogação tácita por incompatibilidade**, que serve como ponto de partida para a resolução de antinomias. Segundo esse dispositivo, a norma posterior revoga a anterior quando com ela incompatível. Esse critério, no entanto, é apenas um dos vários utilizados para solucionar os conflitos normativos.

Além disso, o Código de Processo Civil (CPC), em seu art. 489, § 2º, reforça a necessidade de fundamentação nas decisões judiciais que envolvam a colisão de normas, exigindo que o juiz justifique o afastamento de uma das normas em conflito, explicitando os critérios utilizados e as razões que levaram à sua escolha.

Vejamos os principais critérios para resolução de antinomias:

1. Critério Hierárquico (*lex superior derogat legi inferiori*):

- **Fundamento**: Baseia-se na estrutura hierárquica do ordenamento jurídico, onde as normas de hierarquia superior (ex: Constituição, emendas à Constituição, leis complementares, leis ordinárias, decretos etc.) prevalecem sobre as de hierarquia inferior.

- **Aplicação**: Havendo conflito entre normas de diferentes níveis hierárquicos, a norma superior **prevalece** sobre a inferior, que é considerada **inválida** por contrariar a norma hierarquicamente superior, fundamento de sua validade. Este critério é frequentemente utilizado no controle de constitucionalidade das leis e de legalidade dos atos normativos.

- **Exemplo**: Se uma lei ordinária federal conflitar com um dispositivo da Constituição Federal, este último prevalecerá, e a lei ordinária será declarada inconstitucional, total ou parcialmente, conforme a extensão do conflito. Se uma lei municipal de Curitiba conflitar com uma lei estadual paranaense, esta prevalece. Se uma portaria de um ministro de Estado conflitar com um decreto do presidente, este prevalece.

2. Critério da Especialidade (*lex specialis derogat legi generali*):

- **Fundamento**: Baseia-se na ideia de que a norma especial, que regula uma matéria específica ou um grupo restrito de situações, deve prevalecer sobre a norma geral, que trata da mesma matéria de forma mais ampla.

5 • DINÂMICA DO ORDENAMENTO JURÍDICO **205**

- **Aplicação**: A norma especial **não revoga** a norma geral, mas **afasta sua incidência** nos casos especificamente regulados por ela. A norma geral continua válida e aplicável às demais situações que não se enquadram no âmbito de abrangência da norma especial.

- **Exemplo**: O Código Civil (norma geral) estabelece regras gerais sobre contratos. No entanto, o Código de Defesa do Consumidor (norma especial) estabelece regras específicas para os contratos de consumo. Havendo conflito entre as duas normas em uma relação de consumo, prevalecerá o Código de Defesa do Consumidor, por ser norma especial. O Código Civil continuará regulando os contratos entre empresas, por exemplo.

- O art. 2º, § 2º, da LINDB dispõe: "A lei nova, que estabeleça disposições gerais ou especiais a par das já existentes, não revoga nem modifica a lei anterior".

3. Critério Cronológico (*lex posterior derogat legi priori*):

- **Fundamento**: Baseia-se no princípio de que a norma mais recente reflete a vontade mais atual do legislador e, portanto, deve prevalecer sobre a norma mais antiga.

- **Aplicação**: Havendo conflito entre normas de **mesma hierarquia e mesmo grau de generalidade**, a norma posterior **revoga** a norma anterior, seja de forma expressa, seja tacitamente, se houver incompatibilidade.

- **Exemplo**: Se uma lei de 2010 proíbe determinada conduta e uma lei de 2020, de mesma hierarquia e versando sobre o mesmo assunto, passa a permitir a mesma conduta, a lei de 2020 revoga tacitamente a lei de 2010.

- O art. 2º, § 1º, da LINDB dispõe: "A lei posterior revoga a anterior quando expressamente o declare, quando seja com ela incompatível ou quando regule inteiramente a matéria de que tratava a lei anterior".

4. Critério da Norma Mais Benéfica (*in dubio pro...*):

- **Fundamento**: Baseia-se na ideia de proteção à parte mais vulnerável em determinadas relações jurídicas ou na prevalência de valores socialmente relevantes. Não possui previsão legal expressa no Brasil, mas pode ser considerado um princípio geral de direito.

- **Aplicação**: Em situações de **desequilíbrio** entre as partes ou quando se busca a proteção de certos valores, havendo conflito entre normas, pode-se aplicar aquela que **melhor proteja a parte hipossuficiente** ou o **valor socialmente mais relevante**, mesmo que isso implique afastar os critérios hierárquico, da especialidade ou cronológico.

- **Abrangência:** É mais comumente invocado em áreas como Direito Penal (*in dubio pro reo*), Direito do Trabalho (*in dubio pro operario*), Direito do Consumidor (*in dubio pro consumidor*), Direito Tributário, Direito Previdenciário e Direito Ambiental, e em situações envolvendo crianças, adolescentes, idosos e pessoas com deficiência.

- **Exemplo:** Em matéria penal, havendo conflito entre duas normas que tratem do mesmo crime, com penas diferentes, deve-se aplicar a norma que prevê a pena mais branda para o réu, ainda que a outra norma seja hierarquicamente superior ou mais recente, com base no princípio *in dubio pro reo*. Em uma relação de consumo, se houver conflito entre uma cláusula do Código Civil e uma cláusula do Código de Defesa do Consumidor, deve-se aplicar a que for mais favorável ao consumidor, mesmo que a cláusula do Código Civil seja mais recente.

Critério	Fundamento	Aplicação	Exemplo
Hierárquico (lex superior derogat legi inferiori)	Estrutura hierárquica do ordenamento jurídico; a norma superior prevalece sobre a inferior.	Havendo conflito entre normas de diferentes níveis hierárquicos, a norma superior prevalece, e a inferior é considerada inválida se a contrariar. Frequentemente utilizado no controle de constitucionalidade e de legalidade.	Lei ordinária federal X CF: prevalece a CF. Lei municipal de Curitiba X lei estadual do Paraná: prevalece a lei estadual. Portaria de ministro X decreto do presidente: prevalece o decreto.
Especialidade (lex specialis derogat legi generali)	A norma especial, que regula uma matéria específica ou um grupo restrito de situações, prevalece sobre a norma geral, que trata da mesma matéria de forma mais ampla.	A norma especial não revoga a norma geral, mas afasta sua incidência nos casos especificamente regulados por ela. A norma geral continua válida e aplicável às demais situações.	Código Civil (norma geral) estabelece regras gerais sobre contratos. Código de Defesa do Consumidor (norma especial) estabelece regras específicas para contratos de consumo. Havendo conflito, prevalece o CDC (para relações de consumo). O CC continua regulando contratos entre empresas.
Cronológico (lex posterior derogat legi priori)	Princípio de que a norma mais recente reflete a vontade mais atual do legislador e deve prevalecer sobre a mais antiga.	Havendo conflito entre normas de mesma hierarquia e mesmo grau de generalidade, a norma posterior revoga a anterior, seja de forma expressa, seja tacitamente (se houver incompatibilidade).	Lei de 2010 proíbe uma conduta. Lei de 2020, de mesma hierarquia e sobre o mesmo assunto, permite a mesma conduta. A lei de 2020 revoga tacitamente a de 2010.

Lei Mais Benéfica	Princípio da prevalência da norma mais favorável ao indivíduo, especialmente em Direito Penal, mas aplicável também em outros ramos, como Direito do Trabalho, em certa medida, e Direito Tributário, a depender do caso.	Invocado em áreas como Direito Penal (*in dubio pro reo*), Direito do Trabalho (*in dubio pro operario*), Direito do Consumidor (*in dubio pro consumidor*), Direito Tributário, Direito Previdenciário e Direito Ambiental, e em situações envolvendo crianças, adolescentes, idosos e pessoas com deficiência.	**Direito Penal:** Lei de 2015 previa pena de 5 a 10 anos para um crime. Lei de 2023 prevê pena de 3 a 6 anos para o mesmo crime. A lei de 2023, por ser mais benéfica, retroage para beneficiar réus já condenados pela lei de 2015. **Direito do Trabalho:** Norma Coletiva que estipula prazo menor que o legal para pagamento do salário. Neste caso, aplica-se a CLT, por ser a lei geral e protetora.
Base Legal	Art. 2º, § 1º da LINDB (revogação tácita por incompatibilidade); Art. 489, § 2º do CPC (fundamentação na colisão de normas); Art. 5º, XL, da CF (retroatividade da lei penal mais benéfica).	-	-

Intensidade da Antinomia e a Revogação

A depender da extensão do conflito entre as normas (total-total, total-parcial ou parcial-parcial, conforme estudado no item 5.3.2), a aplicação dos critérios de resolução pode levar à **revogação total (ab-rogação)** ou **parcial (derrogação)** da norma considerada incompatível.

- Na antinomia **total-total**, a norma afastada, em regra, será **integralmente revogada** (ab-rogada).

- Na antinomia **total-parcial**, a norma mais abrangente poderá ser **parcialmente revogada** (derrogada) na parte incompatível com a norma mais restrita, ou a norma mais restrita poderá ser **integralmente revogada** (ab-rogada), a depender do critério aplicado.

- Na antinomia **parcial-parcial**, a solução geralmente envolverá a **revogação parcial** (derrogação) de uma ou de ambas as normas, na medida da incompatibilidade.

É importante salientar que a aplicação desses critérios nem sempre é simples e pode gerar controvérsias, especialmente quando há conflito entre os próprios critérios (antinomia de segundo grau), tema que será abordado no próximo item. A análise do caso concreto e a fundamentação adequada da decisão são essenciais para a correta resolução das antinomias e a garantia da segurança jurídica.

5.3.4 Antinomia Aparente, Antinomia de Segundo Grau e Antinomia Real

A doutrina costuma classificar as antinomias, quanto à possibilidade de sua resolução, em **aparentes e reais**. Além disso, a interação entre os diferentes critérios de resolução de antinomias pode gerar uma situação peculiar, denominada **antinomia de segundo grau**.

Antinomia Aparente: É aquela que pode ser solucionada pela aplicação dos critérios tradicionais de resolução de antinomias (hierárquico, cronológico, da especialidade e, em certos casos, o da norma mais benéfica, conforme estudado no item 5.3.3). Nesses casos, o conflito entre as normas é **solúvel**, e o aplicador do Direito consegue determinar qual norma deve prevalecer, afastando a outra do caso concreto. Para que uma antinomia seja considerada aparente, ela deve preencher os **requisitos 1 (conflito entre normas do mesmo ordenamento e com o mesmo espaço de validade) e 2 (incompatibilidade normativa)**, dentre os mencionados no item 5.3.1. O **requisito 3 (impossibilidade de ação ou decisão)**, a princípio, estaria presente, mas a aplicação de um dos critérios soluciona o conflito e permite a ação ou a decisão.

- **Exemplo:** Uma lei ordinária federal de 2020 que permita a realização de uma atividade potencialmente poluidora entra em conflito com uma lei complementar federal de 2005 que proíbe a mesma atividade. Aplicando-se o critério hierárquico, a lei complementar, por ser hierarquicamente superior, prevalece sobre a lei ordinária. O conflito é aparente, porque foi resolvido pela aplicação de um dos critérios.

Antinomia de Segundo Grau: Ocorre quando há um **conflito entre os próprios critérios de resolução de antinomias**. Isso acontece quando a aplicação de um critério leva à prevalência de uma norma, mas a aplicação de outro critério leva à prevalência da norma oposta.

- **Exemplo:** Uma lei ordinária federal de 2023 (mais recente, prevalecendo pelo critério cronológico), que permite a exploração de uma atividade em terras indígenas, entra em conflito com uma lei ordinária federal de 1990 (mais antiga, mas especial, prevalecendo pelo critério da especialidade), que proíbe a exploração da mesma atividade em terras indígenas. Nesse caso, o critério cronológico apontaria para a prevalência da lei de 2023, enquanto o critério da especialidade indicaria a prevalência da lei de 1990.

Para solucionar as antinomias de segundo grau, a doutrina desenvolveu **metacritérios**, que estabelecem uma ordem de prevalência entre os próprios critérios de resolução. Não há um consenso absoluto sobre essa ordem, mas a doutrina majoritária, no Brasil, adota a seguinte hierarquia entre os critérios, que serve como metacritério para solução da antinomia de 2º grau:

1. Critério Hierárquico: Considerado o mais forte, geralmente prevalece sobre os demais. Se o conflito for entre hierarquia e especialidade, ou entre hierarquia e cronologia, prevalece a hierarquia.

- **Exemplo:** No conflito entre uma lei constitucional geral antiga e uma lei ordinária especial mais recente, prevalece a lei constitucional, mesmo que a lei ordinária seja especial e posterior, afinal o critério hierárquico é tido como o mais forte e importante.

2. Critério da Especialidade: Geralmente, é considerado mais forte que o critério cronológico. Havendo conflito entre especialidade e cronologia, prevalece a especialidade.

- **Exemplo:** No conflito entre uma lei geral de 2023 e uma lei especial de 2015, sobre o mesmo assunto, prevalece a lei especial de 2015, ainda que a lei geral seja posterior, pois o critério da especialidade é considerado mais forte que o cronológico.

3. Critério Cronológico: É considerado o mais fraco entre os três, cedendo aos critérios hierárquico e da especialidade.

- A exigência do art. 9 da LC 95/1998, de revogação expressa, enfraquece a aplicação do critério cronológico e reforça o critério da especialidade, porque se o legislador, ao criar uma lei geral, não revoga expressamente uma lei especial anterior, é um forte indício de que não deseja que ela seja revogada.

4. Critério da Norma Mais Benéfica: Há poucos estudos sobre esse critério em conflito com outros. Em tese, deve ceder aos critérios hierárquico e da especialidade, mas pode prevalecer sobre o critério cronológico, dependendo do caso concreto.

- **Exemplo:** Se uma lei especial de 2010, que regulamenta o direito do consumidor, entra em conflito com uma lei geral de 2020, que regulamente os contratos, prevalece a lei especial de 2010, em virtude do critério da especialidade. Mas se a lei geral de 2020 for mais benéfica ao consumidor, o juiz poderá afastar a lei especial, aplicando a lei geral mais benéfica.

Antinomia Real: É aquela que **não pode ser solucionada** nem pela aplicação dos critérios de resolução de antinomias, nem pela aplicação dos metacritérios. É uma situação excepcional, o próprio ordenamento jurídico oferece os instrumentos para a superação dos conflitos normativos. A doutrina aponta que, na

210 INTRODUÇÃO AO ESTUDO DO DIREITO • Adriano Ferreira

prática, as antinomias reais são **extremamente raras**, o aplicador do Direito, especialmente o juiz, sempre encontrará uma forma de resolver o conflito, ainda que tenha que se valer de princípios gerais do Direito, da analogia ou da equidade, na ausência de uma regra específica.

- **Exemplo:** Duas leis ordinárias federais, com o mesmo grau de generalidade, publicadas na mesma data, entram em conflito. Os critérios hierárquico, da especialidade e cronológico não podem ser aplicados, as leis possuem a mesma hierarquia, o mesmo grau de generalidade e foram publicadas no mesmo dia. Tampouco há uma norma mais benéfica. Seria um caso de possível antinomia real.

No entanto, é importante ressaltar que, no Direito brasileiro, o juiz **não pode se eximir de julgar** alegando a existência de antinomia real (art. 140 do CPC). Ele deve, necessariamente, encontrar uma solução para o caso, resolvendo o conflito normativo, nem que, para isso, tenha que afastar as duas normas conflitantes e decidir com base em outras fontes do direito, como os princípios gerais do direito, os costumes e a equidade. Assim, no exemplo acima, o juiz poderia afastar ambas as leis conflitantes e decidir com base em princípios constitucionais, como o da razoabilidade e da proporcionalidade.

Conclui-se que a antinomia real, embora teoricamente possível, é **incompatível com a prática jurídica brasileira**, que exige uma solução para todos os conflitos apresentados ao Poder Judiciário. O sistema jurídico fornece as ferramentas para a superação das antinomias, cabendo ao aplicador do Direito interpretá-las e aplicá-las de forma a garantir a coerência, a consistência e a justiça do ordenamento.

Tipo de Antinomia	Descrição	Critérios de Resolução	Exemplos
Antinomia Aparente	Conflito entre normas que pode ser solucionado pela aplicação dos critérios tradicionais (hierárquico, cronológico, especialidade e, em certos casos, norma mais benéfica); o conflito é solúvel e o aplicador do Direito consegue determinar qual norma prevalece.	Hierárquico, cronológico, especialidade e, em alguns casos, norma mais benéfica.	Lei ordinária federal de 2020 permitindo atividade poluidora X lei complementar federal de 2005 proibindo a mesma atividade: prevalece a lei complementar (critério hierárquico).

Antinomia de Segundo Grau	Conflito entre os próprios critérios de resolução de antinomias; a aplicação de um critério leva à prevalência de uma norma, mas a aplicação de outro critério leva à prevalência da norma oposta.	**Metacritérios (ordem de prevalência geralmente aceita):** 1. Hierárquico 2. Especialidade 3. Cronológico 4. Norma mais benéfica (quando aplicável, e com ressalvas)	Lei ordinária federal de 2023 (mais recente) permitindo exploração em terras indígenas X lei ordinária federal de 1990 (especial) proibindo: conflito entre cronologia e especialidade. Lei constitucional geral antiga X lei ordinária especial mais recente: prevalece a lei constitucional, mesmo que a lei ordinária seja especial e posterior. Lei geral de 2023 X lei especial de 2015, sobre o mesmo assunto: prevalece a lei especial de 2015. Lei especial de 2010, que regulamenta o direito do consumidor, conflita com lei geral de 2020, que regula os contratos: prevalece a especial, exceto se a geral for mais benéfica ao consumidor.
Antinomia Real	Conflito que não pode ser solucionado nem pela aplicação dos critérios de resolução de antinomias, nem pela aplicação dos metacritérios; situação excepcional e extremamente rara na prática.	Não pode existir no direito brasileiro. Juiz deve afastar uma das normas conflitantes, justificadamente (art. 140 do CPC e 489, § 2º do CPC)	-

5.4 LACUNA JURÍDICA

5.4.1 Completude e lacunas

A **completude** é uma característica ideal do ordenamento jurídico, significando que ele deve ser capaz de fornecer uma solução para **qualquer** conflito que surja na sociedade. Em outras palavras, o ordenamento jurídico, como um todo, é pensado como um sistema **completo** e **coerente**, apto a regular todas as situações juridicamente relevantes. Essa ideia de completude está intimamente ligada à função do Poder Judiciário de garantir a **paz social** e a **segurança jurídica**, oferecendo respostas efetivas aos conflitos que lhe são submetidos.

No entanto, a realidade é mais complexa do que o ideal. A **lacuna jurídica** surge quando se verifica a **ausência de uma norma jurídica específica** que regule um determinado caso concreto, criando um "vazio" normativo. O juiz, ao se deparar com uma situação não prevista explicitamente pelo legislador, encontra-se diante de uma lacuna.

Itinerário do Juiz Diante de um Conflito:

Ao ser provocado a resolver um conflito, o juiz percorre um itinerário lógico-jurídico. Inicialmente, ele busca no ordenamento jurídico uma norma que se **adeque perfeitamente** ao caso concreto, ou seja, uma norma cuja **hipótese de incidência** (descrição abstrata da situação fática) corresponda exatamente aos fatos apresentados. Nesse cenário ideal, teríamos:

1. Existência de Norma Legal Específica (Hipótese Normativa): O juiz identifica uma norma jurídica que prevê, em abstrato, a situação fática apresentada no caso concreto.

2. Interpretação e Aplicação da Lei: O juiz interpreta a norma, atribuindo-lhe um sentido e um alcance, e a aplica ao caso concreto, extraindo a **norma individual e concreta** que fundamentará sua decisão (sentença). Nesse contexto, a completude do ordenamento é uma **pressuposição**, ainda que o próprio processo de interpretação da lei possa gerar dúvidas e controvérsias.

Porém, nem sempre o juiz encontra uma norma legal que se encaixe perfeitamente ao caso. É nesse momento que surge a **lacuna**. Nesse cenário, o itinerário do juiz se desdobra em:

1. Inexistência de Norma Legal Específica (Lacuna): O juiz constata que não há uma norma legal que preveja, de forma específica, a situação fática apresentada.

2. Necessidade de Preenchimento da Lacuna (Integração ou Colmatação): O juiz, diante da lacuna, não pode se eximir de julgar (princípio da inafastabilidade da jurisdição, como veremos adiante). Ele deve **integrar** o ordenamento jurídico, preenchendo a lacuna por meio de mecanismos previstos na própria legislação.

A Lacuna que Pode ser Preenchida é Aparente:

É importante ressaltar que a lacuna, para ser "preenchível", é **aparente**, e não real. Isso porque o ordenamento jurídico, como um todo, é considerado completo, no sentido de que sempre oferece uma solução para o caso, ainda que essa solução não esteja expressa em uma norma legal específica. A lacuna é uma **falta provisória de norma específica**, que deve ser superada pelos mecanismos de integração. O juiz, ao se deparar com uma lacuna aparente, deve:

- **Demonstrar a Lacuna:** O juiz deve fundamentar sua decisão, demonstrando de forma clara e precisa a inexistência de norma legal específica para o caso. Isso exige uma análise minuciosa da legislação, da doutrina e da jurisprudência.

5 • DINÂMICA DO ORDENAMENTO JURÍDICO **213**

- **Preencher a Lacuna:** O juiz deve, então, utilizar os mecanismos de integração previstos na legislação (analogia, costumes, princípios gerais do direito e, em alguns casos, a equidade) para construir a norma que será aplicada ao caso concreto.

Em resumo, a completude do ordenamento é um postulado fundamental do Direito, que garante a segurança jurídica e a previsibilidade das decisões judiciais. As lacunas, quando surgem, são aparentes e devem ser preenchidas pelo juiz, que possui o dever de integrar o ordenamento e oferecer uma solução justa e fundamentada para todos os conflitos que lhe são apresentados. No próximo item, analisaremos os fundamentos legais que autorizam o juiz a preencher as lacunas e os mecanismos previstos para essa finalidade.

5.4.2 Resolução do Problema da Lacuna

Diante da constatação de uma lacuna, ou seja, a ausência de norma legal específica regulando determinado caso concreto, surge a necessidade de sua resolução. O ordenamento jurídico, visando à completude e à segurança jurídica, oferece mecanismos para que o aplicador do Direito, em especial o juiz, possa colmatar essa ausência e produzir a norma individual e concreta que solucionará o conflito. Essa atividade de preenchimento de lacunas é denominada **integração** do Direito ou **colmatação** de lacunas.

A competência para lidar com as lacunas pode ser analisada sob duas perspectivas: a eliminação definitiva da lacuna, em abstrato, e o preenchimento da lacuna para o caso concreto.

- **Poder Legislativo (Eliminação Definitiva da Lacuna):** A competência precípua para eliminar uma lacuna, de forma **definitiva, geral e abstrata**, é do Poder Legislativo. Através do processo legislativo, o Legislativo pode **criar uma nova lei** que regule a situação até então não contemplada, integrando-a ao ordenamento jurídico. Essa nova lei, como norma geral e abstrata, elimina a lacuna do ordenamento jurídico de forma prospectiva, ou seja, para todos os casos futuros que se enquadrem na hipótese normativa.

- **Exemplo:** A ausência de regulamentação específica sobre contratos de prestação de serviços por meio de aplicativos de transporte poderia, em tese, configurar uma lacuna. O Poder Legislativo, reconhecendo a relevância social e econômica dessa nova modalidade de contrato, poderia editar uma lei específica para regulá-la, eliminando a lacuna de forma definitiva e abstrata, com validade para todos os contratos dessa natureza celebrados após a vigência da lei.

- **Poder Judiciário (Preenchimento da Lacuna para o Caso Concreto)**: No entanto, a atividade legislativa demanda tempo e nem sempre é possível criar leis para todas as situações que surgem na dinâmica social. Diante da **necessidade premente de solucionar os conflitos** que chegam ao Judiciário, os juízes têm o dever de preencher as lacunas de forma **concreta e incidental**, ou seja, apenas para o caso específico que está sendo julgado. A decisão judicial (sentença ou acórdão) que preenche uma lacuna cria uma **norma individual e concreta**, válida apenas para as partes envolvidas no processo. Essa norma não elimina a lacuna do ordenamento de forma geral e abstrata, mas apenas oferece uma solução para aquele caso específico, resolvendo o conflito apresentado ao juiz.

- **Exemplo**: Diante da ausência de uma lei específica sobre a responsabilidade civil em casos de acidentes envolvendo veículos autônomos (sem motorista), um juiz, ao julgar um caso concreto de acidente dessa natureza, precisaria preencher a lacuna para determinar a quem atribuir a responsabilidade pelo evento danoso. A decisão judicial, nesse caso, criaria uma norma individual e concreta, aplicável apenas às partes envolvidas no processo (autor e réu), mas não eliminaria a lacuna de forma geral, que persistiria para outros casos semelhantes.

5.4.3 Fundamentos para o Judiciário Preencher a Lacuna

O preenchimento de lacunas pelo Poder Judiciário é uma atividade essencial para a manutenção da completude e da efetividade do ordenamento jurídico. Essa atuação encontra fundamento em princípios constitucionais e dispositivos infraconstitucionais que, em conjunto, atribuem ao juiz o dever de solucionar os conflitos que lhe são apresentados, mesmo diante da ausência de norma legal específica:

- **Princípio da Inafastabilidade da Jurisdição (Art. 5º, XXXV, CF)**: Este princípio, também conhecido como princípio do acesso à justiça, é a **pedra angular** que legitima a atuação do Judiciário na integração do Direito. Ele garante a todos o direito fundamental de submeter qualquer lesão ou ameaça a direito à apreciação do Poder Judiciário, **independentemente da existência de lei específica** sobre a matéria. Isso significa que a ausência de lei não pode ser um obstáculo ao acesso à justiça. A Constituição impõe ao Judiciário o dever de oferecer uma resposta efetiva a todo e qualquer conflito que lhe seja apresentado.

- **Vedação ao *Non Liquet* (Art. 140, CPC)**: O Código de Processo Civil, em seu art. 140, proíbe expressamente o *non liquet*, ou seja, a recusa do juiz em julgar com base na alegação de lacuna ou obscuridade da lei. Esse dispositivo reforça o **dever do juiz de decidir**, impondo-lhe a obrigação de encontrar uma solução para o litígio, mesmo diante da ausência de norma legal específica. O juiz não pode simplesmente se omitir, deixando as partes sem uma resposta do Estado-juiz.

- **Mecanismos de Integração (Art. 4º, LINDB):** A Lei de Introdução às Normas do Direito Brasileiro, em seu art. 4º, complementa os dispositivos anteriores ao estabelecer os **instrumentos** que o juiz deve utilizar para preencher as lacunas. O dispositivo determina que, "quando a lei for omissa, o juiz decidirá o caso de acordo com a analogia, os costumes e os princípios gerais de direito". A LINDB, como lei geral de aplicação, interpretação e integração das normas jurídicas, fornece o **fundamento legal** para a atuação do juiz na colmatação de lacunas.

- **Diretrizes para a Aplicação do Ordenamento (Art. 8º, CPC):** O art. 8º do CPC estabelece **diretrizes** que devem nortear a atividade do juiz ao aplicar o ordenamento jurídico, inclusive no preenchimento de lacunas. O juiz deve atender aos **fins sociais** da lei e às **exigências do bem comum**, sempre resguardando e promovendo a **dignidade da pessoa humana** e observando os princípios da **proporcionalidade, razoabilidade, legalidade, publicidade e eficiência**. Esse dispositivo orienta o juiz a buscar a solução mais **justa e adequada** ao caso concreto, mesmo diante da ausência de lei específica, pautando-se pelos valores e princípios fundamentais do ordenamento.

Além dos fundamentos gerais, alguns ramos do Direito possuem **regras específicas** sobre o preenchimento de lacunas, que refletem as peculiaridades e os valores tutelados por cada área. Vejamos alguns exemplos:

- **Direito do Trabalho (Art. 8º, CLT):** A Consolidação das Leis do Trabalho, em seu art. 8º, apresenta um rol **amplo e exemplificativo** de mecanismos de integração, autorizando o juiz do trabalho a decidir, na falta de disposições legais ou contratuais, "pela jurisprudência, por analogia, por equidade e outros princípios e normas gerais de direito, principalmente do direito do trabalho, e, ainda, de acordo com os usos e costumes, o direito comparado, mas sempre de maneira que nenhum interesse de classe ou particular prevaleça sobre o interesse público". Essa amplitude reflete o **caráter tutelar** do Direito do Trabalho, que visa proteger o trabalhador como parte hipossuficiente na relação jurídica. A menção expressa à **equidade** e ao **direito comparado** amplia as possibilidades de integração, permitindo ao juiz buscar a solução mais justa e adequada às especificidades das relações de trabalho. Além disso, a ressalva final, de que "nenhum interesse de classe ou particular prevaleça sobre o interesse público", reforça a dimensão social do Direito do Trabalho e a necessidade de se ponderar os interesses individuais com os coletivos.

- **Direito Tributário (Art. 108, CTN):** O Código Tributário Nacional, em seu art. 108, também estabelece regras específicas para a integração da legislação tributária, determinando uma **ordem sucessiva e taxativa** de mecanismos a serem utilizados: I – a analogia; II – os princípios gerais de direito tributário; III – os princípios gerais de direito público; IV – a equidade. Nota-se uma maior rigidez, quando comparado com o Direito do Trabalho, o que se justifica pela necessidade de **segurança jurídica** e **previsibilidade** na arrecadação tributária. Além disso, os §§ 1º e 2º do **art. 108** impõem **limitações** ao uso da analogia e da equidade, vedando sua utilização para a exigência de tributo não previsto em lei ou para a dispensa do pagamento de tributo devido. Essas restrições decorrem do **princípio da legalidade estrita** em matéria tributária, segundo o qual a criação e o aumento de tributos só podem ser feitos por lei (art. 150, I, CF), protegendo o contribuinte de exigências tributárias arbitrárias.

- **Direito Penal:** No Direito Penal, a possibilidade de integração é **extremamente restrita** em razão do **princípio da legalidade estrita** ou da **reserva legal**, previsto no art. 5º, XXXIX, da Constituição Federal e no art. 1º do Código Penal: "Não há crime sem lei anterior que o defina, nem pena sem prévia cominação legal". Esse princípio exige que as condutas criminosas e as respectivas penas estejam **previamente definidas em lei**, de forma taxativa e precisa, vedando a criminalização ou o agravamento de penas por meio de analogia, costumes ou princípios gerais do direito. A **analogia *in malam partem***, ou seja, em prejuízo do réu, é **absolutamente vedada** no Direito Penal. Admite-se, excepcionalmente, a **analogia *in bonam partem***, ou seja, em benefício do réu, para afastar a tipicidade de uma conduta ou para abrandar a pena, desde que não haja violação ao princípio da legalidade. Por exemplo, se uma conduta deixa de ser considerada crime, por analogia, pode-se aplicar a lei mais benéfica a fatos anteriores, desde que não exista coisa julgada.

- **Direito Civil:** No âmbito do Direito Civil, a **analogia, os costumes e os princípios gerais do direito** têm ampla aplicação no preenchimento de lacunas, conforme previsto no art. 4º da LINDB. Além disso, o Código Civil, em seu artigo 156, parágrafo único, por exemplo, autoriza o juiz a decidir conforme as circunstâncias em caso de estado de perigo envolvendo um não familiar, configurando uma hipótese de **lacuna voluntária** a ser preenchida pela equidade.

5 • DINÂMICA DO ORDENAMENTO JURÍDICO

O preenchimento de lacunas é uma atividade fundamental para a manutenção da completude e da coerência do ordenamento jurídico. A Constituição Federal e a legislação infraconstitucional fornecem os fundamentos e os instrumentos para que o Judiciário exerça essa função de forma legítima e eficaz, garantindo o acesso à justiça e a solução dos conflitos sociais, mesmo diante da ausência de norma legal específica. As regras e os mecanismos de integração variam conforme o ramo do Direito, refletindo as peculiaridades e os valores tutelados por cada área, mas sempre com o objetivo de assegurar a justiça e a efetividade do ordenamento jurídico como um todo.

Aspecto	Descrição	Exemplos
Competência para Lidar com Lacunas	**Poder Legislativo:** Eliminação definitiva da lacuna, em abstrato, por meio da criação de nova lei. **Poder Judiciário:** Preenchimento da lacuna para o caso concreto, de forma incidental, por meio de decisão judicial (norma individual e concreta).	**Legislativo:** Edição de lei específica para regular contratos de prestação de serviços por aplicativos. **Judiciário:** Decisão judicial sobre responsabilidade civil em acidente envolvendo veículo autônomo, na ausência de lei específica.
Fundamentos para o Judiciário Preencher Lacunas	**Princípio da Inafastabilidade da Jurisdição (Art. 5º, XXXV, CF):** Garante acesso à justiça independentemente da existência de lei específica. **Vedação ao Non Liquet (Art. 140, CPC):** Proíbe o juiz de se recusar a julgar com base em lacuna. **Mecanismos de Integração (Art. 4º, LINDB):** Autoriza o uso de analogia, costumes e princípios gerais do direito. **Diretrizes para Aplicação do Ordenamento (Art. 8º, CPC):** Juiz deve atender aos fins sociais, ao bem comum, à dignidade da pessoa humana, proporcionalidade, razoabilidade, legalidade, publicidade e eficiência.	-
Integração no Direito do Trabalho (Art. 8º, CLT)	Jurisprudência, analogia, equidade, princípios gerais do direito (principalmente do trabalho), costumes e direito comparado; prioriza o interesse público e a proteção ao trabalhador.	-
Integração no Direito Tributário (Art. 108, CTN)	Ordem sucessiva: 1. Analogia; 2. Princípios gerais de direito tributário; 3. Princípios gerais de direito público; 4. Equidade. Limitações: Vedação de analogia para criação de tributos ou dispensa de pagamento (art. 108, §§ 1º e 2º, CTN).	

Integração no Direito Penal	Restrição máxima em razão do princípio da legalidade estrita (art. 5º, XXXIX, CF; art. 1º, CP); vedada a analogia *in malam partem*; admite--se, excepcionalmente, a analogia *in bonam partem* para afastar tipicidade ou abrandar pena, sem violar a legalidade.	Analogia *in bonam partem* para aplicar lei mais benéfica a fatos anteriores, se não houver coisa julgada.
Integração no Direito Civil	Ampla aplicação da analogia, costumes e princípios gerais do direito (art. 4º, LINDB); autorização para o uso da equidade em casos específicos, como no art. 156, parágrafo único, do CC (estado de perigo).	-

5.4.4 Classificação das Lacunas

As lacunas, como situações de ausência de norma legal específica para regular determinado caso concreto, podem ser classificadas de acordo com diferentes critérios, permitindo uma compreensão mais aprofundada de sua natureza e das formas de seu surgimento. Essa classificação auxilia o aplicador do Direito a identificar o tipo de lacuna e a escolher o mecanismo de integração mais adequado.

A) Quanto ao Momento de Surgimento:

- **Lacuna Originária (ou Histórica):** É aquela que **já existia no momento da criação da norma**. O legislador, ao elaborar a lei, já tinha conhecimento da situação fática, mas, **por um lapso ou por opção**, deixou de regulá-la. A lacuna é contemporânea à própria norma, existindo desde a sua origem.

  - **Exemplo:** Imagine uma lei de 1980 que regulamente o transporte de passageiros, mas que se refira apenas a veículos automotores terrestres e embarcações. Na época, o transporte aéreo de passageiros era incipiente e, talvez por isso, o legislador não o tenha contemplado. A lacuna, nesse caso, é originária, já existia no momento de criação da lei.

- **Lacuna Posterior (ou Superveniente):** Surge **após a criação da norma**, em decorrência de **transformações sociais, tecnológicas ou valorativas** que não eram previsíveis à época da elaboração da lei. A norma, que antes era suficiente para regular as situações existentes, torna-se incompleta diante do surgimento de novas realidades.

  - **Exemplo:** O surgimento da internet e do comércio eletrônico gerou uma série de situações não previstas pelo Código Civil em sua versão original, promulgada em 2002. A regulamentação de contratos celebrados por meio eletrônico, a responsabilidade civil por danos ocorridos na internet e a proteção de dados pessoais online são exemplos de matérias que, inicialmente, configuravam lacunas posteriores, não eram sequer imagináveis quando da elaboração do Código.

B) Quanto à Intenção do Legislador:

- **Lacuna Voluntária (ou Intencional):** Ocorre quando o legislador, **deliberadamente**, opta por não regular determinada matéria, deixando um **vazio proposital** na lei. Essa omissão é **intencional** e geralmente se justifica pela intenção de conferir **maior discricionariedade ao aplicador do Direito**, que deverá preencher a lacuna de acordo com as peculiaridades do caso concreto, ou porque o legislador prefere que a matéria seja inicialmente regulada por outras fontes, como os costumes ou os princípios gerais. A lacuna voluntária, por vezes, pode ser identificada por expressões como: "a lei disporá", "nos termos do regulamento". Nesses casos, o legislador foi claro em sua intenção.

- **Exemplo:** O art. 156, parágrafo único, do Código Civil, ao tratar do estado de perigo, estabelece que, quando o negócio jurídico envolver pessoa não pertencente à família do declarante, o juiz "decidirá conforme as circunstâncias". Essa amplitude proposital, deliberadamente criada, configura uma lacuna voluntária, permitindo ao juiz uma análise mais flexível e equitativa do caso concreto, considerando as circunstâncias específicas e as relações entre as partes. Outro exemplo seria uma lei que estabelecesse a necessidade de autorização do Poder Executivo para a realização de determinada atividade, mas não especificasse os critérios para a concessão dessa autorização, deixando essa definição para um regulamento posterior, ainda não editado. O legislador, nesse caso, opta por criar uma norma incompleta, deixando para outro momento, ou até mesmo para outra autoridade, a tarefa de complementá-la.

- **Lacuna Involuntária (ou Não Intencional):** Decorre de um **lapso, omissão ou falha** do legislador, que, **sem intenção**, deixou de regular uma situação que deveria ter sido contemplada pela lei. Essa lacuna **não é proposital**, mas sim fruto de um descuido ou da impossibilidade de prever todas as situações fáticas no momento da elaboração da lei.

- **Exemplo:** Suponha que uma lei sobre segurança em transportes coletivos mencione apenas ônibus, trens e metrôs, mas se omita quanto aos bondes elétricos, que, embora menos comuns, ainda operam em algumas cidades. A omissão, nesse caso, provavelmente não foi intencional, mas sim um lapso do legislador, que não se atentou para essa modalidade específica de transporte.

C) Outras Classificações:

- **Lacuna Normativa (ou Técnica):** Refere-se à **ausência de uma norma jurídica específica** para regular o caso concreto. É a lacuna propriamente dita, que exige do aplicador do Direito o emprego dos mecanismos de integração para sua colmatação. É a lacuna em seu sentido principal, quando se constata que o fato conflituoso, objeto de um processo judicial, não foi previsto por nenhuma norma jurídica legal.

- **Lacuna Ideológica (ou Axiológica):** Ocorre quando existe uma norma que, em tese, seria aplicável ao caso, mas sua aplicação levaria a uma **solução considerada injusta, inadequada ou incompatível com os valores vigentes** na sociedade. A lacuna, nesse caso, não é propriamente normativa, mas sim **axiológica**, ou seja, relacionada aos valores que o ordenamento jurídico busca proteger. A norma existe, mas sua aplicação ao caso concreto, a princípio, levaria a uma solução indesejável.

  - **Exemplo:** Imagine uma lei antiga que permita a um credor, em caso de inadimplência, exigir a prisão civil do devedor. Embora a lei exista e, tecnicamente, seja aplicável, a prisão civil por dívida é rechaçada pela Constituição Federal e por tratados internacionais de direitos humanos, exceto em casos específicos. A aplicação da lei ao caso concreto geraria uma solução incompatível com os valores constitucionais vigentes, configurando uma lacuna axiológica. Caberia, então, ao juiz afastar a aplicação literal da lei e buscar outra solução, com base em princípios como a dignidade da pessoa humana.

- **Lacuna de Conflito (ou Antinomia de Segundo Grau):** Já estudada no item 5.3.4, ocorre quando há um **conflito entre os critérios de resolução de antinomias**, gerando uma indefinição sobre qual norma deve prevalecer. É uma situação em que a aplicação de um critério leva à prevalência de uma norma, mas a aplicação de outro critério indica a prevalência da norma oposta.

- **Lacuna de Colisão:** Ocorre quando o caso concreto ativa a incidência de diversos princípios constitucionais que levam a direções opostas. Por exemplo, a colisão entre o princípio da liberdade de imprensa e o princípio da proteção à honra. Os princípios constitucionais são normas jurídicas e sua colisão não pode ser considerada propriamente uma lacuna normativa. Todavia, a solução de um conflito entre princípios não raro exige a criação de uma norma individual e concreta pelo juiz, de modo semelhante ao preenchimento de uma lacuna.

- **Lacuna Autêntica e Não Autêntica: Lacuna autêntica** ocorre quando, em virtude da falta de uma lei que trate do caso, não existe uma decisão possível. **Lacuna não autêntica** ocorre quando, mesmo havendo uma lei que trate do fato, a decisão que dela deriva é indesejável (pode ser injusta ou muito rigorosa).

- **Exemplo de lacuna autêntica:** Um fato novo e socialmente relevante, como a gestação de substituição por meio de técnicas de reprodução assistida, que ainda não tenha sido objeto de regulamentação legal. Não há norma para tratar desse fato.

- **Exemplo de lacuna não autêntica:** Imagine uma lei antiga que estabeleça um prazo prescricional de 20 anos para a cobrança de dívidas. Com a evolução das relações sociais e a maior celeridade nas transações comerciais, esse prazo pode se mostrar excessivamente longo, gerando insegurança jurídica e incentivando a inadimplência. Haveria uma norma para reger o fato (prazo de 20 anos), mas sua aplicação poderia ser considerada inadequada.

- **Lacuna Patente e Latente: Lacuna patente** ocorre quando não há uma lei que preveja hipoteticamente o fato; **lacuna latente** ocorre quando a norma legal que poderia tratar do caso é ampla demais e não parece adequada a ele.

- **Exemplo de lacuna patente:** A ausência de uma lei regulamentando os contratos de namoro é uma lacuna patente.

- **Exemplo de lacuna latente:** Suponha a existência de uma lei que proíba a entrada de "animais" em estabelecimentos comerciais. Um deficiente visual, acompanhado de seu cão-guia, é impedido de entrar em um restaurante com base nessa lei. A norma é ampla demais ("animais") e sua aplicação ao caso concreto, embora possível em uma interpretação literal, gera uma situação de injustiça, configurando uma lacuna latente.

A correta identificação do tipo de lacuna é fundamental para a escolha do mecanismo de integração mais adequado e para a construção de uma solução justa e coerente com os valores do ordenamento jurídico. O aprofundamento desses conceitos contribui para uma compreensão mais sofisticada da dinâmica do Direito e da complexa tarefa de sua aplicação aos casos concretos.

Classificação	Tipo de Lacuna	Descrição	Exemplos
Quanto ao Momento de Surgimento	Originária (Histórica)	Já existia no momento da criação da norma; o legislador já tinha conhecimento da situação fática, mas deixou de regulá-la (por lapso ou opção).	Lei de 1980 que regula o transporte de passageiros, mas se refere apenas a veículos automotores terrestres e embarcações, omitindo o transporte aéreo, então incipiente.
	Posterior (Superveniente)	Surge após a criação da norma, em decorrência de transformações sociais, tecnológicas ou valorativas imprevisíveis à época da elaboração da lei; a norma torna-se incompleta diante de novas realidades.	Regulamentação de contratos eletrônicos, responsabilidade civil na internet e proteção de dados pessoais online, inicialmente não previstos pelo Código Civil de 2002.
Quanto à Intenção do Legislador	Voluntária (Intencional)	O legislador, deliberadamente, opta por não regular determinada matéria, deixando um vazio proposital na lei; confere maior discricionariedade ao aplicador do Direito ou indica que a matéria será regulada por outras fontes.	Art. 156, parágrafo único, do CC: juiz decide conforme as circunstâncias em caso de estado de perigo envolvendo não familiar. Lei que exige autorização do Executivo para atividade, sem especificar critérios para concessão (regulamentação posterior).
	Involuntária (Não Intencional)	Decorre de lapso, omissão ou falha do legislador, que, sem intenção, deixou de regular uma situação que deveria ter sido contemplada pela lei.	Lei sobre segurança em transportes coletivos que menciona ônibus, trens e metrôs, mas se omite quanto aos bondes elétricos.
Outras Classificações	Normativa (Técnica)	Ausência de norma jurídica específica para regular o caso concreto; lacuna propriamente dita, que exige integração.	-
	Ideológica (Axiológica)	Existe norma aplicável, mas sua aplicação levaria a uma solução injusta, inadequada ou incompatível com os valores vigentes; lacuna relacionada aos valores do ordenamento.	Lei antiga que permite prisão civil por dívida, contrariando a CF e tratados internacionais (exceto em casos específicos).
	Autêntica e Não Autêntica	**Autêntica:** Falta de lei que trate do caso, não havendo decisão possível. **Não Autêntica:** Há lei que trate do fato, mas a decisão dela derivada é indesejável.	**Autêntica:** Ausência de lei regulamentando contratos de namoro. **Não Autêntica:** Lei antiga com prazo prescricional de 20 anos para cobrança de dívidas, considerado excessivo e inadequado.
	Patente e Latente	**Patente:** Não há lei que preveja hipoteticamente o fato. **Latente:** Norma legal que poderia tratar do caso é ampla demais e não parece adequada a ele.	**Patente:** Ausência de lei regulamentando a gestação de substituição por meio de técnicas de reprodução assistida. **Latente:** Lei que proíbe a entrada de "animais" em estabelecimentos e o caso de um cão-guia.

5.4.5 Analogia

A analogia é um dos principais mecanismos de integração do Direito, sendo frequentemente utilizada para preencher lacunas normativas. Prevista no art. 4º da LINDB, a analogia consiste em **aplicar a um caso não regulamentado por lei uma norma jurídica que disciplina caso semelhante**. Trata-se de um raciocínio que, partindo da identificação de semelhanças relevantes entre duas situações fáticas, estende a consequência jurídica prevista para uma delas à outra, que carece de regulamentação específica.

Espécies de Analogia:

A doutrina costuma distinguir duas espécies de analogia: *analogia legis* e *analogia iuris*.

Analogia *Legis* (Analogia Legal) é a modalidade mais comum e se configura quando o aplicador do Direito estende a **uma hipótese não regulada a norma legal que disciplina caso semelhante**. Parte-se de uma **norma legal específica** para um caso concreto semelhante, mas não idêntico, àquele que se busca regular. O raciocínio analógico, nesse caso, pode ser esquematizado da seguinte forma:

- **Identificação de dois fenômenos (situações fáticas) semelhantes**: O aplicador do Direito, diante de um caso concreto não regulamentado, deve buscar no ordenamento jurídico uma situação fática que guarde **semelhança relevante** com aquela que precisa ser decidida. Essa semelhança deve ser **fundamental e axiológica**, ou seja, deve dizer respeito aos **elementos essenciais** das situações comparadas, e não a aspectos meramente acidentais ou secundários. Além disso, os valores e objetivos tutelados pela norma que regula o caso semelhante devem ser, em essência, os mesmos que se busca proteger no caso não regulamentado.

- **Constatação de que um dos fenômenos está regulado por lei e o outro não**: O aplicador do Direito deve verificar se a situação fática semelhante identificada no passo anterior está **efetivamente regulada** por uma norma legal específica, enquanto a situação que ele precisa decidir **carece de regulamentação** legal, configurando a lacuna.

- **Aplicação da consequência jurídica prevista para o caso regulado ao caso não regulado**: Uma vez demonstrada a semelhança relevante e a existência de uma lacuna, o aplicador do Direito **estende a consequência jurídica** prevista na norma legal que regula o caso semelhante para o caso não regulamentado. Ele aplica a norma existente ao caso novo, como se este estivesse abrangido pela previsão legal, embora, tecnicamente, não esteja.

Exemplo Clássico: O Decreto 2.681/1912 regulava a responsabilidade civil das estradas de ferro. Com o desenvolvimento posterior do transporte rodoviário e a ausência de legislação específica sobre o tema, os tribunais passaram a aplicar, por analogia, as disposições do Decreto 2.681/1912 aos casos de acidentes envolvendo empresas de ônibus. A semelhança fundamental residia na natureza da atividade (transporte de passageiros) e no risco inerente a ela.

Exemplo Atual: A Lei do Inquilinato (Lei 8.245/91) regula as locações de imóveis urbanos, mas não trata especificamente do aluguel por temporada via plataformas digitais, como o Airbnb. Diante de conflitos envolvendo essa modalidade de locação, os juízes têm aplicado, por analogia, as disposições da Lei do Inquilinato, por entenderem que há semelhança essencial entre a locação tradicional e a locação por temporada, como a cessão onerosa da posse de um imóvel por tempo determinado.

Analogia *Iuris* (Analogia Jurídica) é uma modalidade mais ampla e complexa, que se baseia não em uma norma legal específica, mas em um **conjunto de normas ou em princípios gerais do ordenamento jurídico**. O aplicador do Direito, diante de um caso não regulamentado, busca identificar os **princípios ou valores** que informam um determinado instituto ou ramo do Direito e os aplica à situação fática que demanda solução. A analogia *iuris* pode ser esquematizada da seguinte forma:

- **Identificação de vários fenômenos semelhantes:** O aplicador do Direito, diante de um caso concreto não regulamentado, identifica **diversas situações fáticas** que guardem **semelhança relevante** com aquela que precisa ser decidida. Essa semelhança, tal qual na analogia *legis*, deve ser **fundamental e axiológica.**

- **Constatação de que vários desses fenômenos estão regulados e um não está:** O aplicador do Direito verifica se as situações fáticas semelhantes identificadas no passo anterior estão **reguladas por diferentes normas legais,** enquanto a situação que ele precisa decidir **carece de regulamentação** legal, configurando a lacuna.

- **Extração de um princípio ou regra geral:** A partir da análise das normas que regulam os casos semelhantes, o aplicador do Direito **extrai um princípio geral ou uma regra geral** que seja comum a todas elas, ou seja, um **denominador comum** que justifique a aplicação de uma mesma consequência jurídica a todas essas situações.

- **Aplicação do princípio ou regra geral ao caso não regulamentado:** Uma vez identificado o princípio ou regra geral, o aplicador do Direito o aplica ao caso não regulamentado, **extraindo dele a consequência jurídica** para a situação fática que demanda solução.

5 • DINÂMICA DO ORDENAMENTO JURÍDICO — 225

Exemplo: Suponha que não exista uma lei específica regulando o prazo prescricional para a propositura de ação de indenização por danos morais decorrentes de *cyberbullying*. O juiz, diante de um caso concreto, poderia buscar no ordenamento jurídico outras situações semelhantes, como a indenização por danos morais decorrentes de ofensas verbais, de publicação de notícias falsas ou de violação de direitos da personalidade. Analisando as normas que regulam essas situações, o juiz poderia extrair o princípio geral da proteção da honra e da dignidade da pessoa humana e, com base nesse princípio, fixar um prazo prescricional para a ação de indenização por danos morais decorrentes de *cyberbullying*, mesmo na ausência de lei específica.

Impedimentos à Analogia:

A analogia, embora seja um importante mecanismo de integração, não pode ser aplicada indiscriminadamente. Existem áreas do Direito em que seu uso é **vedado ou restrito**, em razão de princípios específicos que as regem.

No **Direito Penal**, vigora o **princípio da legalidade estrita** ou da **reserva legal**, segundo o qual não há crime sem lei anterior que o defina, nem pena sem prévia cominação legal (art. 5º, XXXIX,[1] CF e art. 1º, CP). Esse princípio impede a criação de novos tipos penais ou o agravamento de penas por meio da analogia, pois isso violaria a garantia fundamental de que ninguém pode ser punido por um fato que não era considerado crime no momento de sua prática. A **analogia *in malam partem*,** ou seja, **em prejuízo do réu**, é **absolutamente vedada**. **Exemplo:** Não se pode, por analogia, considerar como crime uma conduta que não esteja expressamente prevista como tal em lei, mesmo que essa conduta seja semelhante a outra que é tipificada como crime.

Exceção: A doutrina e a jurisprudência admitem, excepcionalmente, a **analogia *in bonam partem*,** ou seja, **em benefício do réu**, para afastar a tipicidade de uma conduta, reduzir a pena ou conceder algum benefício ao acusado, desde que não haja violação ao princípio da legalidade. Por exemplo, se uma lei posterior passa a prever uma causa de diminuição de pena para determinado crime, essa causa de diminuição pode ser aplicada, por analogia, a crimes semelhantes que não foram expressamente contemplados pela nova lei, desde que isso beneficie o réu.

No **Direito Tributário**, também vigora o **princípio da legalidade estrita** ou da **reserva legal** em matéria tributária (art. 150, I, CF), que impede a criação ou o aumento de tributos por meio de analogia. O art. 108, § 1º, do CTN, veda expressamente o emprego da analogia que resulte na exigência de tributo não previsto em lei. A analogia, no Direito Tributário, só pode ser utilizada para **interpretar e integrar a legislação tributária**, mas nunca para criar ou majorar tributos. **Exemplo:** Não se pode, por analogia, exigir o pagamento de um tributo que não esteja expressamente previsto em lei, mesmo que a atividade exercida pelo contribuinte seja semelhante a outra que é tributada.

A analogia também é **inadmissível** quando seu emprego resultar em **restrição a direitos fundamentais**. Isso porque os direitos fundamentais são normas de máxima importância no ordenamento jurídico e suas restrições devem ser interpretadas de forma estrita, não se admitindo a ampliação de seu alcance por meio de analogia.

Exemplo: Uma lei que estabeleça restrições ao direito de reunião em locais públicos não pode ser aplicada, por analogia, para restringir o direito de reunião em locais privados, configurando uma ampliação indevida da restrição a um direito fundamental.

A analogia, como se vê, é um instrumento valioso para a integração do Direito, permitindo a solução de casos não previstos expressamente em lei, mas que guardam semelhança relevante com situações regulamentadas. No entanto, seu uso deve ser feito com cautela, observando-se os limites impostos pelos princípios e regras específicos de cada ramo do Direito, a fim de garantir a segurança jurídica e a efetiva proteção dos direitos fundamentais.

Aspecto	Descrição	Exemplos
Definição de Analogia	Mecanismo de integração do Direito; aplicação de uma norma jurídica que regula caso semelhante a um caso não regulamentado por lei; raciocínio que parte da identificação de semelhanças relevantes entre duas situações fáticas, estendendo a consequência jurídica prevista para uma delas à outra, que carece de regulamentação.	-
Espécies de Analogia	**Analogia Legis (Legal):** Extensão de uma norma legal específica para um caso concreto semelhante, mas não idêntico. **Analogia Iuris (Jurídica):** Baseia-se em um conjunto de normas ou em princípios gerais do ordenamento jurídico, e não em uma norma legal específica.	**Analogia Legis:** Aplicação da Lei do Inquilinato a locações por temporada via Airbnb. **Analogia Iuris:** Fixação de prazo prescricional para ação de indenização por danos morais decorrentes de cyberbullying com base no princípio da proteção da honra e da dignidade da pessoa humana.
Analogia Legis: Raciocínio	1. Identificação de dois fenômenos (situações fáticas) semelhantes; 2. Constatação de que um dos fenômenos está regulado por lei e o outro não; 3. Aplicação da consequência jurídica prevista para o caso regulado ao caso não regulado.	1. Locação tradicional e locação por Airbnb são semelhantes (cessão onerosa da posse de imóvel por tempo determinado); 2. Lei do Inquilinato regula a locação tradicional, mas não a locação por Airbnb; 3. Aplica-se a Lei do Inquilinato à locação por Airbnb.

Analogia Iuris: Raciocínio	1. Identificação de vários fenômenos semelhantes; 2. Constatação de que vários desses fenômenos estão regulados e um não está; 3. Extração de um princípio ou regra geral comum às normas que regulam os casos semelhantes; 4. Aplicação do princípio ou regra geral ao caso não regulamentado.	1. Diversas situações de danos morais (ofensas verbais, notícias falsas, violação de direitos da personalidade); 2. Todas são reguladas, exceto o cyberbullying; 3. Extrai-se o princípio da proteção da honra; 4. Aplica-se o princípio ao cyberbullying para fixar prazo prescricional.
Impedimentos à Analogia	**Direito Penal:** Vedada a analogia *in malam partem* (em prejuízo do réu), em razão do princípio da legalidade estrita. Admite-se, excepcionalmente, a analogia *in bonam partem* (em benefício do réu). **Direito Tributário:** Vedada a analogia para criação ou aumento de tributos (art. 108, § 1º, CTN). **Restrição a Direitos Fundamentais:** Inadmissível a analogia que amplie restrições a direitos fundamentais.	-

5.4.6 Equidade

A **equidade** é um conceito fundamental para a compreensão da integração do Direito e, em particular, do preenchimento de lacunas. Pode ser entendida, em termos gerais, como a **justiça do caso concreto**, ou seja, a aplicação da justiça levando em consideração as **peculiaridades** e **circunstâncias específicas** de uma determinada situação. É a busca por uma solução que, para além da mera aplicação da lei, se mostre **justa e razoável** diante das particularidades do caso analisado.

A equidade possui um papel importante na **hermenêutica jurídica**, que é a teoria da interpretação das normas. Ao interpretar as leis, o juiz deve buscar não apenas o sentido literal do texto, mas também os **fins sociais** a que ela se destina e as **exigências do bem comum**, conforme determina o art. 5º da LINDB. Nesse processo interpretativo, a equidade atua como um **princípio orientador**, guiando o juiz na escolha do significado que melhor realize os valores de justiça e promova o bem comum, considerando as especificidades do caso concreto.

Exemplo: Ao interpretar uma cláusula contratual ambígua, o juiz pode se valer da equidade para determinar o sentido que melhor equilibre os interesses das partes, considerando as circunstâncias da contratação e a boa-fé que deve reger as relações contratuais.

Além de seu papel na interpretação, a equidade também é utilizada como **mecanismo de integração do Direito**, ou seja, como forma de preencher lacunas normativas. Nesses casos, o juiz, diante da ausência de norma legal específica e da impossibilidade de utilização da analogia, dos costumes ou dos princípios gerais do direito, pode decidir com base na equidade, construindo uma solução **conforme seu senso de justiça** para o caso concreto.

A possibilidade de o juiz decidir por equidade em casos de lacuna gera debates na doutrina, principalmente em relação às **lacunas involuntárias**.

A **Lacuna Voluntária** ocorre quando o próprio legislador, **intencionalmente**, deixa a cargo do juiz a definição do critério de julgamento para determinadas situações. Nesses casos, a lei expressamente autoriza o juiz a decidir por equidade, conferindo-lhe **discricionariedade** para construir a solução mais justa de acordo com as particularidades do caso. **Exemplos no Código Civil:**

- **Art. 156, § 2º**: Ao tratar do estado de perigo, o Código Civil estabelece que, se o negócio jurídico envolver pessoa não pertencente à família do declarante, o juiz "decidirá **segundo as circunstâncias**". Essa expressão confere ao juiz a possibilidade de utilizar a equidade para avaliar a configuração do estado de perigo e suas consequências, considerando as especificidades da relação entre as partes e as circunstâncias que envolveram a celebração do negócio.

- **Art. 413**: Determina que a penalidade deve ser reduzida **equitativamente** pelo juiz se a obrigação principal tiver sido cumprida em parte, ou se o montante da penalidade for manifestamente excessivo, tendo-se em vista a natureza e a finalidade do negócio. Aqui, o legislador atribui ao juiz o poder de ajustar o valor da cláusula penal de acordo com seu senso de justiça, considerando as particularidades do caso concreto, como o grau de cumprimento da obrigação e a proporcionalidade entre a penalidade e o dano efetivamente causado.

A **Lacuna Involuntária** ocorre quando a ausência de regulamentação legal não é intencional, mas sim fruto de um lapso do legislador ou do surgimento de situações fáticas novas e imprevisíveis. Nesses casos, a possibilidade de o juiz decidir por equidade é mais controversa. **Exemplos:**

- **Art. 140, parágrafo único, CPC**: O Código de Processo Civil, em seu art. 140, parágrafo único, é taxativo ao afirmar que "o juiz só decidirá por equidade nos casos previstos em lei". Essa redação parece restringir o uso da equidade às hipóteses de **lacuna voluntária**, ou seja, quando a própria lei autoriza o julgamento equitativo.

- **Art. 8º, CLT**: Em contrapartida, a CLT, em seu art. 8º, autoriza expressamente o uso da equidade como mecanismo de integração no âmbito do Direito do Trabalho, sem fazer distinção entre lacunas voluntárias e involuntárias.

A aparente contradição entre o CPC e a LINDB (que não menciona a equidade) e a CLT (que a autoriza expressamente) gera **debate na doutrina e na jurisprudência**.

Uma corrente, **restritiva**, defende a interpretação literal do art. 140, parágrafo único, do CPC, sustentando que o juiz só poderia decidir por equidade nos casos expressamente autorizados por lei (lacunas voluntárias). Essa posição visa resguardar o **princípio da legalidade** e a **segurança jurídica**, evitando que o juiz atue como legislador e crie normas sem base legal.

Outra corrente, **extensiva**, baseando-se no **princípio da inafastabilidade da jurisdição** (art. 5º, XXXV, CF) e na **função integradora do Poder Judiciário**, defende uma interpretação mais ampla, admitindo o uso da equidade **também em casos de lacunas involuntárias**, quando os demais mecanismos de integração (analogia, costumes e princípios gerais) se mostrarem insuficientes ou inadequados para a solução justa do caso concreto. Argumenta-se que a vedação absoluta ao uso da equidade em lacunas involuntárias poderia levar à **denegação da justiça**, ferindo o direito fundamental de acesso ao Judiciário.

Uma **interpretação conciliadora** sugere que, mesmo diante de uma lacuna involuntária, o juiz poderia utilizar a **equidade como um instrumento auxiliar** na aplicação dos demais mecanismos de integração (analogia, costumes e princípios gerais). A equidade, nesse caso, não atuaria como fonte autônoma de decisão, mas sim como um **critério orientador** na escolha da solução mais justa e adequada, sempre dentro dos limites e parâmetros estabelecidos pelo ordenamento jurídico.

A equidade, como "justiça do caso concreto" desempenha um papel relevante tanto na interpretação quanto na integração do Direito. Embora seu uso como fonte autônoma de decisão seja restrito às hipóteses expressamente previstas em lei (lacunas voluntárias), a equidade pode atuar como um importante instrumento para a realização da justiça material, auxiliando o juiz na busca pela solução mais adequada e equânime, mesmo diante de lacunas normativas involuntárias, desde que respeitados os limites impostos pelo ordenamento jurídico e pelos princípios constitucionais. Sua aplicação exige do julgador prudência, bom senso e fundamentação detalhada, demonstrando como a solução encontrada, ainda que baseada na equidade, se harmoniza com os valores e princípios do sistema jurídico.

Aspecto	Descrição	Exemplos
Definição de Equidade	Justiça do caso concreto; aplicação da justiça levando em consideração as peculiaridades e circunstâncias específicas de uma determinada situação; busca por uma solução justa e razoável diante das particularidades do caso.	-
Equidade na Interpretação	Princípio orientador na escolha do significado que melhor realize os valores de justiça e promova o bem comum, considerando as especificidades do caso concreto (art. 5º, LINDB).	Interpretação de cláusula contratual ambígua de modo a equilibrar os interesses das partes, considerando a boa-fé.
Equidade na Integração (Preenchimento de Lacunas)	Mecanismo de integração do Direito; forma de preencher lacunas normativas; construção de uma solução conforme o senso de justiça do juiz para o caso concreto, na ausência de norma legal específica e da impossibilidade de utilização da analogia, dos costumes ou dos princípios gerais do direito.	-
Lacuna Voluntária	O legislador, intencionalmente, deixa a cargo do juiz a definição do critério de julgamento para determinadas situações; a lei expressamente autoriza o juiz a decidir por equidade; confere discricionariedade ao juiz.	Art. 156, § 2º, CC (estado de perigo); Art. 413, CC (redução equitativa da cláusula penal).
Lacuna Involuntária	Ausência de regulamentação legal não é intencional; fruto de lapso do legislador ou do surgimento de situações fáticas novas e imprevisíveis; a possibilidade de o juiz decidir por equidade é mais controversa.	-
Debate sobre a Equidade em Lacunas Involuntárias	**Art. 140, parágrafo único, CPC:** "o juiz só decidirá por equidade nos casos previstos em lei" (interpretação restritiva). **Art. 8º, CLT:** Autoriza expressamente o uso da equidade no Direito do Trabalho. **Corrente Restritiva:** Defende a interpretação literal do CPC, restringindo a equidade às lacunas voluntárias. **Corrente Extensiva:** Admite o uso da equidade em lacunas involuntárias, com base no princípio da inafastabilidade da jurisdição e na função integradora do Judiciário. **Interpretação Conciliadora:** Equidade como instrumento auxiliar na aplicação dos demais mecanismos de integração (analogia, costumes e princípios gerais).	-

6
INTERPRETAÇÃO
E APLICAÇÃO DO DIREITO

6.1 INTERPRETAÇÃO DO DIREITO

6.1.1 Hermenêutica

A **hermenêutica jurídica** é a disciplina que se dedica ao estudo e à sistematização dos processos e métodos de **interpretação** das normas jurídicas. O termo "hermenêutica" tem origem na mitologia grega, mais especificamente no nome do deus **Hermes**, conhecido como o mensageiro dos deuses. Hermes era responsável por **transmitir e interpretar** as mensagens divinas aos mortais, tornando-as compreensíveis à inteligência humana. Essa função de intermediário e intérprete, atribuída a Hermes, reflete a essência da hermenêutica: a busca por **desvendar o sentido e o alcance** de algo que, inicialmente, pode parecer obscuro ou de difícil compreensão. No contexto jurídico, a hermenêutica se dedica a desvendar o sentido das normas jurídicas, que nem sempre são claras ou facilmente aplicáveis aos casos concretos.

A **interpretação**, objeto de estudo da hermenêutica jurídica, é uma atividade **fundamental** para a aplicação do Direito. Isso porque as normas jurídicas, especialmente as leis, são geralmente formuladas em termos **gerais e abstratos**, e sua aplicação aos casos concretos exige um esforço interpretativo para que se possa extrair seu verdadeiro significado e alcance. O **objetivo** da hermenêutica jurídica, portanto, é **determinar o significado das normas jurídicas**, estabelecendo critérios e métodos que permitam ao intérprete (juízes, advogados, promotores, doutrinadores etc.) compreender o conteúdo da norma e aplicá-la de forma correta e justa.

Nesse sentido, a hermenêutica jurídica busca fornecer instrumentos para que o intérprete possa **resolver conflitos** de forma **justa e fundamentada**, cumprindo os **fins sociais** do Direito e promovendo o **bem comum**. Isso implica, necessariamente, uma interpretação que leve em conta não apenas o texto da norma, mas também os **valores** e **princípios** que informam o ordenamento jurídico, bem como as **circunstâncias sociais e históricas** em que a norma está inserida. É uma atividade que busca um significado que dê **validade** às normas, em harmonia com o sistema jurídico, e que permita resolver os conflitos de forma a cumprir os fins sociais do direito e concretizar o bem comum.

A hermenêutica jurídica é uma disciplina de **natureza teórico-prática**, que combina a reflexão teórica sobre os métodos e critérios de interpretação com a aplicação prática desses métodos na solução de casos concretos. Ela se preocupa tanto com a **teoria da interpretação** quanto com a **prática da argumentação jurídica**, fornecendo as ferramentas necessárias para que os operadores do Direito possam construir interpretações sólidas, coerentes e justificáveis das normas jurídicas. Em última análise, a hermenêutica jurídica busca **garantir a correta aplicação do Direito**, contribuindo para a realização da justiça e a promoção da segurança jurídica, sendo essencial para que o Direito cumpra sua função social de regular as relações humanas e promover a paz social.

Prática:

Hermenêutica	Descrição
Definição de Hermenêutica Jurídica	Disciplina que se dedica ao estudo e à sistematização dos processos e métodos de interpretação das normas jurídicas; busca desvendar o sentido e o alcance das normas jurídicas.
Origem do Termo	Mitologia grega; deus Hermes, o mensageiro dos deuses, responsável por transmitir e interpretar as mensagens divinas aos mortais; função de intermediário e intérprete.
Objeto de Estudo	A interpretação das normas jurídicas; atividade fundamental para a aplicação do Direito, pois as normas são geralmente formuladas em termos gerais e abstratos, exigindo esforço interpretativo para sua aplicação aos casos concretos.
Objetivos	Determinar o significado das normas jurídicas; estabelecer critérios e métodos para compreender o conteúdo da norma e aplicá-la de forma correta e justa; fornecer instrumentos para resolver conflitos de forma justa e fundamentada, cumprindo os fins sociais do Direito e promovendo o bem comum.
Natureza Teórico-Prática	Combina reflexão teórica sobre métodos e critérios de interpretação com a aplicação prática desses métodos na solução de casos concretos; preocupa-se com a teoria da interpretação e com a prática da argumentação jurídica; fornece ferramentas para construir interpretações sólidas, coerentes e justificáveis das normas.
Função	Garantir a correta aplicação do Direito, contribuindo para a realização da justiça e a promoção da segurança jurídica; essencial para que o Direito cumpra sua função social de regular as relações humanas e promover a paz social; busca um significado que dê validade às normas, em harmonia com o sistema jurídico, e que permita resolver os conflitos de forma a cumprir os fins sociais do direito e concretizar o bem comum.

6.1.2 Quando Interpretar?

A interpretação é uma atividade inerente ao processo de aplicação do Direito. Mas surge a questão: **quando** se deve interpretar uma norma jurídica? Existe um limite ou um momento específico para o início e o fim da interpretação? Essas perguntas nos remetem ao antigo brocardo latino: *in claris cessat interpretatio* (na clareza cessa a interpretação).

Tradicionalmente, esse brocardo sugere que a interpretação só seria necessária diante de **normas ambíguas ou obscuras**. Se a norma fosse clara, ou seja, se seu significado fosse evidente e inequívoco, a interpretação seria dispensável, bastando a simples aplicação do texto legal. Além disso, o brocardo indicaria um **limite temporal** para a interpretação: ela deveria cessar quando se alcançasse a clareza. Interpretar-se-ia **até** atingir um significado claro e, a partir daí, a interpretação não seria mais necessária.

No entanto, essa visão tradicional é alvo de **críticas** e, hoje, tende a ser **superada** por uma compreensão mais ampla e complexa do processo interpretativo. Vejamos os principais pontos de crítica:

1. A Relatividade da Clareza: A clareza de uma norma não é uma qualidade absoluta e intrínseca do texto legal, mas sim **relativa** e dependente do contexto, do intérprete e de fatores subjetivos. O que parece claro para um, pode ser obscuro para outro. A própria **conclusão** de que uma norma é clara já é resultado de um **processo interpretativo prévio**. Não se pode afirmar a clareza de algo sem antes interpretá-lo. A clareza não é um pressuposto, mas um **resultado** da interpretação.

2. Toda Palavra Precisa ser Interpretada: Mesmo as palavras mais simples e corriqueiras da linguagem comum podem assumir **significados técnicos ou específicos** no contexto jurídico. Além disso, a linguagem jurídica possui suas próprias nuances e peculiaridades, que exigem do intérprete um conhecimento específico. Dessa forma, **toda e qualquer palavra** empregada em uma norma jurídica, independentemente de sua aparente simplicidade, demanda um esforço interpretativo para a correta compreensão de seu sentido.

- **Exemplo**: A palavra "família" em uma norma pode parecer clara à primeira vista, mas seu significado jurídico pode ser objeto de controvérsias, abrangendo diferentes configurações familiares além do modelo tradicional (famílias monoparentais, homoafetivas etc.). A interpretação, nesse caso, é essencial para definir o alcance do termo.

3. A Norma como Parte de um Sistema: As normas jurídicas não existem isoladamente, mas integram um **sistema jurídico complexo e interconecta-**

do. A interpretação de uma norma deve levar em consideração sua **relação com as demais normas** do ordenamento, buscando um significado que seja **coerente e harmônico** com o conjunto. A interpretação isolada e puramente literal pode levar a contradições e inconsistências dentro do sistema.

- **Exemplo**: Uma lei que concede um benefício fiscal a "empresas nacionais" deve ser interpretada em conjunto com outras normas que definem o conceito de "empresa nacional", bem como com os princípios constitucionais que regem a matéria tributária, a fim de se evitar antinomias e garantir a coerência do sistema.

4. A Concretização de Valores: O Direito não se resume a um conjunto de regras abstratas, mas busca **concretizar valores** considerados fundamentais para a sociedade, como a justiça, a igualdade, a liberdade e a dignidade da pessoa humana. A interpretação das normas jurídicas deve ser orientada por esses valores, buscando o **significado que melhor os realize** no caso concreto. O processo interpretativo não pode se limitar a uma análise meramente formal do texto, devendo sempre levar em conta os **valores subjacentes** às normas.

- **Exemplo**: Uma norma que estabeleça um prazo prescricional deve ser interpretada à luz do princípio da segurança jurídica, mas também do princípio do acesso à justiça, buscando-se um equilíbrio entre esses valores.

Embora o brocardo *in claris cessat interpretatio* possa, à primeira vista, parecer razoável, uma análise mais aprofundada revela suas limitações. A interpretação é **sempre necessária**, mesmo diante de normas aparentemente claras, pois a clareza é relativa, as palavras demandam contextualização, as normas integram um sistema e o Direito visa à concretização de valores. Portanto, **toda norma jurídica, independentemente de sua clareza aparente, deve ser interpretada**. A interpretação não é um processo mecânico ou automático, mas sim uma atividade complexa e dinâmica, que exige do intérprete sensibilidade, conhecimento técnico e compromisso com os valores fundamentais do ordenamento jurídico. O processo interpretativo é **constante** e **essencial** para a correta aplicação do Direito e a realização da justiça.

Aspecto	Visão Tradicional (In Claris Cessat Interpretatio)	Críticas à Visão Tradicional
Necessidade de Interpretação	Apenas normas ambíguas ou obscuras necessitam de interpretação; normas claras dispensam interpretação, bastando a aplicação do texto legal.	Toda norma jurídica, mesmo as aparentemente claras, deve ser interpretada; a clareza é relativa e dependente do contexto, do intérprete e de fatores subjetivos; a própria conclusão de que uma norma é clara já é resultado de interpretação.

Limite da Interpretação	A interpretação deve cessar quando se alcança a clareza; interpreta-se até atingir um significado claro, a partir do qual a interpretação não é mais necessária.	A interpretação é um processo constante e inerente à aplicação do Direito; não há um limite temporal rígido para a interpretação; a compreensão da norma pode se modificar com o tempo e com a evolução da sociedade.
Clareza da Norma	Qualidade absoluta e intrínseca do texto legal.	A clareza é relativa e dependente do contexto; a própria afirmação da clareza de uma norma pressupõe uma interpretação prévia; a clareza não é um pressuposto, mas um resultado da interpretação.
Interpretação das Palavras	Palavras da lei têm significado evidente e inequívoco, que dispensa interpretação.	Toda palavra, mesmo as mais simples, precisa ser interpretada, considerando o contexto jurídico e as nuances da linguagem; termos corriqueiros podem assumir significados técnicos ou específicos no contexto jurídico.
Exemplo de Palavra Aparentemente Clara	Não se aplica.	"Família": pode ter diferentes interpretações jurídicas, abrangendo configurações familiares além do modelo tradicional.
Consideração do Sistema Jurídico	A norma pode ser interpretada isoladamente, sem considerar sua relação com o restante do ordenamento.	As normas jurídicas integram um sistema complexo e interconectado; a interpretação de uma norma deve levar em consideração sua relação com as demais normas do ordenamento, buscando um significado coerente e harmônico com o conjunto.
Exemplo de Interpretação Sistêmica	Não se aplica.	Lei que concede benefício fiscal a "empresas nacionais" deve ser interpretada em conjunto com outras normas que definem o conceito de "empresa nacional" e com os princípios constitucionais que regem a matéria tributária.
Concretização de Valores	A interpretação é vista como uma atividade meramente técnica de subsunção do fato à norma.	O Direito busca concretizar valores fundamentais (justiça, igualdade, liberdade, dignidade da pessoa humana); a interpretação deve ser orientada por esses valores, buscando o significado que melhor os realize no caso concreto.
Exemplo de Interpretação Axiológica	Não se aplica.	Norma que estabelece prazo prescricional deve ser interpretada à luz do princípio da segurança jurídica, mas também do princípio do acesso à justiça, buscando-se equilíbrio entre esses valores.

6.1.3 Há uma Interpretação Correta?

A questão sobre a existência de uma **interpretação correta ou verdadeira** é uma das mais complexas e controvertidas da teoria da interpretação jurídica. Hans

INTRODUÇÃO AO ESTUDO DO DIREITO • Adriano Ferreira

Kelsen, um dos mais influentes juristas do século XX, ao tratar da interpretação do Direito, faz uma distinção baseada no sujeito que interpreta, a partir da qual podemos aprimorar, para fins didáticos, da seguinte forma:

- **Interpretação Doutrinária (ou Científica):** Realizada por juristas, acadêmicos, estudiosos do Direito, ou mesmo por advogados em suas petições, que se dedicam à análise e à compreensão das normas jurídicas. Essa interpretação **não cria normas jurídicas**, mas propõe interpretações possíveis, buscando, através de métodos científicos e argumentos lógicos, apresentar os sentidos que podem ser extraídos dos textos normativos. Segundo Kelsen, a interpretação doutrinária se limita a apresentar as significações possíveis, sem, no entanto, determinar qual delas é a correta ou a mais adequada para um caso específico. Ela tem um caráter **persuasivo**, buscando convencer os aplicadores do Direito, mas não possui força vinculante.

- **Interpretação Autêntica (ou Oficial):** É aquela realizada pelos órgãos estatais com competência para aplicar o Direito e, por consequência, **criar normas jurídicas**, a partir da interpretação. Ela emana de uma autoridade pública no exercício de suas funções, como, por exemplo, um juiz ao proferir uma sentença ou um órgão administrativo ao editar um ato normativo. Kelsen argumenta que, quando um órgão dotado de competência para aplicar o Direito interpreta uma norma, ele não está limitado a uma mera atividade de conhecimento, como na interpretação doutrinária. Em vez disso, o órgão aplicador, como o juiz, **exerce um ato de vontade** ao escolher, dentre as significações possíveis, aquela que será aplicada. Essa escolha, segundo Kelsen, é **discricionária** e não pode ser considerada correta ou incorreta de um ponto de vista científico, mas é **juridicamente vinculante**, resultando na criação de uma nova norma jurídica, individualizada ao caso concreto. Há, aqui, um claro **decisionismo**, colocando a decisão como fruto da autoridade do juiz, não havendo uma interpretação correta, em termos absolutos. A decisão é correta porque emana de um juiz, não o contrário.

A posição de Kelsen, de que a interpretação autêntica é um ato de vontade e, portanto, discricionária, é **criticada por muitos juristas**, que a consideram uma visão por demais cética e relativista, abrindo espaço para o arbítrio judicial e minando a segurança jurídica. Argumenta-se que, embora a interpretação envolva escolhas, essas escolhas não são ilimitadas ou puramente subjetivas. Elas são **limitadas e guiadas** por critérios racionais, princípios jurídicos, métodos de interpretação e pelo próprio contexto do ordenamento jurídico.

Mesmo que se admita um certo grau de discricionariedade na interpretação judicial, é inegável que o juiz, ao interpretar, não tem liberdade absoluta. Sua escolha é limitada por diversos fatores, que podem ser agrupados, de forma simplificada, entre os polos da **validade** e da **eficácia** da norma.

A interpretação deve ser compatível com o ordenamento jurídico, respeitando a **hierarquia das normas,** os **princípios constitucionais** e os **limites semânticos** do texto legal. O juiz não pode, a pretexto de interpretar, criar um significado que contrarie a Constituição ou que extrapole os sentidos possíveis da norma. A interpretação, nesse sentido, deve ser feita de modo a preservar a **validade** da norma interpretada e a **coerência** do sistema jurídico como um todo.

A interpretação deve ser capaz de produzir **efeitos jurídicos concretos**, ou seja, deve ser apta a solucionar o conflito apresentado ao juiz de forma **justa e efetiva**. O juiz deve buscar a interpretação que melhor realize os **fins sociais** da norma e as **exigências do bem comum**, conforme determina o art. 5º da LINDB. A interpretação deve ser orientada para a **eficácia** e a **efetividade** do Direito.

Além da interpretação doutrinária e autêntica, existe também a **interpretação legal**, que é aquela feita pelo **próprio legislador** no texto de uma lei. Ocorre quando o legislador, visando a evitar dúvidas ou controvérsias sobre o sentido de um termo ou dispositivo legal, **define seu significado na própria lei** ou em outra lei posterior. Essa interpretação é **vinculante**, emanando do próprio órgão que detém a competência para criar a norma interpretada.

Exemplo: O art. 327 do Código Penal brasileiro define o conceito de "funcionário público" para fins de aplicação da lei penal. Essa definição é um exemplo de interpretação legal, é o próprio legislador que estabelece o sentido que deve ser atribuído a esse termo no contexto do Código Penal.

Apesar do ceticismo de Kelsen quanto à possibilidade de se alcançar uma interpretação "correta" em termos absolutos, a doutrina contemporânea tem se empenhado em desenvolver **critérios e métodos** que permitam **controlar a discricionariedade** do intérprete e **fundamentar racionalmente** as decisões judiciais. A ideia de uma interpretação correta não se refere a uma verdade absoluta e imutável, mas sim a uma interpretação que seja **justificável, racional e coerente** com o ordenamento jurídico e com os valores que o fundamentam.

Nesse sentido, surgem teorias que buscam **superar o "desafio kelseniano"**, como a **teoria da argumentação jurídica**, de Robert Alexy e a **teoria da integridade**, de Ronald Dworkin. Essas teorias, embora distintas em suas abordagens, convergem na ideia de que a interpretação jurídica não é um ato puramente discricionário, mas sim uma atividade **racional e argumentativa**, sujeita a critérios de **correção e justificação.**

Teorias da Vontade do Legislador (*ex tunc*) e da Vontade da Lei (*ex nunc*):

Duas correntes tradicionais na teoria da interpretação buscam orientar o intérprete na busca pelo sentido da norma:

Teoria da Vontade do Legislador (Subjetiva – *ex tunc*): Essa corrente defende que o intérprete deve buscar a **intenção do legislador** no momento da criação da norma, ou seja, a *mens legislatoris* (mente do legislador). A interpretação, nesse caso, é **histórica**, voltada para o passado, buscando reconstruir o contexto e os propósitos que nortearam a elaboração da lei.

Essa teoria enfrenta algumas dificuldades:

(1) a vontade do legislador, muitas vezes, é uma **ficção**, as leis são criadas por órgãos colegiados, com múltiplas vontades e interesses, nem sempre coincidentes;

(2) mesmo que se possa identificar a vontade do legislador, nem sempre essa vontade está **claramente expressa no texto legal**, o que pode gerar ambiguidades e incertezas;

(3) a norma, uma vez criada, **se desprende da vontade de seu criador** e passa a integrar o ordenamento jurídico, adquirindo vida própria e se sujeitando a novas interpretações ao longo do tempo;

(4) a busca pela vontade do legislador, muitas vezes, **ignora as transformações sociais** e as novas demandas que surgem após a edição da lei, engessando o Direito e impedindo sua adaptação às novas realidades.

Teoria da Vontade da Lei (Objetiva – *ex nunc*): Essa corrente defende que o intérprete deve buscar o **sentido objetivo da norma**, independentemente da intenção original do legislador. A lei, nesse sentido, é vista como um **texto autônomo**, que possui um significado próprio, a ser descoberto pelo intérprete no momento da aplicação. A interpretação, nesse caso, é **atualizadora**, levando em conta o contexto presente e as demandas sociais atuais.

Essa teoria também enfrenta críticas:

(1) ao desconsiderar completamente a intenção do legislador, corre-se o risco de **esvaziar o sentido original** da norma e atribuir-lhe um significado arbitrário, que não guarda relação com o propósito para o qual foi criada;

(2) a excessiva ênfase na vontade do intérprete pode **reduzir a autoridade da lei** e gerar insegurança jurídica, porque cada juiz poderia atribuir um significado diferente à mesma norma;

(3) desconsiderar que a lei é criada por um **processo democrático e deliberativo**, por representantes eleitos pelo povo, e que a vontade do legislador, embora não seja o único fator a ser considerado, possui **legitimidade democrática** que não pode ser ignorada.

6 • INTERPRETAÇÃO E APLICAÇÃO DO DIREITO | **239**

A busca por uma interpretação correta é um desafio constante para os operadores do Direito. Embora a discricionariedade interpretativa seja uma realidade, ela não é ilimitada. A interpretação jurídica deve ser pautada por critérios racionais, métodos hermenêuticos, princípios jurídicos e valores constitucionais, buscando sempre uma solução que seja ao mesmo tempo válida, eficaz e justa. As teorias da vontade do legislador e da vontade da lei, embora apresentem limitações, oferecem perspectivas importantes para a compreensão do processo interpretativo, devendo ser consideradas de forma complementar, e não excludente. O importante é que a interpretação jurídica seja sempre uma atividade **fundamentada, argumentativa e comprometida** com a realização dos fins do Direito e a promoção do bem comum, considerando o contexto presente e os anseios da sociedade, mas sem desconsiderar a história e a legitimidade democrática do processo legislativo.

Aspecto	Descrição	Exemplos
Interpretação Doutrinária (Científica)	Realizada por juristas, acadêmicos, estudiosos e advogados; não cria normas jurídicas; propõe interpretações possíveis, com caráter persuasivo, mas sem força vinculante; apresenta significações possíveis, sem determinar qual é a correta.	Doutrinadores que analisam e interpretam o Código Civil, propondo diferentes leituras de seus dispositivos. Advogados que, em suas petições, defendem uma determinada interpretação da lei favorável a seus clientes.
Interpretação Autêntica (Oficial)	Realizada por órgãos estatais com competência para aplicar o Direito e criar normas jurídicas (ex: juiz na sentença); emana de autoridade pública no exercício de suas funções; ato de vontade (escolha discricionária, segundo Kelsen); para Kelsen, não há interpretação correta em termos absolutos, mas sim decisão correta por emanar de autoridade competente; é juridicamente vinculante.	Juiz que, ao proferir uma sentença, escolhe uma das interpretações possíveis de uma lei e a aplica ao caso concreto.
Interpretação Legal	Feita pelo próprio legislador no texto de uma lei; define o significado de um termo ou dispositivo legal na própria lei ou em lei posterior; é vinculante.	Art. 327 do Código Penal define o conceito de "funcionário público" para fins de aplicação da lei penal.
"Interpretação Correta" (Debate)	**Kelsen:** interpretação autêntica é ato de vontade, discricionário, sem critério científico de correção (ceticismo/relativismo). **Críticas a Kelsen:** a interpretação, embora discricionária, é limitada e guiada por critérios racionais, princípios e métodos, não sendo ilimitada ou puramente subjetiva. **Doutrina Contemporânea:** busca superar o "desafio kelseniano" com teorias como a da argumentação jurídica (Alexy) e da integridade (Dworkin).	-

Limites da Interpretação	**Validade:** A interpretação deve ser compatível com o ordenamento jurídico, respeitando a hierarquia das normas, os princípios constitucionais e os limites semânticos do texto legal. **Eficácia:** A interpretação deve ser capaz de produzir efeitos jurídicos concretos, solucionando o conflito de forma justa e efetiva, realizando os fins sociais da norma e as exigências do bem comum (art. 5º, LINDB).	-
Teoria da Vontade do Legislador (Subjetiva – ex tunc)	Busca a intenção do legislador no momento da criação da norma (mens legislatoris); interpretação histórica, voltada para o passado. **Dificuldades:** (1) Vontade do legislador como ficção (órgãos colegiados); (2) Dificuldade de identificar a vontade do legislador no texto; (3) Norma se desprende da vontade do criador e adquire vida própria; (4) Ignora as transformações sociais.	-
Teoria da Vontade da Lei (Objetiva – ex nunc)	Busca o sentido objetivo da norma, independentemente da intenção original do legislador; lei como texto autônomo, com significado próprio a ser descoberto no momento da aplicação; interpretação atualizadora. **Críticas:** (1) Risco de esvaziar o sentido original e atribuir significado arbitrário; (2) Reduz a autoridade da lei e gera insegurança jurídica; (3) Desconsidera a legitimidade democrática do processo legislativo.	-
Busca por uma "Interpretação Correta"	Não se refere a uma verdade absoluta e imutável, mas sim a uma interpretação justificável, racional e coerente com o ordenamento jurídico e com os valores que o fundamentam; interpretação jurídica como atividade fundamentada, argumentativa e comprometida com a realização dos fins do Direito e a promoção do bem comum.	-

6.1.4   Interpretação da Norma Jurídica

A **interpretação da norma jurídica** é uma atividade fundamental no processo de aplicação do Direito. Ela consiste em atribuir um **significado** a um texto normativo, a fim de determinar seu sentido e alcance para a solução de um caso concreto. Interpretar uma norma é mais do que simplesmente ler suas palavras; é um processo complexo que envolve a compreensão do **conteúdo da norma**, sua finalidade e sua **inserção no ordenamento jurídico**. A interpretação transforma o texto normativo, que é geral e abstrato, em uma norma jurídica individualizada, pronta para ser aplicada ao caso específico.

Ao interpretar uma norma jurídica, o intérprete deve ter em mente três **preocupações** principais:

1. Validade e Coerência (Evitar Antinomias): A interpretação deve conduzir a um significado que **não invalide a norma** nem a coloque em **contradição** com outras normas do ordenamento, especialmente com normas de hierarquia superior. O intérprete deve buscar uma interpretação que preserve a **validade** e a **vigência** da norma, harmonizando-a com o sistema jurídico como um todo. A interpretação deve resultar em um significado **válido e coerente**, evitando-se **antinomias**, ou seja, conflitos entre normas.

- **Exemplo:** Ao interpretar uma lei ordinária, o intérprete deve buscar um significado que seja compatível com a Constituição Federal. Se a interpretação conduzir a um sentido que viole um princípio constitucional, essa interpretação deve ser descartada, tornaria a lei inválida (inconstitucional).

2. Alcance Social da Norma (Evitar Lacunas): A interpretação deve ser capaz de **abranger o caso concreto** que se apresenta, ou seja, o fato e as circunstâncias específicas que demandam a aplicação do Direito. O intérprete deve buscar um significado que permita **enquadrar o fato na hipótese normativa**, evitando-se a ocorrência de **lacunas** (ausência de norma para o caso). A interpretação deve ser socialmente abrangente, permitindo que a norma cumpra sua função de regular as relações sociais.

- **Exemplo:** Se a norma prevê indenização por "danos à imagem", o intérprete deve buscar um significado que permita enquadrar tanto os danos decorrentes de uma publicação ofensiva em um jornal impresso quanto os danos causados por uma postagem em uma rede social, considerando as novas tecnologias e as mudanças sociais.

3. Possível Solução do Conflito (Cumprir os Fins Sociais e o Bem Comum – Evitar Injustiças): A interpretação deve conduzir a uma solução **justa, razoável e socialmente adequada** para o conflito. O intérprete deve ter em mente os **fins sociais** a que a lei se dirige e as **exigências do bem comum**, conforme determina o art. 5º da LINDB. A interpretação deve ser orientada por **valores** e **princípios** jurídicos, buscando-se evitar decisões que, embora formalmente corretas, sejam materialmente **injustas** ou contrárias ao interesse social.

- **Exemplo:** Ao interpretar uma norma que concede um benefício a "trabalhadores rurais", o intérprete deve buscar um significado que permita alcançar a finalidade da norma (por exemplo, proteger trabalhadores em situação de vulnerabilidade) e que promova a justiça social. Uma interpretação excessivamente restritiva, que excluísse do benefício trabalhadores em condições análogas às dos trabalhadores rurais, poderia ser considerada injusta e contrária aos fins sociais da lei.

Em suma, a interpretação da norma jurídica é uma atividade complexa que vai além da mera leitura do texto legal. Ela exige do intérprete a capacidade de **identificar e harmonizar** os diferentes sentidos possíveis da norma, considerando sua **validade** dentro do ordenamento, seu **alcance social** e sua **capacidade de promover uma solução justa** para o conflito, sempre à luz dos **valores** e **princípios** que fundamentam o Direito. O intérprete, ao realizar essa tarefa, deve ter em mente que a interpretação não é um fim em si mesmo, mas um **meio** para a correta e justa aplicação do Direito, contribuindo para a realização de uma sociedade mais justa e solidária.

Aspecto	Descrição	Exemplo
Definição de Interpretação	Atividade fundamental no processo de aplicação do Direito; atribuir significado a um texto normativo, a fim de determinar seu sentido e alcance para a solução de um caso concreto; transforma o texto normativo (geral e abstrato) em norma jurídica individualizada, pronta para ser aplicada ao caso específico.	-
Preocupação 1: Validade e Coerência (Evitar Antinomias)	A interpretação deve conduzir a um significado que não invalide a norma nem a coloque em contradição com outras normas do ordenamento, especialmente com normas de hierarquia superior; busca preservar a validade e a vigência da norma, harmonizando-a com o sistema jurídico como um todo; deve resultar em um significado válido e coerente.	Ao interpretar uma lei ordinária, deve-se buscar um significado compatível com a Constituição Federal. Se a interpretação conduzir a um sentido que viole um princípio constitucional, essa interpretação deve ser descartada, tornaria a lei inválida (inconstitucional).
Preocupação 2: Alcance Social da Norma (Evitar Lacunas)	A interpretação deve ser capaz de abranger o caso concreto que se apresenta, ou seja, o fato e as circunstâncias específicas que demandam a aplicação do Direito; busca um significado que permita enquadrar o fato na hipótese normativa, evitando-se a ocorrência de lacunas (ausência de norma para o caso); deve ser socialmente abrangente.	Se a norma prevê indenização por "danos à imagem", deve-se buscar um significado que permita enquadrar tanto os danos decorrentes de uma publicação ofensiva em jornal impresso quanto os danos causados por postagem em rede social, considerando as novas tecnologias e as mudanças sociais.

	A interpretação deve conduzir a uma solução justa, razoável e socialmente adequada para o conflito; deve-se ter em mente os fins sociais a que a lei se dirige e as exigências do bem comum (art. 5º da LINDB); deve ser orientada por valores e princípios jurídicos, buscando-se evitar decisões que, embora formalmente corretas, sejam materialmente injustas ou contrárias ao interesse social.	Ao interpretar uma norma que concede benefício a "trabalhadores rurais", deve-se buscar um significado que permita alcançar a finalidade da norma (ex: proteger trabalhadores em situação de vulnerabilidade) e que promova a justiça social. Uma interpretação excessivamente restritiva poderia ser considerada injusta e contrária aos fins sociais da lei.
Preocupação 3: Possível Solução do Conflito (Cumprir os Fins Sociais e o Bem Comum – Evitar Injustiças)		
Natureza da Interpretação	Atividade complexa que vai além da mera leitura do texto legal; exige do intérprete a capacidade de identificar e harmonizar os diferentes sentidos possíveis da norma, considerando sua validade, seu alcance social e sua capacidade de promover uma solução justa para o conflito, sempre à luz dos valores e princípios que fundamentam o Direito.	-
Objetivo da Interpretação	Não é um fim em si mesmo, mas um meio para a correta e justa aplicação do Direito, contribuindo para a realização de uma sociedade mais justa e solidária.	-

6.2 MÉTODOS E TIPOS DE INTERPRETAÇÃO

6.2.1 Métodos de Interpretação

Os **métodos de interpretação** são ferramentas essenciais que auxiliam o intérprete na busca pelo significado mais adequado da norma jurídica. Eles funcionam como **diretrizes** que orientam o processo interpretativo, permitindo que se alcance uma interpretação que cumpra os fins jurídicos almejados, ou seja, uma interpretação que seja **coerente, consistente e justa**. A doutrina tradicionalmente reconhece a existência de diversos métodos, cada um com suas particularidades e ênfase em diferentes aspectos da norma. Destacamos aqui seis métodos fundamentais: **gramatical, lógico, sistemático, histórico, sociológico, teleológico e axiológico**.

Para uma boa interpretação, esses métodos devem ser utilizados de forma **conjunta e complementar**, cada um deles contribui com uma perspectiva diferente para a compreensão do sentido da norma. A interpretação jurídica não se resume a uma operação mecânica ou a aplicação isolada de um único método, mas sim a um **processo complexo e dinâmico** que envolve a consideração de diversos fatores.

Conforme já mencionado, a interpretação da norma jurídica visa alcançar três objetivos principais:

1. Significado Válido (Coerência): A interpretação deve resultar em um significado que seja **compatível com o ordenamento jurídico** como um todo, evitando contradições e antinomias. Para esse fim, os métodos mais relevantes são o **gramatical**, o **lógico** e o **sistemático**.

2. Significado que Englobe o Conflito (Abrangência): A interpretação deve ser capaz de **abranger a situação fática** que demanda a aplicação da norma, evitando lacunas. Os métodos **histórico** e **sociológico** são especialmente úteis nesse aspecto.

3. Significado que Permita a Resolução Jurídica do Conflito (Justiça): A interpretação deve conduzir a uma solução que seja **justa, razoável e adequada** aos fins sociais do Direito e às exigências do bem comum. Os métodos **teleológico** e **axiológico** são fundamentais para esse objetivo.

Análise dos Métodos de Interpretação:

- **Método Gramatical (ou Literal):**

  - **Foco:** Análise do **texto da norma**, considerando a **semântica** (significado das palavras) e a **sintaxe** (relação entre as palavras na frase). Busca-se o sentido literal das palavras e a estrutura gramatical da norma.

  - **Objetivo:** Esclarecer **dúvidas linguísticas**, como o significado de termos técnicos, a correta interpretação de expressões ambíguas e a função gramatical de cada elemento na estrutura da norma.

  - **Exemplo:** Na interpretação do art. 5º, X, da CF/88 ("são invioláveis a intimidade, a vida privada, a honra e a imagem das pessoas..."), o método gramatical auxiliaria na compreensão do significado de cada um desses termos (intimidade, vida privada, honra, imagem) e na relação entre eles, definida pela conjunção aditiva "e". Outro exemplo seria a controvérsia sobre a quem se referia o adjetivo "nobiliárquicos" no dispositivo da Constituição de 1891 que previa a perda dos direitos políticos para "os que aceitarem condecorações ou títulos nobiliárquicos estrangeiros". Abrangeria somente os títulos, ou também as condecorações?

  - **Limitações:** A interpretação gramatical, embora importante, é **insuficiente** por si só, não leva em conta o contexto, a finalidade da norma e os valores do ordenamento jurídico. Uma interpretação puramente gramatical pode conduzir a resultados inadequados ou injustos.

6 • INTERPRETAÇÃO E APLICAÇÃO DO DIREITO

- **Método Lógico:**
  - **Foco:** Análise da **estrutura lógica** da norma e sua **relação lógica** com outras normas do ordenamento. Busca-se a **coerência interna** da norma e a **ausência de contradições**.
  - **Objetivo:** Resolver **inconsistências lógicas**, como ambiguidades e contradições aparentes, a partir de princípios lógicos como o da identidade, da não contradição e do terceiro excluído.
  - **Exemplo:** Se uma lei usa o termo "tributos" em um artigo e "impostos" em outro, o método lógico pode auxiliar a determinar se esses termos foram usados como sinônimos ou se possuem significados distintos, a fim de evitar contradições na interpretação da lei. Outro exemplo seria a análise de uma norma que proíbe algo e, na sequência, prevê uma sanção para o descumprimento dessa proibição. A interpretação lógica permite concluir que a conduta é, de fato, proibida, e não meramente desaconselhada.

- **Método Sistemático:**
  - **Foco:** Análise da norma em seu **contexto normativo**, ou seja, em relação às demais normas do ordenamento jurídico, especialmente às normas de hierarquia superior e aos princípios gerais do Direito.
  - **Objetivo:** Encontrar um significado que esteja em **harmonia com o sistema jurídico** como um todo, evitando **antinomias** e garantindo a **coerência** e a **unidade** do ordenamento.
  - **Exemplo:** Ao interpretar uma lei ordinária, o intérprete deve verificar sua compatibilidade com a Constituição Federal, que é a norma hierarquicamente superior. Se a lei ordinária contiver dispositivos que contrariem a Constituição, esses dispositivos serão considerados inválidos, e a interpretação da lei deverá ser feita de forma a preservar sua constitucionalidade. Outro exemplo seria a interpretação de uma norma à luz dos princípios gerais do Direito, como o princípio da dignidade da pessoa humana, da proporcionalidade ou da razoabilidade, buscando um sentido que esteja em consonância com esses princípios fundamentais.

- **Método Histórico (e Evolutivo):**
  - **Foco:** Investigação do **contexto histórico** de criação da norma, bem como a **evolução histórica** dos conceitos jurídicos nela presentes. Analisa-se a *occasio legis* (ocasião da lei), ou seja, as circunstâncias que levaram à sua edição, e os **trabalhos preparatórios** (debates

parlamentares, projetos de lei, exposição de motivos etc.), buscando identificar a **vontade do legislador** (*mens legislatoris*) à época da elaboração da norma.

- **Objetivo:** Compreender o **significado original** da norma e adaptá-lo às **transformações sociais** ocorridas ao longo do tempo, promovendo uma **interpretação evolutiva** que acompanhe as mudanças na realidade.

- **Exemplo:** Ao interpretar o conceito de "família" em uma lei antiga, o intérprete pode recorrer ao método histórico para compreender como esse conceito era entendido na época da edição da lei. Posteriormente, pode analisar a evolução desse conceito na sociedade e no próprio ordenamento jurídico, para verificar se a interpretação original ainda é adequada ou se necessita de atualização para abarcar novas configurações familiares, como as famílias monoparentais ou homoafetivas.

- **Método Sociológico:**

  - **Foco:** Análise dos **significados sociais** dos conceitos jurídicos no **momento presente**. Busca-se compreender como a norma é **percebida e aplicada** na sociedade atual, levando em conta os **valores, costumes e práticas sociais** vigentes.

  - **Objetivo:** Atualizar o sentido da norma, adequando-a à **realidade social contemporânea** e à **vontade atual da sociedade** (*mens legis*).

  - **Exemplo:** Ao interpretar uma norma que trate de "assédio moral", o intérprete deve levar em consideração a compreensão atual desse fenômeno na sociedade, considerando as discussões sobre o tema em diversos âmbitos, como nas relações de trabalho, na mídia e nos movimentos sociais. Isso permite uma interpretação mais alinhada com a sensibilidade social contemporânea e mais eficaz no combate a essa prática.

- **Método Teleológico:**

  - **Foco:** Investigação dos **fins sociais** a que a norma se destina, ou seja, os **objetivos** que o legislador pretendia alcançar ao editá-la.

  - **Objetivo:** Encontrar o significado que melhor **realize a finalidade** da norma, contribuindo para a consecução dos objetivos pretendidos.

  - **Exemplo:** Ao interpretar uma norma que concede um benefício fiscal a empresas que investem em pesquisa e desenvolvimento, o intérprete deve buscar o significado que melhor incentive a inovação tecnológica e o desenvolvimento econômico do país, que são os fins visados pela norma.

6 • INTERPRETAÇÃO E APLICAÇÃO DO DIREITO — 247

- **Fundamento Legal:** Art. 5º da LINDB: "Na aplicação da lei, o juiz atenderá aos fins sociais a que ela se dirige e às exigências do bem comum".

- **Método Axiológico:**

  - **Foco:** Análise dos **valores** que fundamentam a norma e que devem ser por ela **promovidos e protegidos.** Leva em consideração os **princípios constitucionais e os valores éticos** que informam o ordenamento jurídico.

  - **Objetivo:** Encontrar o significado que melhor **concretize os valores** prestigiados pelo ordenamento, assegurando a **justiça e a equidade** na aplicação da norma.

  - **Exemplo:** Ao interpretar uma norma que trata de direitos fundamentais, o intérprete deve considerar os valores da dignidade da pessoa humana, da liberdade, da igualdade e da solidariedade, buscando um significado que promova a máxima efetividade desses direitos.

  - **Fundamento Legal:** Art. 8º do CPC: "Ao aplicar o ordenamento jurídico, o juiz atenderá aos fins sociais e às exigências do bem comum, resguardando e promovendo a dignidade da pessoa humana e observando a proporcionalidade, a razoabilidade, a legalidade, a publicidade e a eficiência".

Os métodos de interpretação apresentados não são excludentes, mas **complementares.** Uma interpretação **completa e adequada** da norma jurídica exige a **utilização conjunta** desses diferentes métodos, de forma **harmônica e integrada**, a fim de se alcançar uma compreensão **abrangente** do seu sentido e alcance. A escolha do método ou da combinação de métodos mais apropriada dependerá das características da norma interpretada, do contexto em que ela está inserida e do caso concreto a ser solucionado. O objetivo final da interpretação é sempre encontrar a solução **mais justa, coerente e eficaz** para o problema jurídico em questão, em consonância com os valores e princípios do ordenamento jurídico.

Método	Foco	Objetivo	Exemplo	Limitações
Gramatical (ou Literal)	Análise do texto da norma; semântica (significado das palavras) e sintaxe (relação entre as palavras).	Esclarecer dúvidas linguísticas; interpretar termos técnicos, expressões ambíguas e a função gramatical dos elementos na estrutura da norma.	Interpretação do art. 5º, X, da CF/88 para compreender o significado de "intimidade", "vida privada", "honra" e "imagem". Controvérsia sobre a quem se referia o adjetivo "nobiliárquicos" na Constituição de 1891.	Insuficiente por si só; não leva em conta o contexto, a finalidade da norma e os valores do ordenamento; pode conduzir a resultados inadequados ou injustos se aplicada isoladamente.

Lógico	Estrutura lógica da norma e sua relação lógica com outras normas.	Resolver inconsistências lógicas, como ambiguidades e contradições aparentes; aplicar princípios lógicos (identidade, não contradição, terceiro excluído).	Determinar se "tributos" e "impostos" são sinônimos em uma lei, para evitar contradições. Analisar norma que proíbe e depois sanciona uma conduta para concluir que ela é proibida.	Não é suficiente para lidar com antinomias reais ou com lacunas axiológicas.
Sistemático	Análise da norma em seu contexto normativo; relação com as demais normas do ordenamento, especialmente normas superiores e princípios gerais.	Encontrar um significado harmônico com o sistema jurídico como um todo, evitando antinomias e garantindo coerência e unidade.	Interpretar lei ordinária verificando sua compatibilidade com a Constituição. Interpretar uma norma à luz de princípios como dignidade da pessoa humana, proporcionalidade ou razoabilidade.	Pode ser insuficiente para lidar com situações novas não previstas pelo ordenamento.
Histórico (e Evolutivo)	Investigação do contexto histórico de criação da norma e evolução histórica dos conceitos jurídicos; *occasio legis* (ocasião da lei) e trabalhos preparatórios.	Compreender o significado original da norma e adaptá-lo às transformações sociais; promover interpretação evolutiva que acompanhe as mudanças na realidade.	Interpretar o conceito de "família" em lei antiga, considerando sua evolução histórica e social para abarcar novas configurações familiares.	Dificuldade em reconstruir a *mens legislatoris* (mente do legislador); pode levar a uma interpretação excessivamente apegada ao passado, ignorando mudanças sociais relevantes.
Sociológico	Análise dos significados sociais dos conceitos jurídicos no momento presente; percepção e aplicação da norma na sociedade atual; valores, costumes e práticas sociais vigentes.	Atualizar o sentido da norma, adequando-a à realidade social contemporânea à vontade atual da sociedade (*mens legis*).	Interpretar "assédio moral" considerando a compreensão atual do fenômeno na sociedade, incluindo discussões em relações de trabalho, mídia e movimentos sociais.	Risco de subjetivismo e de excessiva mutabilidade do Direito, comprometendo a segurança jurídica.
Teleológico	Investigação dos fins sociais da norma; objetivos que o legislador pretendia alcançar.	Encontrar o significado que melhor realize a finalidade da norma, contribuindo para a consecução dos objetivos pretendidos.	Interpretar norma que concede benefício fiscal a empresas que investem em pesquisa, buscando o significado que melhor incentive a inovação tecnológica. Fundamento Legal: Art. 5º da LINDB.	Dificuldade em determinar com precisão os fins da norma; possibilidade de divergências sobre quais fins devem ser considerados prioritários.

Axiológico	Análise dos valores que fundamentam a norma e que devem ser por ela promovidos e protegidos; princípios constitucionais e valores éticos do ordenamento.	Encontrar o significado que melhor concretize os valores prestigiados pelo ordenamento, assegurando justiça e equidade na aplicação da norma.	Interpretar norma sobre direitos fundamentais considerando valores como dignidade da pessoa humana, liberdade, igualdade e solidariedade. Fundamento Legal: Art. 8º do CPC.	Risco de subjetivismo e de ativismo judicial, caso os valores do intérprete se sobreponham aos valores objetivamente consagrados no ordenamento.

6.2.2 Tipos de Interpretação Quanto ao Resultado

Após a aplicação dos métodos interpretativos, o intérprete chega a um resultado, que pode ser classificado de acordo com a **relação entre o significado obtido e o sentido literal das palavras** da norma. Essa classificação doutrinária, embora não seja exaustiva, é útil para compreender as diferentes possibilidades de interpretação quanto ao seu **alcance**. Os tipos de interpretação, nesse sentido, são: **declarativa (ou literal), extensiva e restritiva.**

1. Interpretação Declarativa (ou Literal):

Ocorre quando o significado atribuído à norma **coincide com o seu sentido literal**, ou seja, o intérprete conclui que as palavras utilizadas na lei expressam **exatamente** aquilo que o legislador quis dizer. Nesse caso, o alcance da norma é **mantido** em conformidade com o significado comum das palavras empregadas. A interpretação declarativa **não amplia nem restringe** o âmbito de aplicação da norma, limitando-se a declarar o seu sentido literal.

- **Fundamento:** A interpretação declarativa se fundamenta no princípio da **segurança jurídica**, pois ao se ater ao sentido literal das palavras, garante-se maior **previsibilidade** na aplicação da norma.

- **Palavras como Códigos:** Para entender essa classificação, é útil a distinção entre **códigos fortes** e **códigos fracos**. Um código é considerado **forte** quando a palavra possui um significado **preciso e determinado**, referindo-se a um **único objeto ou conceito**. Por outro lado, um código é **fraco** quando a palavra possui um significado **mais amplo e indeterminado**, abrangendo uma **pluralidade de objetos ou conceitos**. Na interpretação declarativa, as palavras são interpretadas de acordo com sua força original: **códigos fortes** permanecem **fortes** e **códigos fracos** permanecem **fracos**. O intérprete não amplia nem restringe o sentido literal dos termos.

- **Exemplo:** Imagine uma norma que estabeleça: "É proibido o ingresso de **cães** em parques públicos". Na interpretação literal, o termo "cães" seria considerado um código fraco, abrange uma variedade de raças, tamanhos e temperamentos. A interpretação declarativa manteria essa amplitude, concluindo que a norma proíbe a entrada de **qualquer** cão, independentemente de suas características específicas.

2. Interpretação Extensiva:

Ocorre quando o intérprete **amplia o alcance** da norma para além do seu sentido literal, **estendendo sua aplicação a casos não expressamente previstos**, mas que se consideram abrangidos pelo seu **espírito ou finalidade**. A interpretação extensiva **enfraquece o código**, ou seja, um termo que, a princípio, possui um significado determinado (código forte) é interpretado de forma mais abrangente, passando a abranger outros significados (código fraco).

- **Fundamento:** A interpretação extensiva se fundamenta na ideia de que o legislador, muitas vezes, **não consegue prever todas as situações** que podem ser abrangidas por uma norma. Assim, para garantir a **efetividade** da lei e a **realização de seus fins**, é necessário ampliar seu alcance para além do sentido literal.

- **Exemplo:** Uma norma que proíbe "veículos automotores" em uma determinada área pode ser interpretada extensivamente para abranger também "motocicletas" e "patinetes elétricos", mesmo que esses últimos não estejam expressamente mencionados no texto legal. O intérprete, nesse caso, enfraquece o código "veículos automotores", considerando que a finalidade da norma é garantir a segurança e a tranquilidade na área, e que esses outros veículos também podem representar um risco, ainda que não previstos explicitamente.

3. Interpretação Restritiva:

Ocorre quando o intérprete **restringe o alcance** da norma para aquém do seu sentido literal, **excluindo de sua aplicação casos que, a princípio, estariam abrangidos** por ela. A interpretação restritiva **fortalece o código**, ou seja, um termo que possui um significado amplo (código fraco) é interpretado de forma mais restrita, passando a abranger um número menor de situações (código forte).

- **Fundamento:** A interpretação restritiva se fundamenta na necessidade de **evitar que a norma seja aplicada a situações não desejadas** pelo legislador ou que sua aplicação gere **injustiças ou resultados indesejáveis**.

- **Exemplo:** Uma norma que concede um benefício fiscal a "entidades sem fins lucrativos" pode ser interpretada restritivamente para excluir entidades que, embora formalmente sem fins lucrativos, atuem de forma empresarial e concorram com empresas que pagam tributos. O intérprete, nesse caso, fortalece o código "entidades sem fins lucrativos", restringindo seu significado para alcançar a finalidade da norma, que é beneficiar entidades que efetivamente atuem em prol do interesse público, sem desvirtuar sua finalidade. Outro exemplo seria a interpretação da norma que proíbe "recurso" no processo. O termo "recurso", que é um código fraco e abrange diversos objetos, pode ser interpretado restritivamente como "apelação", fortalecendo o código.

A interpretação declarativa, extensiva e restritiva são **tipos de interpretação** que se diferenciam quanto ao **resultado** do processo interpretativo em relação ao **alcance original** da norma. A escolha do tipo de interpretação mais adequado dependerá do caso concreto, da finalidade da norma e dos princípios e valores do ordenamento jurídico. O intérprete deve sempre buscar um **equilíbrio** entre a **segurança jurídica**, que exige respeito ao texto legal, e a **justiça do caso concreto**, que pode demandar uma interpretação mais ampla ou mais restrita da norma, sempre de forma **fundamentada e razoável**. É importante destacar que esses tipos de interpretação não são estanques, mas se inter-relacionam e se complementam, contribuindo para a **dinâmica e a adaptabilidade** do Direito às transformações sociais.

Tipo de Interpretação	Descrição	Fundamento	Relação com Códigos Fortes e Fracos	Exemplo
Declarativa (ou Literal)	O significado atribuído à norma coincide com o seu sentido literal; as palavras da lei expressam exatamente o que o legislador quis dizer; o alcance da norma é mantido em conformidade com o significado comum das palavras.	Princípio da segurança jurídica; previsibilidade na aplicação da norma.	A palavra é interpretada conforme sua força original: códigos fortes permanecem fortes, códigos fracos permanecem fracos.	Norma que proíbe "cães em parques públicos": interpretação literal mantém a amplitude do termo "cães", abrangendo todas as raças, tamanhos e temperamentos.

Extensiva	Amplia o alcance da norma para além do seu sentido literal, estendendo sua aplicação a casos não expressamente previstos, mas que se consideram abrangidos pelo seu espírito ou finalidade.	Necessidade de garantir a efetividade da lei e a realização de seus fins, mesmo diante de lacunas ou previsões incompletas do legislador.	Um termo originalmente forte é interpretado como fraco, ampliando-se seu significado.	Norma que proíbe "veículos automotores" em área específica é interpretada extensivamente para abranger "motocicletas" e "patinetes elétricos", mesmo que não mencionados expressamente, podem representar riscos à segurança, finalidade da norma.
Restritiva	Restringe o alcance da norma para aquém do seu sentido literal, excluindo de sua aplicação casos que, a princípio, estariam abrangidos por ela.	Necessidade de evitar que a norma seja aplicada a situações não desejadas pelo legislador ou que sua aplicação gere injustiças ou resultados indesejáveis.	Um termo originalmente fraco é interpretado como forte, restringindo-se seu significado.	Norma que concede benefício a "entidades sem fins lucrativos" é interpretada restritivamente para excluir entidades que atuem de forma empresarial. Norma que proíbe "recurso" é interpretada restritivamente como "apelação", por exemplo, a depender do caso concreto.

6.3 APLICAÇÃO DO DIREITO

6.3.1 Aplicação da Norma Jurídica

A aplicação do Direito é o processo pelo qual o magistrado, diante de um conflito de interesses, busca, no ordenamento jurídico, uma solução, convertendo normas gerais e abstratas em normas individuais e concretas, materializadas na sentença. Essa conversão se dá em um contexto processual, onde são apresentadas provas, formulados argumentos e, finalmente, proferida uma decisão. É, em essência, o mecanismo que permite que o Direito, enquanto sistema normativo, atue na realidade social, resolvendo conflitos e promovendo a justiça.

Inicialmente, é crucial entender que o processo de aplicação do direito se inicia com um **conflito**. Este conflito pode se originar de diversas formas, mas frequentemente emerge de falhas na comunicação ou da divergência de interesses entre as partes. A partir daí, duas situações distintas podem ocorrer: **(a)** existe uma norma legal que, em tese, regula a hipótese fática apresentada (hipótese normativa), ou **(b)** não existe uma norma legal específica para o caso, configurando-se uma lacuna.

Na **primeira situação (a)**, em que existe uma norma legal aparentemente aplicável, o processo segue, em regra, o caminho da **interpretação e aplicação da lei**. Isso porque, na tradição jurídica, presume-se a completude do ordenamento jurídico, ou seja, a capacidade do sistema legal de fornecer uma solução para cada caso. Neste cenário, o juiz, em tese, buscaria a norma que mais se adequa ao caso concreto, interpretaria seu significado e a aplicaria, resolvendo o conflito.

Na **segunda situação (b)**, quando se identifica uma **lacuna**, ou seja, a ausência de uma norma específica para reger determinada situação, o aplicador do direito deve recorrer a mecanismos de **integração** ou **colmatação**, como a analogia, os costumes e os princípios gerais do direito, conforme previsto no artigo 4º da Lei de Introdução às Normas do Direito Brasileiro (LINDB). Vale ressaltar que a constatação de uma lacuna não é trivial e, por vezes, decorre de uma interpretação que revela a insuficiência da norma legal para regular o caso concreto de forma satisfatória, ou, ainda, da evolução social e do surgimento de novas situações não previstas pelo legislador.

Central para a compreensão da aplicação do direito é o papel do **juiz**. É ele quem **decide** e **resolve** as controvérsias, sejam elas **fáticas** (relacionadas aos acontecimentos do mundo real) ou **normativas** (relacionadas à interpretação e aplicação das normas). Para isso, o juiz transforma normas legais, que são gerais e abstratas, em normas sentenciais, que são individuais e concretas, aplicáveis especificamente ao caso julgado. A decisão judicial é o resultado de um processo complexo que envolve a análise dos fatos, a interpretação das normas e a busca por uma solução justa e adequada ao caso concreto.

A Complexidade da Aplicação do Direito:

A aplicação do direito, no entanto, está longe de ser um processo mecânico e automático. Diversos fatores contribuem para sua complexidade:

- **A Pluralidade de Normas:** O ordenamento jurídico é composto por uma vasta gama de normas, de diferentes hierarquias e fontes, o que exige do juiz a habilidade de identificar a norma aplicável e harmonizá-la com as demais normas do sistema.

- **A Interpretação das Normas:** As normas jurídicas, por sua natureza, são frequentemente dotadas de certo grau de abstração e generalidade. Isso exige que o juiz interprete seu significado, levando em consideração o contexto em que foram criadas, sua finalidade e os valores que as fundamentam.

- **A Construção dos Fatos:** A determinação dos fatos relevantes para a resolução do conflito é um processo complexo que envolve a análise das provas apresentadas pelas partes, a valoração dessas provas e a reconstrução dos acontecimentos que deram origem ao litígio.

- **A Influência de Valores e Princípios:** A aplicação do direito não se limita à aplicação literal da lei. O juiz deve considerar os valores e princípios que fundamentam o ordenamento jurídico, buscando uma solução justa e equitativa para o caso concreto.

Nas seções seguintes, serão aprofundadas as diferentes perspectivas sobre a aplicação do direito, explorando a visão **lógica** (6.3.2), que enfatiza o silogismo jurídico, e a visão **axiológica** (6.3.3), que destaca o papel dos valores e da argumentação na construção da decisão judicial. Compreender essas diferentes abordagens é fundamental para uma visão mais completa e crítica do processo de aplicação do direito.

Aspecto	Descrição
Definição de Aplicação do Direito	Processo pelo qual o juiz, diante de um conflito, busca no ordenamento jurídico uma solução, convertendo normas gerais e abstratas em normas individuais e concretas (sentença); atua na realidade social, resolvendo conflitos e promovendo a justiça.
Início do Processo	Conflito de interesses, falhas na comunicação ou divergência de interesses entre as partes.
Situações Possíveis	**(a) Existência de norma legal aplicável:** Segue o caminho da interpretação e aplicação da lei. **(b) Inexistência de norma legal específica (lacuna):** Exige integração ou colmatação do Direito (analogia, costumes, princípios gerais do direito – art. 4º da LINDB).
Completude do Ordenamento Jurídico	Presunção de que o sistema legal é capaz de fornecer solução para cada caso; a lacuna é uma falta provisória de norma específica, a ser superada pelos mecanismos de integração.
Papel do Juiz	Decidir e resolver controvérsias fáticas e normativas; transformar normas legais (gerais e abstratas) em normas sentenciais (individuais e concretas); a decisão judicial é resultado de um processo complexo de análise dos fatos, interpretação das normas e busca por solução justa e adequada.
Complexidade da Aplicação do Direito	**Pluralidade de Normas:** Exige identificar a norma aplicável e harmonizá-la com as demais. **Interpretação das Normas:** Exige interpretar o significado das normas, considerando contexto, finalidade e valores. **Construção dos Fatos:** Exige analisar e valorar provas, reconstruindo os acontecimentos. **Influência de Valores e Princípios:** Exige considerar valores e princípios na busca por solução justa.
Objetivo	Solucionar conflitos de forma justa e fundamentada, materializando a norma no caso concreto e promovendo a pacificação social.

6.3.2 A Perspectiva Lógica

A perspectiva lógica da aplicação do direito, de forte tradição no pensamento jurídico, busca conferir objetividade e previsibilidade às decisões judiciais, aproximando o raciocínio jurídico do modelo dedutivo formal. Essa abordagem tem como principal ferramenta o **silogismo jurídico**, inspirado no silogismo clássico aristotélico.

O **silogismo**, em sua forma clássica, é um argumento composto por três proposições: uma **premissa maior**, uma **premissa menor** e uma **conclusão**. A conclusão é necessariamente deduzida das premissas. Um exemplo clássico ilustra essa estrutura:

- **Premissa Maior:** Todo homem é mortal.
- **Premissa Menor:** Sócrates é homem.
- **Conclusão:** Sócrates é mortal.

No **silogismo jurídico**, a **premissa maior** é a **norma jurídica geral e abstrata**, que estabelece um comando, uma proibição ou uma permissão. A **premissa menor** é a descrição do **fato concreto**, ou seja, a situação fática que se submete à análise judicial. A **conclusão** é a **sentença**, que representa a aplicação da norma geral ao caso concreto, resultando em uma norma individual e concreta.

Exemplos de Silogismo Jurídico:

- **Exemplo 1 – Silogismo Jurídico (Simples):**
  - **Premissa Maior (Norma Jurídica):** As pessoas (Termo Médio) devem ser proibidas de furtar (Termo Maior).
  - **Premissa Menor (Fato):** Fulano (Termo Menor) é pessoa (Termo Médio).
  - **Conclusão (Sentença):** Fulano (Termo Menor) deve ser proibido de furtar (Termo Maior).
  - *Neste exemplo, a norma jurídica proíbe o furto de forma geral. A premissa menor constata que 'Fulano' se enquadra na categoria de 'pessoas'. A conclusão é que a proibição de furtar se aplica a 'Fulano'.*

- **Exemplo 2 – Silogismo Jurídico (Com Sanção):**
  - **Premissa Maior (Sanção Jurídica):** A pessoa que furtar (Termo Médio) deve ser punida (Termo Maior).
  - **Premissa Menor (Fato):** Fulano (Termo Menor) é pessoa que furtou (Termo Médio).

- **Conclusão (Sentença):** Fulano (Termo Menor) deve ser punido (Termo Maior).

- *Aqui, a premissa maior estabelece uma sanção para a conduta de furtar. A premissa menor identifica 'Fulano' como alguém que cometeu furto. A conclusão lógica é que 'Fulano' deve ser punido, conforme a sanção prevista na norma.*

- **Exemplo 3 – Silogismo Jurídico (Responsabilidade Civil):**

- **Premissa Maior (Norma):** "Aquele que causar dano a outrem, por ação ou omissão voluntária, negligência ou imprudência, fica obrigado a reparar o dano" (art. 186 do Código Civil).

- **Premissa Menor (Fato):** João, dirigindo de forma imprudente, causou um acidente que danificou o carro de Maria.

- **Conclusão (Sentença):** João deve reparar o dano causado ao carro de Maria.

- *Neste caso, a norma do Código Civil (art. 186) define a responsabilidade por danos. A premissa menor descreve a conduta imprudente de 'João' que resultou em dano ao carro de 'Maria'. A conclusão é que 'João' tem a obrigação de reparar o dano.*

A Construção das Premissas na Perspectiva Lógica:

Dentro dessa perspectiva, a **construção da premissa menor** envolve a **comprovação dos fatos** alegados pelas partes. O juiz, atuando como um observador imparcial, analisa as provas apresentadas (documentos, testemunhos, perícias etc.) e forma seu convencimento sobre o que efetivamente ocorreu. Essa etapa é crucial, pois a precisão na determinação dos fatos é fundamental para a correta aplicação da norma.

A **premissa maior**, por sua vez, é vista como algo **previamente existente** no ordenamento jurídico. O juiz, em tese, apenas a **identifica** e a **declara**, sem realizar um processo interpretativo complexo. Essa visão pressupõe que as normas jurídicas são claras, completas e autoaplicáveis, permitindo uma subsunção direta dos fatos à norma.

Vantagens da Perspectiva Lógica:

- **Objetividade:** Ao enfatizar a dedução lógica, essa abordagem busca reduzir a subjetividade nas decisões judiciais, tornando o processo mais objetivo e imparcial.

6 • INTERPRETAÇÃO E APLICAÇÃO DO DIREITO **257**

- **Previsibilidade:** A aplicação do silogismo jurídico, em tese, torna as decisões judiciais mais previsíveis, uma vez que casos semelhantes, em tese, deveriam ter a mesma solução.

- **Segurança Jurídica:** A previsibilidade e a objetividade contribuem para a segurança jurídica, permitindo que os cidadãos conheçam as regras do jogo e planejem suas ações de acordo com elas.

Limitações e Críticas:

Apesar de suas vantagens, a perspectiva lógica e a aplicação mecânica do silogismo jurídico são alvo de críticas, especialmente no contexto contemporâneo, marcado pela complexidade das relações sociais e pela crescente influência de princípios e valores no Direito. As principais críticas apontam para:

- **A Ilusão da Completude:** O ordenamento jurídico não é um sistema perfeito e acabado. Existem lacunas, antinomias (contradições entre normas) e casos não previstos expressamente pelo legislador.

- **A Complexidade da Interpretação:** As normas jurídicas, muitas vezes, são formuladas em linguagem abstrata e genérica, exigindo um processo interpretativo que vai além da mera subsunção lógica.

- **A Inevitabilidade da Valoração:** A escolha da norma aplicável e a construção da premissa menor envolvem, inevitavelmente, juízos de valor por parte do juiz.

Na próxima seção (6.3.3), abordaremos a **perspectiva axiológica**, que contesta a visão puramente lógica da aplicação do direito e destaca a importância dos valores, da argumentação e da discricionariedade judicial na construção da decisão judicial, superando as limitações apontadas e oferecendo uma compreensão mais abrangente e realista do processo de aplicação do Direito.

Aspecto	Descrição	Vantagens	Limitações e Críticas
Perspectiva Lógica	Busca objetividade e previsibilidade nas decisões judiciais; raciocínio jurídico aproximado do modelo dedutivo formal; uso do silogismo jurídico.	**Objetividade:** Reduz a subjetividade nas decisões. **Previsibilidade:** Casos semelhantes tendem a ter a mesma solução. **Segurança Jurídica:** Cidadãos conhecem as regras e podem planejar suas ações.	**Ilusão da Completude:** Ordenamento jurídico não é perfeito; há lacunas e antinomias. **Complexidade da Interpretação:** Normas exigem interpretação além da subsunção. **Inevitabilidade da Valoração:** Escolha da norma e construção da premissa menor envolvem juízos de valor.

Silogismo Jurídico	**Premissa Maior:** Norma jurídica geral e abstrata. **Premissa Menor:** Fato concreto. **Conclusão:** Sentença (norma individual e concreta).	-	-

6.3.3 A Perspectiva Axiológica

A perspectiva axiológica da aplicação do direito contesta a visão puramente lógica e formalista, representada pelo silogismo jurídico tradicional, e enfatiza o papel crucial dos **valores**, da **argumentação** e da **discricionariedade judicial** na construção da decisão judicial. Essa abordagem reconhece que o processo de aplicação do direito é mais complexo do que uma simples dedução silogística e envolve uma atividade criativa e valorativa por parte do intérprete, no caso, o juiz.

A Superação do Modelo Puramente Lógico:

Enquanto a perspectiva lógica, analisada na seção anterior (6.3.2), sugere que a norma jurídica (premissa maior) está "pronta" e que o juiz apenas a identifica e aplica aos fatos (premissa menor), a perspectiva axiológica defende que a **norma jurídica é construída** no processo de interpretação e aplicação. O juiz não é um mero "boca da lei", mas um agente ativo que atribui significado às normas e as adapta às especificidades do caso concreto, levando em consideração os valores e princípios do ordenamento jurídico.

Fundamentos da Perspectiva Axiológica:

- **Artigo 8º do CPC:** Este artigo é frequentemente citado como um dos fundamentos legais da perspectiva axiológica no direito processual civil brasileiro. Ele estabelece que "ao aplicar o ordenamento jurídico, o juiz atenderá aos fins sociais e às exigências do bem comum, resguardando e promovendo a dignidade da pessoa humana e observando a proporcionalidade, a razoabilidade, a legalidade, a publicidade e a eficiência." [1] Esse dispositivo evidencia que a aplicação do direito não se resume à aplicação literal da lei, mas exige uma postura ativa do juiz na busca por uma solução justa e alinhada aos valores fundamentais.

- **Ordenamento Jurídico como Sistema Aberto:** A perspectiva axiológica reconhece que o ordenamento jurídico não é um sistema fechado e completo, mas sim um sistema aberto e dinâmico, composto por leis, princípios, decretos, normas reguladoras, entre outros elementos. Essa

6 • INTERPRETAÇÃO E APLICAÇÃO DO DIREITO **259**

pluralidade de fontes normativas exige do juiz um trabalho de harmonização e ponderação para a construção da norma aplicável ao caso.

- **O Significado da Norma como Resultado da Interpretação:** Contrapondo-se à ideia de que o significado da norma é preexistente e autoevidente, a perspectiva axiológica sustenta que o significado é **construído** por meio de um processo interpretativo complexo. Esse processo envolve a análise do texto da norma, seu contexto, sua finalidade (teleologia), a evolução histórica e social (método histórico e sociológico), os princípios aplicáveis e os valores em jogo. A interpretação é uma atividade criativa e não meramente declarativa.

- **A Inevitabilidade da Valoração:** A aplicação do direito, na visão axiológica, é permeada por valorações. O juiz, ao escolher a norma aplicável, ao interpretá-la e ao construir a premissa menor (os fatos), realiza escolhas que são influenciadas por seus valores, sua concepção de justiça e sua compreensão do papel do direito na sociedade.

O Silogismo Axiológico Jurídico:

Nessa perspectiva, o silogismo jurídico assume uma feição mais complexa, incorporando a dimensão valorativa. Ele pode ser reconfigurado da seguinte forma:

- **Premissa Maior (Norma Jurídica):** Não é simplesmente "descoberta", mas **construída** a partir de um processo de **escolha** da norma dentro do vasto ordenamento jurídico e de **interpretação** dessa norma, atribuindo-lhe um significado específico à luz do caso concreto e dos valores aplicáveis.

- **Premissa Menor (Fato):** Também é **construída** a partir da **análise e valoração das provas** apresentadas pelas partes. O juiz reconstrói os fatos relevantes para o caso, realizando um juízo de valor sobre a credibilidade e a pertinência das provas. Além disso, a premissa menor envolve a **subsunção**, ou seja, o enquadramento jurídico dos fatos, que também exige uma atividade interpretativa e valorativa.

- **Conclusão (Sentença):** É o resultado da **ponderação** entre os valores e princípios em jogo, da análise das consequências da decisão e da busca por uma solução justa e adequada ao caso. A sentença, portanto, não é uma mera dedução lógica, mas uma decisão construída argumentativamente, levando em consideração a complexidade do caso e as implicações da decisão.

Implicações da Perspectiva Axiológica:

- **Maior Responsabilidade do Juiz:** A perspectiva axiológica atribui ao juiz uma responsabilidade maior na construção da justiça, exige que ele fundamente suas decisões não apenas na lei, mas também nos valores e princípios que a informam.

- **Importância da Argumentação Jurídica:** A argumentação jurídica ganha centralidade, é por meio dela que o juiz justifica suas escolhas interpretativas e a construção das premissas do silogismo axiológico.

- **Reconhecimento da Discricionariedade Judicial:** Embora a discricionariedade judicial não seja absoluta, sendo limitada pela lei e pelos princípios jurídicos, a perspectiva axiológica reconhece que o juiz possui uma margem de liberdade na interpretação e aplicação do direito, dentro dos limites da lei e dos princípios. O artigo 8º do CPC deixa clara essa margem de discricionariedade.

- **Aproximação do Direito com a Moral e a Justiça:** A perspectiva axiológica aproxima o direito da moral e da justiça, ao reconhecer que os valores são intrínsecos à aplicação do direito.

A perspectiva axiológica oferece uma compreensão mais rica e realista do processo de aplicação do Direito, superando a visão simplista do silogismo lógico e reconhecendo a complexidade da atividade judicial. Ela destaca o papel ativo do juiz na construção da norma jurídica e da decisão judicial, enfatizando a importância da interpretação, da argumentação e da ponderação de valores para a realização da justiça. Ao adotar essa perspectiva, o Direito se torna um instrumento mais dinâmico e adaptável às mudanças sociais, capaz de responder de forma mais eficaz aos desafios da contemporaneidade.

Na próxima seção, serão analisadas outras nuances da aplicação do Direito, como a distinção entre casos fáceis e difíceis e a lógica dos modelos, aprofundando o debate sobre as diferentes abordagens e os desafios enfrentados pelos operadores do direito na busca por uma aplicação justa e efetiva das normas jurídicas.

Aspecto	Perspectiva Lógica	Perspectiva Axiológica
Visão sobre a Aplicação do Direito	Processo mecânico e automático de subsunção do fato à norma; silogismo jurídico tradicional.	Processo complexo e dinâmico que envolve interpretação, valoração e argumentação; construção da norma e da decisão judicial.
Norma Jurídica (Premissa Maior)	"Pronta" no ordenamento; juiz apenas identifica e declara.	Construída a partir da escolha e interpretação da norma dentro do ordenamento; significado atribuído à luz do caso concreto e dos valores aplicáveis.

Fato (Premissa Menor)	Fato bruto, objetivo, a ser comprovado.	Construído a partir da análise e valoração das provas; juiz reconstrói os fatos relevantes e realiza a subsunção (enquadramento jurídico dos fatos), que também envolve interpretação e valoração.
Sentença (Conclusão)	Dedução lógica a partir das premissas.	Resultado da ponderação de valores e princípios, análise das consequências e busca por solução justa e adequada; decisão construída argumentativamente.
Papel do Juiz	"Boca da lei"; aplicador mecânico da norma.	Agente ativo na construção da norma e da decisão; intérprete e argumentador; portador de discricionariedade (limitada pela lei e pelos princípios).
Silogismo Jurídico	Modelo silogístico tradicional (premissa maior, premissa menor, conclusão).	Silogismo axiológico jurídico: premissa maior e menor são construídas argumentativamente, com base em valores e princípios; conclusão é uma decisão ponderada e justificada.

6.3.4 Casos Fáceis e Difíceis

A atividade judicial se desenrola em um espectro que vai de casos simples e repetitivos, conhecidos como **casos fáceis**, até situações complexas e singulares, denominadas **casos difíceis** (ou *hard cases*). Essa distinção, fundamental para a teoria do direito e amplamente debatida por filósofos como Dworkin e MacCormick, não representa uma dicotomia estanque, mas sim um **continuum**, onde nuances e gradações de complexidade se apresentam.

No extremo mais simples desse espectro, encontramos os **casos fáceis**. Eles se caracterizam pela **clareza da norma jurídica aplicável** e pela **inequívoca comprovação dos fatos**. Nesses casos, a **subsunção**, ou seja, o enquadramento dos fatos à norma, ocorre de maneira quase automática. Imagine uma cobrança de dívida baseada em um contrato claro e assinado, onde não há contestação sobre sua validade ou sobre o valor devido. A solução parece saltar aos olhos, seguindo a lógica do **silogismo jurídico**: a norma (premissa maior) dita que dívidas devem ser pagas; o contrato e a inadimplência comprovam a dívida (premissa menor); logo, a sentença condenará o devedor ao pagamento (conclusão).

É nesse terreno fértil dos casos fáceis que a **lógica dos modelos** prospera. Escritórios de advocacia que lidam com **demandas de massa** e varas judiciais com **alto volume de processos** recorrem a **modelos padronizados de petições, contestações e sentenças**. Esses modelos, pré-elaborados, contemplam os elementos essenciais para cada tipo de ação, bastando a complementação de dados específicos, como nomes das partes, valores e datas. A **padronização** agiliza o trabalho, aumenta a **eficiência** e contribui para a **celeridade** processual, respondendo à demanda por uma justiça mais rápida em casos rotineiros.

A **previsibilidade** dos casos fáceis, aliada à **baixa discricionariedade judicial** – já que a solução é praticamente ditada pela norma – torna a utilização de modelos extremamente atraente. No entanto, é preciso cautela. A **aplicação acrítica** de modelos pode levar à **despersonalização** das decisões, ignorando nuances que, mesmo em casos simples, podem existir. Além disso, a **realidade jurídica** é dinâmica e a **jurisprudência** evolui, exigindo constante atualização dos modelos para que se mantenham alinhados ao entendimento dos tribunais.

Na outra extremidade do espectro, residem os **casos difíceis**. Aqui, a simplicidade da subsunção desaparece. Seja pela **complexidade dos fatos**, que exigem uma intrincada análise probatória; seja pela **ambiguidade ou insuficiência da norma**, que demanda um esforço interpretativo profundo; ou ainda pela **colisão de princípios constitucionais**, que requer um sopesamento delicado, os casos difíceis exigem uma postura completamente diferente do juiz.

Nesses cenários, **modelos prontos são inadequados e insuficientes**. A **discricionariedade judicial** se amplia, e o juiz precisa **construir** a norma aplicável ao caso, **interpretando** as leis existentes, **ponderando** princípios e **justificando** suas escolhas com base em **argumentos jurídicos sólidos**. É o reino da **argumentação jurídica**, onde a lógica formal do silogismo cede espaço para **justificações de segunda ordem**, como as propostas por MacCormick: **argumentos consequencialistas** (que avaliam os impactos da decisão), **argumentos de coerência e integridade** (que buscam a harmonia com o sistema jurídico) e **argumentos de princípio** (que se fundamentam em valores e princípios jurídicos).

E como se materializam esses desafios dos casos difíceis? Vejamos algumas situações concretas que ilustram a inadequação dos modelos e a necessidade de uma abordagem argumentativa aprofundada:

- **Colisão de Direitos Fundamentais:** Um caso envolvendo a liberdade de expressão e o direito à honra, onde é necessário ponderar qual direito deve prevalecer em determinada situação, considerando as circunstâncias específicas e as consequências da decisão. Um modelo pré-fabricado não daria conta da complexidade dessa ponderação.

- **Novas Tecnologias e Lacunas Legislativas:** A rápida evolução tecnológica frequentemente cria situações não previstas pelo legislador. Um caso envolvendo a responsabilidade civil por danos causados por inteligência artificial, por exemplo, exigiria do juiz a interpretação extensiva ou analógica de normas existentes, ou até mesmo a criação de novos princípios para lidar com a lacuna legal, algo impossível de se encaixar em um modelo.

6 • INTERPRETAÇÃO E APLICAÇÃO DO DIREITO | **263**

- **Questões Bioéticas Complexas:** Casos envolvendo eutanásia, aborto ou reprodução assistida trazem à tona dilemas éticos e morais profundos, que exigem uma reflexão que ultrapassa a simples aplicação de normas preexistentes. A decisão judicial nesses casos precisa ser construída com base em uma argumentação jurídica robusta, que considere os princípios constitucionais e os valores em jogo, e não em modelos.

A distinção entre casos fáceis e difíceis não é uma mera abstração teórica, mas uma **ferramenta essencial** para compreender a **dinâmica real da atividade judicial**. Ela revela que a aplicação do direito não se resume a um processo mecânico e silogístico, mas envolve uma **complexa interação** entre normas, fatos, valores e argumentação. Embora a **lógica dos modelos** seja útil e necessária em casos rotineiros, ela **não esgota** a complexidade da função jurisdicional, especialmente diante dos desafios impostos pelos casos difíceis. Reconhecer essa complexidade é fundamental para aprimorar a prestação jurisdicional e garantir que a justiça seja feita de forma adequada e equitativa, em todos os casos, dos mais simples aos mais complexos. O uso de modelos é legítimo e importante para a eficiência do judiciário, mas deve se restringir aos casos realmente fáceis e ser feito com cautela, a fim de evitar a padronização excessiva e a desconsideração das particularidades de cada caso.

Característica	Casos Fáceis	Casos Difíceis
Norma Jurídica Aplicável	Clara, precisa e de fácil identificação.	Inexistente, ambígua, obscura ou insuficiente; colisão de princípios.
Fatos	Incontroversos, evidentes ou de fácil comprovação.	Complexos, controversos ou de difícil comprovação; exigem análise probatória aprofundada.
Subsunção	Direta e quase automática; enquadramento dos fatos à norma é evidente.	Complexa, exige interpretação, ponderação e argumentação.
Raciocínio Jurídico	Predominantemente lógico-dedutivo; silogismo jurídico tradicional.	Argumentativo, com uso de justificativas de segunda ordem (consequencialistas, de coerência e integridade, de princípio); ponderação de valores e princípios.
Discricionariedade Judicial	Baixa; a solução é praticamente ditada pela norma.	Alta; juiz precisa construir a norma aplicável e fundamentar sua decisão.
Uso de Modelos	Adequado e recomendável; agiliza o trabalho, aumenta a eficiência e a celeridade processual.	Inadequado e insuficiente; não captam a complexidade do caso, exigindo fundamentação individualizada.

Exemplos	Cobrança de dívida baseada em contrato claro e sem contestação de validade ou valor; divórcio consensual sem controvérsia sobre guarda de filhos ou partilha de bens; infração de trânsito simples e incontroversa.	Colisão de direitos fundamentais (liberdade de expressão X honra); casos envolvendo novas tecnologias e lacunas legislativas (ex: responsabilidade civil por danos causados por IA); questões bioéticas complexas (eutanásia, aborto, reprodução assistida).
Função da Atividade Judicial	Aplicação previsível e uniforme da lei; garantia da segurança jurídica.	Desenvolvimento do Direito; adaptação do ordenamento a novas situações; concretização de valores e princípios constitucionais em situações complexas.
Cautelas na Utilização de Modelos	Evitar aplicação acrítica; atentar para nuances do caso concreto; manter modelos atualizados com a jurisprudência.	-

ALGUMAS REFERÊNCIAS BIBLIOGRÁFICAS

ABBOTT, Andrew. *The system of professions*. Chicago/Londres: The University of Chicago Press, 1988.

BETIOLI, Antonio B. *Introdução ao Direito: Lições de Propedêutica Jurídica Tridimensional*. 16. ed. Rio de Janeiro: Saraiva Jur., 2023.

BOBBIO, Norberto. *Teoria do ordenamento jurídico*. 10. ed. Brasília: Universidade de Brasília, 1999.

CAMILLO, Carlos. *Manual da Teoria Geral do Direito*. São Paulo: Almedina Brasil, 2019.

CAMPILONGO, Celso Fernandes. *Política, sistema jurídico e decisão judicial*. 2. ed. São Paulo: Saraiva, 2011.

DIMOULIS, Dimitri. *Manual de Introdução ao Direito*. 2. ed. São Paulo: RT, 2007.

DINIZ, Maria Helena. *Lei de Introdução ao Código Civil Brasileiro Interpretada*. 16. ed. São Paulo: Saraiva, 2011.

FARIA, José Eduardo. *O Estado e o Direito depois da crise*. São Paulo: Saraiva, 2011.

FERRAZ JR., T. S. *Introdução ao Estudo do Direito* – Técnica, Decisão, Dominação. 12. ed. Rio de Janeiro: Atlas, 2023.

FERRAZ JR., Tércio Sampaio. *Direito, retórica e comunicação*. 2. edição. São Paulo: Saraiva, 1997.

HART, Herbert L.A. *O conceito de direito*. Lisboa: Calouste Gulbenkian, 1994.

HESPANHA, António Manuel. *Cultura Jurídica Europeia* – síntese de um milênio. Florianópolis: Fundação Boiteux, 2005.

KELSEN, Hans. *Teoria Pura do Direito*. 6. ed. São Paulo: Martins Fontes, 1998.

LOSANO, Mario G. *Sistema e Estrutura no Direito*. São Paulo: Ed. WMF Martins Fontes, 2008. V. I: das origens à escola histórica.

LOSANO, Mario G. *Sistema e Estrutura no Direito*. São Paulo: Ed. WMF Martins Fontes, 2010. v. II: O século XX.

LOSANO, Mario G. *Sistema e Estrutura no Direito*. São Paulo: Ed. WMF Martins Fontes, 2011. v. III: do século XX à pós-modernidade.

MIAILLE, Michel. *Introdução Crítica ao Direito*. 2. ed. Lisboa: Editorial Estampa, 1994.

MONTORO, André Franco. *Introdução à Ciência do Direito*. São Paulo: RT, 1981.

PACHUKANIS, E. B. *A teoria geral do direito e o marxismo*. Rio de Janeiro: Ed. Renovar, 1989.

SUSSKIND, Richard. *The future of law*. Oxford: Oxford University Press, 1998.

Anotações